教育部高等学校化工类专业教学指导委员会推荐教材

化工信息化技术概论

吉旭 主编

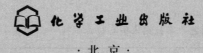

·北京·

《化工信息化技术概论》立足于新经济时代背景，结合化学工业科学研究、设计以及生产经营过程的普遍性特点，系统地介绍了化学工业信息化的基础理论、系统架构、应用范围、计算机支撑环境等。并结合实例分析化学工业在工程设计、人工智能、故障诊断、先进制造技术、过程模拟、经营管理信息化等信息技术的应用。有助于读者系统、准确地理解化学工业信息化的基本概念，掌握化工信息化基本知识，认识到信息技术对推动化学工业发展的重要作用，以构筑合理的知识结构。

《化工信息化技术概论》可作为化学工程与工艺、生物、制药、冶金、过程装备与控制、高分子材料、纺织等专业本科生及研究生教材，也可作为化工企业管理人员、工程技术人员、信息系统管理员的参考书。

图书在版编目（CIP）数据

化工信息化技术概论/吉旭主编．—北京：化学工业出版社，2015.3
教育部高等学校化工类专业教学指导委员会推荐教材
ISBN 978-7-122-22886-4

Ⅰ.①化… Ⅱ.①吉… Ⅲ.①化学工业-企业信息化-高等学校-教材　Ⅳ.①F407.7

中国版本图书馆CIP数据核字（2015）第018794号

责任编辑：徐雅妮　　　　　　　　　　装帧设计：关　飞
责任校对：吴　静

出版发行：化学工业出版社（北京市东城区青年湖南街13号　邮政编码100011）
印　　刷：北京云浩印刷有限责任公司
装　　订：三河市瞰发装订厂
787mm×1092mm　1/16　印张15　字数347千字　2015年5月北京第1版第1次印刷

购书咨询：010-64518888（传真：010-64519686）　售后服务：010-64518899
网　　址：http://www.cip.com.cn

凡购买本书，如有缺损质量问题，本社销售中心负责调换。

定　价：39.00元　　　　　　　　　　　　　　　　　　　版权所有　违者必究

教育部高等学校化工类专业教学指导委员会推荐教材编审委员会

主 任 委 员 　王静康　冯亚青

副主任委员 　张凤宝　高占先　张泽廷　于建国　曲景平　陈建峰
　　　　　　　　李伯耿　山红红　梁　斌　高维平　郝长江

委　　　员（按姓氏笔画排序）

马晓迅　王存文　王光辉　王延吉　王承学　王海彦
王源升　韦一良　乐清华　刘有智　汤吉彦　李小年
李文秀　李文翠　李清彪　李瑞丰　杨亚江　杨运泉
杨祖荣　杨朝合　吴元欣　余立新　沈一丁　宋永吉
张玉苍　张正国　张志炳　张青山　陈　砺　陈大胜
陈卫航　陈丰秋　陈明清　陈波水　武文良　武玉民
赵志平　赵劲松　胡永琪　胡迁林　胡仰栋　钟　宏
钟　秦　姜兆华　费德君　姚克俭　夏淑倩　徐春明
高金森　崔　鹏　梁　红　梁志武　程　原　傅忠君
童张法　谢在库　管国锋

序

化学工业是国民经济的基础和支柱性产业，主要包括无机化工、有机化工、精细化工、生物化工、能源化工、化工新材料等，遍及国民经济建设与发展的重要领域。化学工业在世界各国国民经济中占据重要位置，自 2010 年起，我国化学工业经济总量居全球第一。

高等教育是推动社会经济发展的重要力量。当前我国正处在加快转变经济发展方式、推动产业转型升级的关键时期。化学工业要以加快转变发展方式为主线，加快产业转型升级，增强科技创新能力，进一步加大节能减排、联合重组、技术改造、安全生产、两化融合力度，提高资源能源综合利用效率，大力发展循环经济，实现化学工业集约发展、清洁发展、低碳发展、安全发展和可持续发展。化学工业转型迫切需要大批高素质创新人才，培养适应经济社会发展需要的高层次人才正是大学最重要的历史使命和战略任务。

教育部高等学校化工类专业教学指导委员会（简称"化工教指委"）是教育部聘请并领导的专家组织，其主要职责是以人才培养为本，开展高等学校本科化工类专业教学的研究、咨询、指导、评估、服务等工作。高等学校本科化工类专业包括化学工程与工艺、资源循环科学与工程、能源化学工程、化学工程与工业生物工程等，培养化工、能源、信息、材料、环保、生物工程、轻工、制药、食品、冶金和军工等领域从事工程设计、技术开发、生产技术管理和科学研究等方面工作的工程技术人才，对国民经济的发展具有重要的支撑作用。

为了适应新形势下教育观念和教育模式的变革，2008 年"化工教指委"与化学工业出版社组织编写和出版了 10 种适合应用型本科教育、突出工程特色的"教育部高等学校化学工程与工艺专业教学指导分委员会推荐教材"（简称"教指委推荐教材"），部分品种为国家级精品课程、省级精品课程的配套教材。本套"教指委推荐教材"出版后被 100 多所高校选用，并获得中国石油和化学工业优秀教材等奖项，其中《化工工艺学》还被评选为"十二五"普通高等教育本科国家级规划教材。

党的十八大报告明确提出要着力提高教育质量，培养学生社会责任感、创新精神和实践能力。高等教育的改革要以更加适应经济社会发展需要为着力点，以培养多规格、多样化的应用型、复合型人才为重点，积极稳步推进卓越工程师教育培养计划实施。为提高化工类专业本科生的创新能力和工程实践能力，满足化工学科知识与技术不断更新以及人才培养多样化的需求，2014 年 6 月"化工教指委"和化学工业出版社共同在太原召开了"教育部高等学校化工类专业教学指导委员会推荐教材编审会"，在组织修订第一批 10 种推荐教材的同时，增补专业必修课、专业选修课与实验实践课配套教材品种，以期为我国化工类专业人才培养提供更丰富的教学支持。

本套"教指委推荐教材"反映了化工类学科的新理论、新技术、新应用，强化安全环保意识；以"实例—原理—模型—应用"的方式进行教材内容的组织，便于学生学以致用；加强教育界与产业界的联系，联合行业专家参与教材内容的设计，增加培养学生实践能力的内容；讲述方式更多地采用实景式、案例式、讨论式，激发学生的学习兴趣，培养学生的创新能力；强调现代信息技术在化工中的应用，增加计算机辅助化工计算、模拟、设计与优化等内容；提供配套的数字化教学资源，如电子课件、课程知识要点、习题解答等，方便师生使用。

希望"教育部高等学校化工类专业教学指导委员会推荐教材"的出版能够为培养理论基础扎实、工程意识完备、综合素质高、创新能力强的化工类人才提供系统的、优质的、新颖的教学内容。

教育部高等学校化工类专业教学指导委员会
2015 年 1 月

推荐序

随着新兴信息技术的产生和应用，传统的生产方式和商业模式正在不可避免地发生着变化。纵观化学工业信息技术的发展历程，初期着重于数据处理和数字控制，从20世纪90年代开始，通过流程模拟技术和数学规划技术相结合，出现了一批涵盖产品工程、过程设计、先进控制、动态优化和决策支持等领域的有效工具。进入21世纪以后，互联网和物联网将终端需求与制造过程在线集成，并借助大数据和人工智能技术使制造过程向智能化发展，同时通过"供应链网"，协调过程系统的经济性、安全性、环境友好性等多方面的要求。在此趋势下，美国提出了"智慧制造"的概念，德国提出了"工业4.0"。同样，我国则大力倡导以"信息化与工业化的深度融合"作为我国发展现代产业体系、提高产业核心竞争力的途径。据此，在化工"十二五"发展规划中，明确了"推进石化企业信息化建设，提升化工园区和产业集群的信息化水平"的目标。当前，基于"两化"融合的技术创新和模式创新已成为化工领域科学研究与工程应用的重要任务。

人才是创新的关键要素，培养一大批熟练掌握化工专业技术，同时又了解并掌握一定现代信息技术的复合型人才，是我国化工行业参与未来国际竞争的基本条件，也是高等学校化工类专业人才教育的重要内容。在这一背景下，吉旭教授等编著的《化工信息化技术概论》具有很好的现实意义。

《化工信息化技术概论》将化工信息化技术分为技术和信息两条主线。技术主线重点介绍了企业研发、设计、控制和生产运营中的信息技术基础及应用模式，并结合化学工业信息的强关联性、动态性等特征，论述了过程行业数字化和虚拟化的关键技术基础——流程模拟技术的基本架构，以及常用流程模拟软件的功能特点和应用范围。信息主线介绍了信息在企业业务中的衍生过程和表达形式，包括数据存储、检索以及知识形成等。该书还介绍了数据库的基础知识和数据关系建模等基本方法。

作为一本介绍发展中新学科的教材，本书的取材不仅考虑了系统性、实用性，且有一定的前瞻性。从其内容安排和联系实际方面来看，是一本适用于化工类专业信息技术课程的优秀教材，也可作为相关领域从事工程技术和科研开发人员的参考书。本书的出版无疑将更好地促进化工信息化在我国的发展。

2015年1月30日

前言

进入21世纪以来，电子信息技术飞速发展，推动着企业对传统的生产组织形式和商业模式进行一场深刻的变革。从全球化学工业的发展历程看，信息技术的推广和应用成为提高企业经济效益的重要手段。经过多年发展，我国化学工业已经成为国民经济最重要的支柱性产业，经济总量位居世界第一，而且市场潜力巨大，行业发展还有很大的空间。但是，我国化学工业也存在着产能规划欠合理、科研投入不足、创新能力相对较弱等劣势，现代管理思想和经营理念有待提高，参与全球化竞争的优势还应加强。对此，大力加快化学工业信息化建设，以信息技术带动化学工业升级，是新经济时代的必然选择。

本书立足于新经济时代背景，结合化学工业科学研究、设计以及生产经营过程的普遍性特点，系统地介绍了化学工业信息化的基础理论、系统架构、应用范围、计算机支撑环境等。并结合实例分析化学工业在工程设计、人工智能、故障诊断、先进制造技术、过程模拟、经营管理信息化等信息技术的应用。

本书面向化学工程与工艺、生物、制药、冶金、过程装备与控制、高分子材料、纺织等专业大三以上本科生及研究生，目的是使同学们系统、准确地了解化学工业信息化，掌握一定的信息化基本知识，认识到信息技术对推动化学工业发展的重要作用，有助于构筑合理的知识结构，成为既懂化工又掌握一定的信息技术的有用人才。本书可作为化工专业信息化课程教材或教学参考书，也可作为化工企业管理人员、工程技术人员、信息系统管理员的参考用书。

本书由7章构成。吉旭主编并执笔第1～4章、第6章，朱立嘉执笔第5章，贺革、余佳蓓、袁哲执笔第7章。在本书编写过程中，邓正龙教授、席春高级工程师、许杰淋等也贡献了许多宝贵意见，在此表示衷心的感谢。

本书编写过程中参考了大量国内外文献资料，由于篇幅所限，最后仅列出其中的一部分，在此向所有著作者表示衷心的感谢。

化学工业的信息化理论与应用技术研究涉及多学科领域，正处于蓬勃发展阶段，一些理论与应用问题还有待进一步研究。鉴于作者水平有限，书中难免有缺失与不足，恳请读者批评指正。

作者
2015年1月

目录

第1章 化学工业企业信息化综述 /1

- 1.1 信息化的基本概念 …………………………………………………… 1
  - 1.1.1 信息 ……………………………………………………………… 1
  - 1.1.2 信息技术 ………………………………………………………… 2
  - 1.1.3 信息化 …………………………………………………………… 2
- 1.2 企业信息化 …………………………………………………………… 3
  - 1.2.1 企业信息化的概念 ……………………………………………… 3
  - 1.2.2 企业信息化背景 ………………………………………………… 3
  - 1.2.3 企业竞争力与信息化的关系 …………………………………… 4
  - 1.2.4 企业的信息活动与信息基础架构 ……………………………… 5
  - 1.2.5 企业信息化中的关键集成技术 ………………………………… 6
- 1.3 云计算 ………………………………………………………………… 6
  - 1.3.1 云计算的基本概念 ……………………………………………… 6
  - 1.3.2 基于云计算架构的企业信息化发展 …………………………… 7
  - 1.3.3 云计算驱动企业信息化模式的变革 …………………………… 8
- 1.4 化学工业企业信息化 ………………………………………………… 9
  - 1.4.1 化学工业信息化的发展阶段 …………………………………… 9
  - 1.4.2 我国化学工业的信息化 ………………………………………… 10
  - 1.4.3 化学工业的信息化特点 ………………………………………… 11
- 1.5 化工企业信息化的专业技术基础 …………………………………… 12
- 1.6 信息化对全球化学工业发展的影响 ………………………………… 15
- 1.7 化学工业信息化目标定位 …………………………………………… 18
- 本章具体要求 ……………………………………………………………… 19
- 思考题 ……………………………………………………………………… 19

第2章 化工过程系统设计与制造的信息化 /20

- 2.1 化学工艺及工程设计信息化 ………………………………………… 20
  - 2.1.1 计算机辅助设计（CAD） ……………………………………… 20
  - 2.1.2 计算机辅助工程分析（CAE） ………………………………… 22
  - 2.1.3 计算机辅助制造（CAM） ……………………………………… 23
  - 2.1.4 计算机辅助工艺设计（CAPP） ………………………………… 23
  - 2.1.5 计算机辅助过程运行（CAPO） ………………………………… 25
  - 2.1.6 实例：一种轻型高效精馏塔的计算机辅助设计 ……………… 27

2.2 化学工业基于信息化的先进制造模式 ·················· 28
    2.2.1 准时制生产（JIT） ·················· 28
    2.2.2 精益生产（Lean Manufacturing） ·················· 30
    2.2.3 敏捷制造（Agile Manufacturing） ·················· 32
    2.2.4 柔性制造（Flexible Manufacturing System） ·················· 33
2.3 化工过程故障诊断技术 ·················· 35
    2.3.1 系统故障诊断的过程与实质 ·················· 35
    2.3.2 故障诊断的主要方法 ·················· 36
    2.3.3 化工过程故障诊断发展趋势 ·················· 37
    2.3.4 实例：大型PET生产过程中基于知识的故障检测和诊断系统 ·················· 38
2.4 计算机控制技术 ·················· 40
    2.4.1 化工过程控制的特点、发展历史及现状 ·················· 40
    2.4.2 DCS/FCS/CIPS的体系结构 ·················· 41
    2.4.3 计算机控制技术的特点 ·················· 43
    2.4.4 化工过程系统计算机控制技术的发展趋势 ·················· 44
    2.4.5 实例：DCS在纯碱工业应用的实例 ·················· 45
2.5 制造执行系统 ·················· 46
    2.5.1 MES的概念 ·················· 46
    2.5.2 MES的功能 ·················· 47
    2.5.3 化学工业的MES体系结构 ·················· 48
    2.5.4 化学工业MES的关键技术 ·················· 49
2.6 人工智能（AI）与专家系统（ES） ·················· 49
    2.6.1 人工智能与专家系统的概念 ·················· 49
    2.6.2 专家系统的应用分类与基本结构 ·················· 50
    2.6.3 专家系统在化学工业中的应用 ·················· 51
    2.6.4 实例：工业聚酯装置开停车过程辅助专家系统 ·················· 52
    2.6.5 基于专家系统的精馏塔智能化控制模型 ·················· 54
2.7 实时数据库系统——大数据技术应用 ·················· 55
    2.7.1 实时数据库系统功能 ·················· 56
    2.7.2 实时数据库系统结构 ·················· 56
    2.7.3 实时数据库的数据采集 ·················· 57
    2.7.4 化工企业实时数据库的重要技术环节 ·················· 57
    2.7.5 基于实时数据库的大数据技术 ·················· 58
本章具体要求 ·················· 59
思考题 ·················· 59

第3章 企业管理信息化 / 61

3.1 企业管理信息化系统的发展 ·················· 61
3.2 管理信息系统（MIS） ·················· 62

3.2.1 管理信息系统的构成 …………………………………………… 63
3.2.2 管理信息系统的主要任务 ……………………………………… 63
3.3 制造资源计划（MRPⅡ）/企业资源计划（ERP） ………………… 64
3.3.1 制造资源计划（MRPⅡ） ……………………………………… 64
3.3.2 企业资源计划（ERP） ………………………………………… 64
3.4 产品数据管理（PDM） ……………………………………………… 65
3.4.1 PDM 的概念与应用 …………………………………………… 65
3.4.2 PDM 在化工企业中的地位 …………………………………… 66
3.4.3 PDM 软件的基本功能 ………………………………………… 66
3.5 人力资源管理（HR） ………………………………………………… 66
3.5.1 人力资源管理系统基本功能 …………………………………… 67
3.5.2 人力资源管理的发展新趋势 …………………………………… 67
3.6 客户关系管理（CRM） ……………………………………………… 68
3.7 全面质量管理（TQM） ……………………………………………… 69
3.7.1 全面质量管理概述 ……………………………………………… 69
3.7.2 全面质量管理和 ISO 9000 质量标准 ………………………… 70
3.7.3 计算机集成质量系统 …………………………………………… 71
3.8 决策支持系统（DSS） ……………………………………………… 74
3.8.1 决策的分类 ……………………………………………………… 74
3.8.2 决策支持系统 …………………………………………………… 74
3.8.3 智能决策支持系统 ……………………………………………… 75
3.8.4 实例 1：化工企业再生产投资的决策支持系统 ……………… 76
3.8.5 实例 2：化工生产管理决策支持系统 ………………………… 77
3.9 知识管理（KM） …………………………………………………… 78
3.9.1 知识管理概念与知识管理三要素 ……………………………… 78
3.9.2 知识管理的目标和层次结构 …………………………………… 78
3.9.3 化学工业企业的知识内涵 ……………………………………… 79
3.9.4 化学工业企业的知识模型表达 ………………………………… 80
3.9.5 化工企业的知识模型结构 ……………………………………… 84
3.9.6 知识学习 ………………………………………………………… 84
3.9.7 知识发布 ………………………………………………………… 85
3.10 现代集成制造系统（CIMS） ……………………………………… 86
3.10.1 CIMS 的应用目标及构成 …………………………………… 86
3.10.2 计算机集成过程系统（CIPS） ……………………………… 87
3.10.3 CIPS 的主要功能 …………………………………………… 89
3.10.4 CIPS 的关键技术 …………………………………………… 89
3.10.5 建设 CIPS 的基本步骤 ……………………………………… 91
3.11 办公自动化系统（OA） …………………………………………… 91
3.11.1 办公自动化的定义 …………………………………………… 91

  3.11.2 OA 的基本功能和支撑技术 …………………………………… 91
  3.11.3 实例：一套典型的化学工业企业办公自动化系统 ……… 92
 3.12 电子商务（EC） ………………………………………………………… 93
  3.12.1 电子商务的定义 ………………………………………………… 93
  3.12.2 电子商务的发展历程 …………………………………………… 93
  3.12.3 八种电子商务模型 ……………………………………………… 94
  3.12.4 电子商务平台功能 ……………………………………………… 94
  3.12.5 化工行业电子商务主要应用模式 ……………………………… 95
本章具体要求 ……………………………………………………………………… 96
思考题 ……………………………………………………………………………… 96

第 4 章　企业资源计划系统 / 97

 4.1 企业资源计划（ERP）理论的形成 …………………………………… 97
  4.1.1 供应链 …………………………………………………………… 97
  4.1.2 ERP 概念 ………………………………………………………… 98
  4.1.3 ERP 的管理思想 ………………………………………………… 99
 4.2 化学工业企业 ERP 系统结构 ………………………………………… 100
  4.2.1 化工企业基本业务划分 ………………………………………… 100
  4.2.2 化工企业的 ERP 核心技术 …………………………………… 101
  4.2.3 化工企业的 ERP 系统基本结构 ……………………………… 103
 4.3 ERP 计划层次 …………………………………………………………… 104
  4.3.1 经营规划 ………………………………………………………… 105
  4.3.2 销售与运作规划 ………………………………………………… 105
  4.3.3 主生产计划 ……………………………………………………… 106
  4.3.4 能力需求计划 …………………………………………………… 106
  4.3.5 物料需求计划 …………………………………………………… 107
  4.3.6 生产作业控制 …………………………………………………… 108
 4.4 销售管理 ………………………………………………………………… 108
 4.5 采购管理 ………………………………………………………………… 109
 4.6 库存管理 ………………………………………………………………… 111
 4.7 设备管理 ………………………………………………………………… 112
  4.7.1 设备管理模式 …………………………………………………… 112
  4.7.2 基于知识的集成化设备管理系统模型 ………………………… 113
  4.7.3 主要的功能及子系统描述 ……………………………………… 114
 4.8 财务管理 ………………………………………………………………… 115
 4.9 成本管理 ………………………………………………………………… 116
 4.10 案例分析 ……………………………………………………………… 118
本章具体要求 …………………………………………………………………… 124
思考题 …………………………………………………………………………… 124

第5章 化工过程信息化的数字化基础——流程模拟 / 125

5.1 化工过程系统模拟进展 ················ 125
5.1.1 分子模拟 ···················· 125
5.1.2 单元操作过程模拟 ············· 127
5.1.3 流程模拟 ···················· 128
5.1.4 计算机技术进步的影响 ········· 130
5.2 流程模拟软件的用途 ················ 130
5.3 流程模拟的几种方法 ················ 131
5.3.1 序贯模块法 ·················· 132
5.3.2 联立方程法 ·················· 133
5.3.3 联立模块法 ·················· 133
5.4 流程模拟软件的组成 ················ 134
5.4.1 输入和输出模块 ··············· 134
5.4.2 主控模块 ···················· 134
5.4.3 物性数据库 ·················· 135
5.4.4 算法子程序、成本估算和经济评价 ··· 135
5.4.5 单元操作模块库 ··············· 136
5.5 基于流程模拟的优化技术及应用 ······ 136
5.5.1 生产装置在线模拟优化技术 ····· 137
5.5.2 在线模拟优化计算 ············· 137
5.5.3 在线模拟优化控制系统 ········· 138
5.5.4 在线模拟优化的优越性 ········· 138
5.5.5 在线模拟优化技术的应用范围 ··· 139
5.5.6 在线模拟优化技术的发展 ······· 139
5.6 以 Aspen Plus 软件模拟合成氨装置的甲醇洗流程 ··· 139
5.6.1 流程分析 ···················· 139
5.6.2 流程模拟 ···················· 140
5.6.3 模拟结果 ···················· 142
5.7 流程模拟技术在石油化工中的应用案例分析 ··· 143
5.7.1 两种模型的功能及特点差异 ····· 144
5.7.2 在线模型的开发技术 ··········· 146
5.7.3 模型应用 ···················· 147
本章具体要求 ························· 148
思考题 ······························ 148

第6章 数据库技术基础 / 149

6.1 数据库技术概述 ···················· 149
6.1.1 数据库系统应用示例 ··········· 149
6.1.2 数据库系统的作用 ············· 151

6.1.3　常见的数据库系统 …………………………………… 152
　　　6.1.4　数据库应用程序的开发过程 ……………………………… 153
　　　6.1.5　数据库系统架构 …………………………………… 153
　　　6.1.6　数据库技术发展趋势 ……………………………… 158
　6.2　库建模——ER图 ……………………………………… 160
　　　6.2.1　ER图的基本概念 …………………………………… 160
　　　6.2.2　联系集和联系集中的属性 ……………………………… 163
　　　6.2.3　绘制ER图 …………………………………………… 163
　6.3　关系模型 ………………………………………………… 167
　6.4　从ER图到关系模型再到数据库设计的转换 …………………… 168
　　　6.4.1　ER图转换为关系模式 ……………………………… 169
　　　6.4.2　从关系模型转换为数据库结构 ……………………… 171
　本章具体要求 …………………………………………………… 173
　思考题 …………………………………………………………… 173

第7章　化工常用流程模拟及设计计算软件 / 175

　7.1　Aspen Plus ……………………………………………… 175
　　　7.1.1　Aspen Plus软件的主要功能和特点 ………………… 175
　　　7.1.2　Aspen Plus模拟求解步骤 …………………………… 176
　　　7.1.3　软件实例应用举例 …………………………………… 176
　　　7.1.4　推荐书目及网站 ……………………………………… 181
　7.2　PRO/Ⅱ …………………………………………………… 182
　　　7.2.1　PRO/Ⅱ软件特点 …………………………………… 182
　　　7.2.2　PRO/Ⅱ软件工作模块 ……………………………… 183
　　　7.2.3　PRO/Ⅱ使用步骤 …………………………………… 184
　　　7.2.4　推荐书目及网站 ……………………………………… 184
　7.3　HYSYS …………………………………………………… 184
　　　7.3.1　Hysys的功能特点 …………………………………… 184
　　　7.3.2　Hysys软件功能 ……………………………………… 185
　　　7.3.3　Hysys软件的应用 …………………………………… 187
　　　7.3.4　推荐书目及网站 ……………………………………… 188
　7.4　ChemCAD ………………………………………………… 188
　　　7.4.1　ChemCAD的主要特点 ……………………………… 188
　　　7.4.2　ChemCAD主要模块 ………………………………… 189
　　　7.4.3　ChemCAD应用实例 ………………………………… 190
　　　7.4.4　推荐书目及网站 ……………………………………… 195
　7.5　PDMS ……………………………………………………… 196
　　　7.5.1　PDMS软件的主要特点 ……………………………… 196
　　　7.5.2　推荐书目及网站 ……………………………………… 198
　7.6　PDS ………………………………………………………… 198

  7.6.1　PDS 软件主要功能 …………………………………………… 198
  7.6.2　PDS 软件在配管设计中的应用 ……………………………… 199
  7.6.3　PDS 使用的简要步骤 ………………………………………… 200
  7.6.4　推荐书目及网站 ……………………………………………… 200
 7.7　FLUENT ……………………………………………………………… 200
  7.7.1　FLUENT 软件的主要特点 …………………………………… 201
  7.7.2　FLUENT 软件的求解步骤 …………………………………… 201
  7.7.3　FLUENT 软件实例应用举例 ………………………………… 201
  7.7.4　推荐书目及网站 ……………………………………………… 208
 7.8　ORIGIN ……………………………………………………………… 209
  7.8.1　Origin 软件的主要功能和特点 ……………………………… 209
  7.8.2　Origin 典型的数据分析过程 ………………………………… 210
  7.8.3　软件实例应用举例（Origin 8.0） …………………………… 210
  7.8.4　推荐书目及网站 ……………………………………………… 214
 7.9　AutoCAD …………………………………………………………… 214
  7.9.1　AutoCAD 基本功能 …………………………………………… 215
  7.9.2　AutoCAD 三维模型实例 ……………………………………… 215
  7.9.3　推荐书目及网站 ……………………………………………… 218
 本章具体要求 ……………………………………………………………… 218

附录　英文缩略词中英文对照表 / 219

参考文献 / 222

第1章

化学工业企业信息化综述

> **本章内容提示**
> 1. 信息及信息化的基本概念
> 2. 化学工业企业信息化的特点和技术基础
> 3. 化学工业企业信息化的目标定位

随着融合了计算机、通信和数据处理技术的信息技术的飞速发展，人类在经历了农业文明、工业文明后已步入信息文明阶段，信息与物质和能源构成了支撑社会发展的三大资源。20世纪80年代以后信息技术成为最活跃的生产力，对社会和经济发展产生了巨大而深远的影响。信息化水平的高低是衡量一个行业、一个企业现代化水平和综合竞争力的重要标志。进入21世纪以来，Internet/Intranet技术的广泛应用给企业业务流程、管理模式、组织结构、新技术新工艺乃至整体的发展带来新的机会，并导致产业结构及企业生产经营方式的变革。特别随着云计算、大数据技术的日渐成熟，互联网模式成为传统行业进行一场广泛而深刻的产业革命的推动力。可以认为信息技术与石油、化学工业的深度融合，不仅仅是信息产业，更是化学工业在新时代背景下的必然选择。

1.1 信息化的基本概念

1.1.1 信息

信息(Information)，到目前为止还没有一个统一的学术定义，人们可以从不同的角度进行解释和理解，下面是几种有代表性的定义：

① 信息是加工后的数据；
② 信息是数据所表达的客观事实，数据是信息的载体；
③ 信息是能够帮助我们做出决策的知识；
④ 信息是导致某种决策行动的外界资讯；
⑤ 信息是表征事物状态的普遍形式；
⑥ 信息是关于客观事实的可通讯的知识。

可以看出，虽然人们常常把信息与数据交替使用，但它们确实是不同的概念。一般而言，数据是人们用来反映客观世界而记录下的可以鉴别的符号，如字母、数字、文字、声音、图像等，是人们加工制造信息的原材料。信息则是指对接收者有意义的或有用的并且是被加工了的那部分数据。信息具有以下特征：

① 客观性：信息反映客观事物的属性，体现人们对对象事物认知和理解的程度。

② 主观性：信息是人们从事某项工作或行为所需要的客观依据，它和人们的行为密切相关，并通过信息接收者的决策或行为体现出它所具有的价值。

③ 系统性：信息是完整描述客观事物的一环，脱离了全局，零碎的信息毫无意义。

④ 时效性：客观事物是不断发展变化的，只有及时、新颖的信息才有价值，才能发挥作用。

⑤ 不完全性：客观事物的无限复杂与动态变化决定了信息的无限性，因此信息的完全性是相对的，不完全性则是绝对的。

⑥ 传输性：信息可以通过多种手段或载体进行传播，只有那些能传播、能交流的信息才有意义。

1.1.2 信息技术

信息技术是一个由计算机技术、通信技术、数据处理技术和控制技术等构成的综合性技术，它是20世纪80年代以来高新技术的基础和核心，对生物、新材料等其他高新技术的发展起着先导作用，而其他高新技术的发展又反过来促进信息技术更快地发展。一般地讲，传统技术作用于能源和物质，而信息技术则充分挖掘人类的智力资源，改变人们对空间、时间和知识的理解，对包括能源和物质资源在内的各种生产要素效能的发挥起到催化和倍增作用。

信息技术的内容既包括有关信息的产生、收集、表示、检测、处理和存储等方面的技术，也包括有关信息的传递、变换、显示、识别、提取、控制和利用等方面的技术。特别是20世纪90年代以后，计算机技术、数据库技术、通信技术、网络技术、大数据技术、云计算技术、人工智能技术迅猛发展，使信息技术进入了一个全新的发展阶段。

1.1.3 信息化

第一次提出信息化这个概念是在1976年。当时人们还很难理解信息化的本质和它与自动化之间的区别。随着信息技术潜力的日益发挥并被广泛应用，信息化的概念才越来越清晰地得到了阐述：

信息化(Informatization)是指用以电子信息技术为代表的高新技术对社会生活和经济生活各个方面进行改造、改组或者重新定向，在国民经济各部门、社会活动各领域普遍采用现代信息技术，充分、有效地开发和利用各种信息资源，使全体公众都能在任何时间、任何地点，通过各种媒体(声音、数据、图像或影像)享用和相互传递所需要的任何信息，从而达到一个更高级、更有组织、更高效的新水平，使社会生活和经济生活发生本质的变化。

这种变化主要体现在：

① 信息化背景下的各种社会活动，比如在政府、企业、组织的决策管理与公众日常生活中，信息和信息处理的作用大大提高，效率与管理水平达到一个全新的水平；

② 为满足各种需求的信息资源、信息产品和信息服务不断建设并完备起来，成为社会生活、企业经营不可缺少的基本组成部分；

③ 遍及全社会的通信及其他信息基础设施，如计算机网络、数据中心、个人计算机、移动终端等得到全面发展；

④ 信息技术为信息采集、存储、处理和交流提供技术及运行保证，同时，信息技术自身也发展成为国民经济中的一个庞大的产业门类；

⑤ 与信息化相适应的法规、制度逐步健全并走向完善，例如，关于信息产权的有关法规，关于通信安全与保密的有关法规，以及各种在政府与企业的各种业务和管理活动中形成的有关管理体制与管理办法等；

⑥ 人们在信息化背景下的工作方式、生活方式甚至娱乐方式都有了新的形式，相应的习惯、文化、观念、道德标准也在新的技术环境下发生深刻变化。

1.2 企业信息化

企业信息化实质上是将企业的技术开发、生产运行、物料移动、事务处理、资金流动、客户往来等业务过程数字化，并通过各种信息系统网络加工生成新的信息资源，以便人们洞悉和观察各类动态业务中的一切信息，从而做出有利于生产要素优化组合的决策，使企业能适应瞬息万变的竞争环境，取得最大经济效益。20世纪80年代以来，全球化、多元化的世界经济已经在信息化的浪潮中从工业经济走向了信息经济。

1.2.1 企业信息化的概念

企业信息化以增强企业核心竞争力为目的，利用现代信息技术，完成与企业技术开发、生产管理、经营活动相关的信息收集、传输、加工、存储、更新和维护，企业信息化内容涉及技术、生产、经营、设计、制造、管理等各个部门，包括人、计算机网络硬件、应用系统平台、数据库平台、通用软件、终端设备等。

企业信息化的基础是符合企业自身技术经济特点的管理和运行模式，而不是信息技术本身，信息技术仅仅是企业信息化的实现手段。企业信息化是一个集成的过程，其关键点在于信息的集成、加工和共享，同时企业信息化也是一个系统工程，要求企业管理者和员工理念信息化，企业决策、组织管理信息化，制造过程信息化，企业经营活动信息化。

1.2.2 企业信息化背景

第二次世界大战前后几十年，美国长期占据着制造业霸主地位。到了20世纪50年代，出于军备竞赛的考虑，美国制造业逐渐向高新技术和军用技术偏转，放松了对非军工传统制造业的重视和促进，使其传统制造业在与日本和欧洲各国的竞争中逐渐失去了优势。80年代末期，美国在反省因产业政策失误而付出惨痛代价的同时，先后推出了促进制造业发展的两项计划，即"先进制造技术计划"和"制造技术中心计划"，强调对传统制造业进行彻底改造，以适应于新形势的要求，其中电子信息技术的广泛应用成为这一进程的重要特点。现今，制造业正朝着广义的"大制造业"方向发展，所涉及的概念和领域正发生着重大的转变和整合，主要表现在以下三个趋势。

① 信息化趋势　制造业构成的三大基本要素是"物质、能量和信息"，前两个因素为传统制造业早期的发展起到了关键的作用，并得到了充分的开发和利用，随着信息化的到来，信息在制造业中的作用日渐突出，信息同其他要素的良好集成成为制造业企业新的核心竞争力。

② 服务化趋势　随着信息在制造中所起的作用日渐突出，制造业的运营规模打破了传统"大而全"的生产模式，转变为要求企业在第一时间内将优质产品投入到准确的市场，并通过高效的信息反馈，调整设计、完善产品并投入市场的生产模式，实现了由"以产品为中心"向"以客户为中心"的服务模式转变。

③ 高精尖趋势　为适应激烈的市场竞争，制造业充分应用信息技术、自动控制技术、超精密加工技术和数控技术，同时融合管理科学、系统科学、经济学、物理学及数学等相关学科知识，逐步发展成为技术含量高、附加值大的产业门类，制造业在高新技术化的同时，协同其他产业共同促进社会经济发展。

1.2.3　企业竞争力与信息化的关系

传统制造业的变革并不能完全通过自身体系内部的变革完成，信息技术的发展也不可能仅仅依靠自身力量来实现。"信息化是工业化的工具，工业化是信息化的载体"，二者间应当深层融合，以信息化为契机促进制造业的发展。其中利用网络技术整合企业生产、经营、设计、制造和管理各环节，及时地为企业各级决策系统提供准确而有效的数据信息，以加强企业"核心竞争力"是当今企业信息化最核心的任务之一。

(1) 企业竞争需要信息化

企业竞争包括技术竞争、价格竞争、品种竞争、服务竞争、知识竞争等诸多方面。而在信息时代里，种种竞争都不可避免地被打上了信息化的烙印。

① 技术竞争　传统经济中，产品代表了顾客最主要的需求，提升产品性能和质量是企业技术开发和管理的核心任务。而信息化背景下，产品中心向客户中心转移，产品的生命周期越来越短。企业必须考虑建立新的策略，跟上快速变化的客户需求。从识别客户需求，到产品研究、设计、生产，到推向市场，技术创新帮助企业最大限度缩短从新产品、新服务概念的产生到通过制造、销售形成现金流的时间，效率是在竞争中获胜的关键。

② 价格竞争　信息化技术对产品设计、工艺、制造、存储、运输、销售等环节严格控制并进行优化，降低成本、增加效益。信息技术特别是大数据技术有助于对产品在不同地区或者不同客户群间制定不同的定价原则，实现客户价值最大化。

③ 品种竞争　在制造业服务化趋势背景下，企业不能安于标准化产品现状，只有通过面向客户个性化的转变才能赢得竞争。在制造业领域，利用信息化技术将计算机辅助设计、工程和制造融合成为一个整体，使企业在生产小批量定制产品时也可实现以前只有在大批量生产时才能获得的成本。

④ 服务竞争　"销售即服务"是现代企业经营者必须有的认识，把顾客的想法当成自己的想法，通过妥善的服务建立起企业与顾客之间强有力的纽带，服务精神是企业成功的不二法门。信息技术，特别是移动互联网的普及，使服务方式和服务理念出现了深刻变化。其中最主要的变化就是通过以"实时性"、"互动性"、"个体化"为基本特点的网络对顾客进行全方位服务。

⑤ 知识竞争 信息化培育企业学习机制，提高企业智能。企业智能来自员工知识、技能和思想的交流，是构成企业核心竞争力的关键性要素。知识管理的作用在于管理企业信息流，把正确的信息及时传递给需要它的人，以便他们根据信息做出判断，并迅速采取行动。一个高智能的企业一定能发展成为一个高效的企业。

(2) 企业信息化带来业务和管理变革

信息技术越来越多地应用于生产领域和流通领域，自动化、智能化成为显著标志。自动化克服原有组织机构与作业方式中多余的内容，并通过优化，消除流程中的瓶颈，提升生产效率。同时信息化也给管理思想、体制带来深刻变化，促进生产、经营和管理（包括人员）的全方位整合，达到敏捷高效的目的。因此，信息化不是一般意义上的新技术运用和革新，而是更高层次上的管理变革。

(3) 企业信息化促进技术进步

企业要在日新月异的科技时代求得生存和发展，必须参与企业间的科技竞争，把生产和经营牢牢植根于科学技术之上，使企业在优胜劣汰的竞争中永远充满活力。技术发展给企业生产技术和战略决策施加巨大的影响，与技术相关的问题，在任何一个高层次决策中都是十分重要的内容。但决策正确与否取决于决策者是否有能力分析技术上的机会和威胁，并对整个行业的技术走向进行正确评价。信息技术的应用甚至与行业的深度融合是当今各行各业技术发展必须严肃对待的领域。

1.2.4 企业的信息活动与信息基础架构

企业的基本信息活动包括信息获取、信息传递、信息处理和信息使用等过程，如图1.1所示。其中信息获取包括信息感知、信息识别、信息提取等子过程；信息传递包括信息变换、信息传输、信息交换等子过程；信息处理包括信息存储、信息检索、信息分析、信息加工、信息再生等子过程；信息使用则包含信息转换、信息显示、信息调控等子过程。

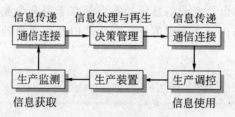

图 1.1 基本信息活动

信息基础架构是用以支持企业信息活动所需要的全部技术设施（或称信息基础设施）以及为了保证这些活动和设施有效运转所需要的社会环境、管理制度、作业模式等，信息基础设施系统模型如图1.2所示。

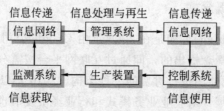

图 1.2 信息基础设施系统模型

信息基础架构由监测系统、通信系统、管理决策系统和控制系统这四大要素构成。其中，监测系统实现对对象系统(生产装置或业务过程)的信息获取，通信系统实现生产现场实时数据向管理机构的传递与汇总，管理系统帮助管理者对生产、经营信息进行智能处理和加工，控制系统则根据管理和决策信息实现对生产和业务过程的调控。

上述信息基础设施只是信息基础架构之中的技术设施，为了使这些技术设施能够有效地发挥实际作用，为生产经营管理提供优质的信息服务，还必须具备一系列支持环境和条件。其中最主要的有：支持信息技术和相关设备的研究、开发和生产，以及提供各种信息服务的人才队伍和善于利用信息服务的用户，还有保证信息基础设施有效运转和高质服务的规章制度。

1.2.5 企业信息化中的关键集成技术

企业信息化技术包含技术和信息两条主线。技术主线关注企业设计与控制的深度，如二维 CAD 技术、三维 CAD 技术、CAE 技术、CAM 技术、自动控制技术等；信息主线实现企业内部信息和外部信息在企业中准确、快捷的流动，为决策提供依据，其关键就是实现设计信息、生产信息和管理信息的有效整合。企业信息化建设中的关键技术包括：

① 企业信息化建设的基础设施技术：计算机网络技术、数据库技术和信息处理技术；
② 实现企业数字化设计的 CAD/CAM/CAE/CAPP 技术；
③ 实现企业数字化设计与数字化制造集成的 CIMS/CIPS 技术；
④ CIMS/CIPS 技术和 MRPⅡ/ERP 相结合，搭建企业设计、制造、管理和经营一体化的数字化平台——数字化企业；
⑤ SCM、CRM 及 EC 同 MRPⅡ/ERP 集成，形成企业间以及企业与用户间的信息化联合体——企业动态联盟；
⑥ 物联网、云计算、大数据技术拓展信息内涵与边界，促进商业智能与知识共享发展。

信息技术的发展方向以及企业信息化的重点都在于提升企业信息集成与共享度，发展信息处理的自动化和智能化，进而变革并拓展生产以及商业活动的价值领域。

1.3 云计算

面对来自社会生活和生产经营各个领域日益庞大的数据，信息处理的需求日益增长。在此背景下，建立在多核处理、虚拟机、分布式存储和基于互联网无边界数据共享技术的云计算技术，作为一种新兴的网络服务模式，成为了信息化技术发展的新热点。

1.3.1 云计算的基本概念

云计算(Cloud Computing)最初是在 2006 年由 Google 公司首席执行官埃里克·施密特作为一种商业运营模式概念提出的，即通过互联网平台按需分配、使用计算资源(存储、应用、数据中心)并按实际使用进行付费的一种架构。2010 年以来云计算技术与服务，不仅推动了信息化技术的发展，对企业业务模式和行业经济发展也产生了深刻影响。

目前尚无统一的云计算概念，美国国家标准与技术研究院(NIST)对云计算的定义是：

一种能够通过网络，以便利的、按需付费的方式获取计算资源并提高其可用性的模式。计算资源包括网络、服务器、存储、应用和服务等，它们来自一个共享的、可配置的资源池，并能够以最便捷和无人干预的方式获取和释放。中国网格计算专家刘鹏认为云计算是一种商业计算模型，它将计算任务分布在大量计算机构成的资源池里，使应用需求能够根据需要获取计算力、存储空间和各种软件服务。

从上述云计算概念理解其最核心的本质，可以认为云计算是并行计算、分布式计算和网格计算发展的结果，是这些计算科学概念的商业实现，是基于网络的超级计算模式，同时云计算是基础硬件、软件、平台及服务等信息技术资源交付和使用的商业模式。

云计算具有以下 5 个主要特点。

① 资源虚拟化、池化　云计算架构中包括计算、储存、网络、资源逻辑等物理资源和技术资源，这些资源形成一个"资源池"，统一管理和调配，用户可以通过各种终端设备获得这些资源的服务。

② 配置动态化　云计算的硬件资源可根据用户需求动态分配和提供，其上层的服务平台和应用也可以根据需要组合出适应各种需要的应用模式，是一种以服务为向导的可拓展架构。

③ 服务可计量化　云计算提供的基础构架、平台和软件服务，均可按用户需求来供给，并通过对服务准确计量合理计费。

④ 可消费化　云计算架构降低了最终用户基础软硬件设施投入，因用户无需负担硬件维护、软件服务和技术管理成本，使得超级计算平台可以为日常生活和普通的生产运营管理服务。

⑤ 访问终端多样化　PC、智能手机、笔记本电脑、平板电脑等各种终端都可通过互联网获得云计算服务。

1.3.2　基于云计算架构的企业信息化发展

云计算被称为 21 世纪的信息化新架构，不只提出了新概念和新技术，而且开发出了实实在在的产品和服务，极大地影响了人们的生活方式和生产方式。

电力行业建立了基于云计算的智能电网，充分整合系统内部的计算处理和储存资源，极大提高了电网数据处理和交互能力。

电信行业将云计算引入 IDC(Internet Data Center)互联网数据中心，推动 IDC 变革，使 IDC 向 CDC(Cloud Data Center)云数据中心转型，促进了手机移动终端向智能终端的转型。

在医疗教育行业，云计算在高校信息建设、数字图书馆、网络教育、远程医疗以及医疗信息系统中得到了广泛的应用。

制造业提出"制造即服务"观念，通过云制造平台达到为产品提供高附加值、低成本和全球化制造服务的目标。化工行业领域，基于云计算的健康、安全、环境体系正得到深入研究，基于大数据的知识挖掘、知识发布和智能分析成果不断涌现。

普遍认为，云计算的服务模式分为三个层次：IaaS(Infrastructure as a Service 基础设施服务)，PaaS(Platform as a Service 平台服务)，SaaS(Software as a Service 软件服务)，见表 1.1。

表1.1 云计算的服务模式

层次	作用
IaaS	将基础设施作为资源提供给用户使用的一种服务模式。 通过Internet向用户提供计算机基础设施服务,如计算机、存储空间、网络、操作系统等基本计算资源。用户在此基础上可以部署和运行各种软件,包括操作系统和应用程序。
PaaS	将开发平台作为资源提供给用户使用的一种服务模式。 提供特定的软件开发平台与环境,如操作系统、编程语言、数据库和Web服务器等,用户可在此平台上开发、测试、部署、运行和维护各类应用软件,并发布在云端供用户使用。
SaaS	将软件作为资源提供给用户使用的一种服务模式。 服务提供商在云端安装应用软件,被授权用户通过云客户端(通常是Web浏览器)使用软件。但用户不能管理应用软件运行的基础设施和平台。

1.3.3 云计算驱动企业信息化模式的变革

随着各种传感设备、移动终端越来越多地接入到企业网络,各种统计数据、交易数据、交互数据和传感数据将源源不断地生成,种类广泛数量庞大,势必给企业信息化建设提出新的问题,带来新的冲击,在此背景下云计算将驱动企业信息化模式的新变革。

(1)资源灵活

云计算以并行计算为核心,按需分配计算资源,调度信息处理任务,提供从数据采集、整合处理、计算模型设定到以多种形式输出处理结果的服务。

(2)数据可靠

云计算采用分布式存储技术,有完备的多副本容错、数据备份和数据恢复功能。并在云端以统一的数据源支持各种信息处理业务,解决了数据一致性难题,满足不同业务领域的信息需求,保证他们获得可靠的数据。

(3)节约成本

中小型企业采用公有云模式,以购买服务的方式使用第三方计算及存储资源,只需进行简单功能配置,即取即用,无需花费大量的时间进行搭建,也无需支付高昂的平台维护成本,是一种低成本的信息化模式。

(4)提高现有信息平台资源的使用率

云计算通过虚拟化技术,即使在不添加计算机等信息设备的前提下,也能有效地提高硬件设备利用率,解决企业内部计算能力分布不均衡的问题,避免信息化建设投资巨大,同时平抑不同应用在不同时段、不同环节对计算力需求的波动,满足需要。

(5)统一的管理

通过云计算的统一整合、统一调度,转变原来信息平台管理区域分割的低效率模式,实现硬件、软件资源的共享机制。

(6)管理变革

以云计算平台为基础的大数据技术推动企业智能化决策。企业在生产控制系统、经营系统中往往存储了大量数据,但对数据的利用率偏低,特别是生产实时数据和大量的市场需求数据远远未被挖掘和利用。云计算为企业深入分析与挖掘大数据的价值奠定了基础,并将促进企业决策从被动的"业务需求驱动"向主动的"数据信息驱动"转变,数据正在成为企业的核心竞争力之源、利润之源。

1.4 化学工业企业信息化

1.4.1 化学工业信息化的发展阶段

化学工业信息技术应用分为三个阶段：起步阶段（1975年以前），网络化、系统化阶段（1975~1990）和信息化阶段（1990年以后）。

(1) 起步阶段

1975年以前，化学工业信息化属于起步阶段，主要特点是以个人为中心的各类操作层的单元计算和数据处理，最有成效的是工程设计。这一时期化工企业应用主要集中在财务会计业务，包括工资计算、应收应付账处理、电子报表和文字处理，属于电子数据处理(EDP)范畴。过程控制中的应用处于萌芽状态，数字直接控制(DDC)技术开发与应用刚刚起步。

(2) 系统化阶段

20世纪70年代，在世界能源危机背景下，石油化工工程和工艺技术出现了重大突破，对精益化过程控制提出了更高要求，同时计算机软件和硬件技术有了重大突破，一些用于石油、化工的应用软件，包括先进控制系统(Advanced Control System，ACS)、管理信息系统(Management Information System，MIS)等开始出现，并逐步得到广泛应用，到80年代石化行业的计算机应用进入了系统化阶段。

其中代表性的系统有：1975年埃克森和IBM公司合作开发的ACS，该系统到1990年全世界有115个炼油厂、研究设计单位采用。另外日本COSMO公司20世纪80年代中期开发的全公司性的计算机信息管理系统也具有典型的代表性。这一阶段化工行业信息化的特点为：

① 以DCS或微机控制系统代替常规仪表作为生产装置、公用系统、储运系统的基本控制单元，并在此基础上发展为先进控制，实现对生产操作过程的监控、先进控制和操作数据的集成化管理；

② 通过计算机网络将全公司互连为一体，保证公司内部从车间级的控制数据到公司级的管理数据能安全、及时、准确传输；

③ 按业务流程建立起物流、装置运转、产品质量、生产管理、销售管理、工程和财务会计系统，引入多种先进的应用软件，比如用于支持计划优化的数学规划软件、财务管理软件、统计报表软件、数理统计软件等，实现了业务管理系统化、标准化、规范化。

(3) 信息化阶段

进入20世纪90年代，信息技术不断出现新的重大突破，Internet技术的发展和国家信息基础设施建设的逐步完善，大大地促进了企业内部网Intranet的建立，使化工行业信息技术进入到新的发展阶段——信息化阶段，并使石油、化工企业在集约化管理条件下，追求企业集团最佳的整体效益成为可能。

在信息化阶段，化工企业信息化技术应用的主要特征是：

① 传输数据、语音、影像的计算机网络成为主要的通信基础设施，Internet是重要的

信息传递通道；

② 稳态流程模拟技术已广泛应用于工程设计，同时动态模拟技术日趋成熟，使过程离线和在线优化控制迅速发展，形成了一套石油、化学工业专用的信息技术，如数据解析、油藏模拟、原油评价、原油混炼、物料平衡、流程模拟、实时数据库、数据校正、节能夹点计算、先进控制、计划排产优化、调度优化等技术和软件系统；

③ 数学规划技术和人工智能技术，促生了新一代化工经济评估软件，可用于从原料采购、到产品加工和产品运输的规划和评估，为高层决策、计划制定、公司生产/经营优化提供一种有效的工具，形成包括生产装置设备层、监控层、调度层到管理层、经营决策层的"T"形横向和纵向交叉的企业资源计划优化系统。

在化工行业整个的信息化进程中，熟练的信息技术应用人员是实现信息化的头等重要因素。在起步阶段，计算机硬件的作用是主要的。而在系统化阶段以后，起主要作用的是应用软件，最终用户的需求和知识成为主要并起决定作用的因素。

1.4.2　我国化学工业的信息化

20世纪80年代后期，在国家863/CIMS示范工程计划的带动下，我国石油、化学工业行业开始了CIMS、MRP、MRPⅡ和ERP技术的规划、试验和探索。兰州炼厂、大庆石化总厂、齐鲁石化公司、福建炼化公司、上海高桥石化公司和兰州化学工业公司化纤厂、长岭炼化总厂等一批企业，相继开展了企业信息化工程，在整体规划CIMS的同时，重点实施MRPⅡ、ERP等技术。总体而言，我国化工企业信息化发展迅速，但发展并不均衡，只有少数企业真正实现了过程控制和经营管理的一体化，能够与外界实现无障碍信息资源共享、互动，相当多的企业还停留在财务电算化，产品开发以及生产过程的计算机辅助设计和自动控制阶段。激烈的市场竞争与经济全球化趋势，要求我国石油、化学工业必须以信息化建设推动行业快速发展。

(1) 结合化学工业特点推行信息化建设

化工行业属于连续生产工况、流程型行业，生产环节相互影响、互为约束，生产过程安全、可靠、长周期运行是节能、稳定和高产的保障。化工行业信息化建设的切入点应该是：先进的自动控制技术、实时优化的工艺流程、高效的生产调度、优质的设备管理、完备的环境及安全监测、精确及时的能量和物料衡量，并通过信息技术的广泛应用，加快企业技术创新和管理创新。

(2) 技术进步与创新打下化学工业信息化的坚实基础

从技术上看，石油、化学工业信息化建设的方向是综合了经营管理与过程控制的现代集成过程系统(CIPS)。CIPS的关键是集成，它借助于计算机软硬件，运用现代管理技术、制造技术、信息技术、自动化技术和系统工程技术等将企业生产经营全过程中的人、技术和管理要素及相关的物流和信息流有机集成并优化运行，实现高质量、低成本、高效益的目标。目前我国多数化工企业的生产装置都采用了DCS(离散控制系统)进行过程监控，而未来基于实时工况的在线优化技术、先进过程控制技术和管控一体化技术，正在成为行业新的技术发展方向。

(3) 信息化促进化学工业现代化

化学工业由于企业数量众多、行业涉及广泛、产品数量庞大、经营管理复杂等原因被认为是企业信息化工程的难点与重点。要实现我国化学工业的整体现代化必须充分运用现代信息技术，加快对传统化工企业的改造，通过工业化与信息化的融合促进技术进步与管理创新，迅速开发和合理利用各种信息资源，真正走向节能、低耗的绿色可持续发展之路。

1.4.3 化学工业的信息化特点

石油、化学工业作为国民经济的基础性产业，包括了石油化工、矿山、化肥、橡胶加工等12个主要行业，产品生产工艺各不相同，技术经济特性也不相同。一般而言，化工生产工艺有连续流程型、间歇生产型、连续间歇结合型，按相对固定的工艺流程通过一系列管道、容器、反应器、分离装置等设备完成生产，有较强的刚性特点，物料流、能量流、信息流贯穿于整个过程，交错循环，生产装置间存在十分显著的耦合作用，同时生产过程常常受到原料供应量、组分、产品市场需求变化等因素的影响，需要改变生产负荷，甚至需要调整生产过程结构。由于控制系统失灵或生产装置运行不稳定，造成不合格产品、超量的环境排放或安全隐患，都将产生相当严重的经济后果。满足平稳、长周期、低消耗、高质量、安全、低环境影响等多项生产过程要求，是化工企业生产经营管理的关键。因此过程控制技术、优化调度技术成为化工企业信息化的重要目标。同时构建化工企业信息化平台还应当满足多方面需要，包括：

① 满足市场需要：在正确的时间、地点供应正确质量和数量的产品；
② 满足公司需要：以一种可预测、可计划、可控制的方式实现公司经营目标；
③ 满足社会需要：遵守国家法规，满足健康、安全、环境要求，实现企业绿色可持续性生产。

化工企业按生产组织和管理需要，对其业务系统进行划分，有三大系统，如图1.3所示。

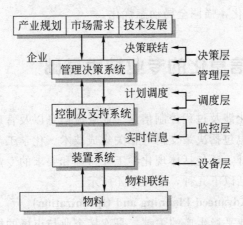

图 1.3 化工企业信息子系统及其关联图

① 装置系统：使物料发生物理、化学或生物性质变化的设备系统。由于原料、产品以及装置自身的变化，装置系统具有动态特性。装置系统包括生产制造、原料供应、运输、仓储等，涵盖生产过程的全部底层系统。

② 控制及支持系统：指观测和控制装置系统的检验系统、监测系统、控制系统、保障系统等，数字化监测技术、传感技术和计算机控制技术是化学工业的典型特征，智能化操作运行是未来的发展方向。

③ 管理决策系统：指企业的所有员工，包括操作工、工程技术人员、供销人员和管理人员，他们通过控制及支持系统监测和调控装置系统运行状况，其中与生产过程联系最密切的系统是生产执行系统。当前先进化工企业的生产计划与调度已不仅仅依赖人为经验，而是根据装置与产品特点，建立市场需求预测模型，由数学规划程序计算制定。依据化工企业三大系统的运行特点，可以将其分为以下几种类型。

- 敏捷(agile)型：能够适时应对原料、公用工程以及其他资源供给的变化，也可以迅速调整生产计划及作业调度满足市场对产品种类、质量和交货期的要求。
- 精良(lean)型：强调通过精细化的管理实现质量最优、成本最低。
- 快速反应(responding)型：最短时间内完成从订单到产品交货的全过程，这需要从系统整体的角度统一协调原料准备、工艺技术、生产及储运管理。
- 平滑(smooth)型：为避免生产波动，从原料供应直至最终产品之间的物料流动都始终处于均衡状态，装置设备也都平稳运行，从而消除生产过程扰动。
- 可预测(predictive)型：不论市场或其他外部扰动如何，都有能力对产品的质量及数量进行预测和控制。

无论上述何种类型，都要求实现及时的信息传递，把数据与信息的完全共享放在核心地位，并通过信息处理技术，如云计算技术和大数据处理技术，将信息集成的范围逐步扩展到整个供应链，使管理与决策都能基于无障碍信息平台或知识平台。

总体而言，化学工业的信息化特点为：
- 强调化学工业的装置性、资源性和过程性特征；
- 融合人/组织、经营管理和技术三要素，集成信息流、物流、价值流；
- 以交货期(T)、质量(Q)、环境(E)、可靠(R)、服务(S)、效益(P)为优化目标；
- 科学的经营决策，统一的设备层、监控层、调度层、管理层、决策层；
- 基于知识与智能化，强调全局动态优化。

1.5 化工企业信息化的专业技术基础

化学工业企业信息化涉及过程控制信息、业务流信息以及管理信息的采集、存储、加工和发布等环节，同时也包括决策支持等相关集成技术。化学工业企业的信息化技术除了各行业通用的信息技术外，还包括体现化学工业特性和要求的专业技术体系。化学工业企业信息化的专业技术包括以下几种，如图1.4所示。

(1) 计划优化技术(Advanced Planning and Optimization)

计划是化学工业企业平稳生产的关键，是连接企业与市场的枢纽。化工企业的计划体系包括产能规划及优化、销售计划、物料需求计划、采购计划、生产计划、发运计划等。就计划优化而言，涉及从原料供应到产品发运的全过程，并要同时考虑成本、质量、交货期等约束性条件，决策变量可能成百上千个，如此复杂系统的最优化求解单单采用基于约束条件的数学规划算法困难较大，还需把专家系统与最优化算法结合在一起。

(2) 预测及需求管理技术(Forecasting and Demand Management)

预测对象包括市场需求和原料供应，预测技术有很多种方法，但都对基础数据要求较高，而这样的数据往往分散分布难以完全收集并集成，因此在预测中为补偿纯粹统计计算的不足，利用商业智能和业务经验就很关键。新的预测及需求管理技术可基于大数据处理和云计算技术，将数据采集和应用扩展到所有任何有助于获取有价值信息的主体。

(3) 承诺能力(Able to Promise，ATP)

市场经济对企业最重要的要求之一就是能快速评估并承诺满足客户对订货数量、质量及交货期的要求。为此，承诺能力评价技术一方面要把各种业务规划和经验进行归纳形成规则，另一方面则要把原料供应、生产计划、装置能力、设备状态和调度排产等各方面的可能性进行综合分析，提出可选方案，保证合同兑现率。

(4) 调度排产技术(Optimal Scheduling Algorithm)

优化调度排产模型的目标函数一般选择利润最大或生产成本最低，这不仅可以优化产品结构，提高设备利用率，而且可以减少切换次数，降低中间品库存。目前最优化调度排产有三种技术，分别是基于工况研究(Case Study)和"如果-则"(What if)的优化技术；直观推断法求解技术；严格数学规划优化算法技术。但目前尚无任何一种优化调度排产方法可以完全解决所有调度排产中遇到的问题，其中最优化模型的建立和数据完整性校验是最大瓶颈，未来有望通过大数据技术和人工智能予以改善。

(5) 储运管理技术(Storage and Transportation Management)

化工行业的物流费率约为10%，是成本构成的重要部分。储运管理技术将仓储管理、市场预测、运输规划集成起来，解决企业物流管理的两大关键问题：①为预防原料供应波动需要多少仓储量？②针对不确定的市场需求生产计划应有多大余量？这要求考虑整个供销网络、生产能力、合同和非常规客户需求等各种边界条件，利用线性规划、模拟退火算法、发运需求计划 DRP(Distribute Requirement Planning)等技术来优化生产计划、仓储布署及运输调度。

(6) 过程模拟技术(Process Simulation)

化工生产将原料经过物理和化学变化使之发生成分及性能改变，最终成为符合要求的产品，这是有别于其他制造业类别的典型特点，因此反映这些物理和化学过程的模型是化工过程最核心、最本质的技术，也是化工过程设计与过程控制技术的基础。过程模拟技术根据对象规模和细化程度分为三个层次：分子模拟、单元过程模拟和流程模拟。随着生产实时数据应用的深入，过程模拟技术已经逐步切入到一些难以用严格确定性模型来表述的复杂过程，这些技术包括人工神经网络模型、模糊数学模型等，这成为未来实现化工过程在线最优化控制的基础。

(7) 运行信息管理(Operation Information System，OIS)

运行信息系统是直接与生产过程系统连接的数据系统，它包括：

① 实时数据库：把全部装置的实时数据收集起来，集中压缩存储在一个统一的数据库中，以便技术、管理及决策层应用。随着数据挖掘技术和数据仓库技术的发展，实时数据将成为化工企业生产经营决策的基础数据。

② 实验室信息管理系统(LIMS)：将实验室数据采集到 LIMS 中集中管理，为工艺管理、质量管理提供在线监控，并为新工艺、新配方研究提供指导。

③ 工艺计算系统：系统按时间段或按产品、按班组进行物料和能量平衡以及收率核算，进而计算原料消耗、产品产量和能耗等技术指标。计算前需对实测数据进行误差侦破和误差校正。

(8) 先进过程控制(Advanced Process Control, APC)

先进过程控制是指建立在常规 PID 控制基础上的自适应优化控制,其方法包括自适应控制、模糊控制及多变量模型预估控制等。当前应用最广、效果最明显的是被称为动态矩阵控制的多变量预估控制(DMC, Dynamic Matrix Control),此方法以现场实时数据为基础,将过程模拟模型与线性规划优化算法相结合,解决单装置的局部优化控制问题,其决策变量一般为数十个。

(9) 实时优化技术(Real Time Optimization Technique)

实时优化在流程模拟基础上,采集现场实时数据进行模拟计算,以优化算法搜索最优解,并将最优解作为新的工艺设定值传给控制系统,从而将装置运行调节到最优工况。在实际工业应用中,求解速度是最关键的因素,所以常常用联立方程法取代流程模拟常采用的序贯模块法,但其通用性是目前需要解决的问题。

(10) 企业资源计划(Enterprise Resource Planning, ERP)

企业资源计划(ERP)是企业上层管理决策系统,是企业信息化建设进入高级阶段的标志之一。企业资源包括资金、设备资产、人力资源、分工协同、仓储供应、销售运输系统等。企业资源计划是连接生产、供应、销售的枢纽环节,一些化工企业更在 ERP 基础上发展了管控一体化技术。

(11) 决策支持系统(Decision Support System)

决策支持系统帮助企业根据市场需求、原材料供给、装置与生产环境状态,制定生产计划,协调各分厂生产运行,实现企业整体优化。解决集成条件下的优化必须解决模型异化、时变性、多目标、自变量众多以及约束条件复杂等困难。近年来,研究人员借助遗传算法、模拟退火算法、混沌优化、随机优化、智能控制以及人工神经网络等领域的最新成果,提出了一些有很高搜索效率的全局优化算法,但是面对石油、化学工业生产过程的庞

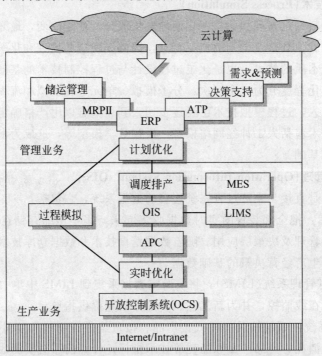

图 1.4 化学工业企业信息化集成技术关联图

大规模以及高度复杂性，现有方法和理论仍不能满足生产实际需要。

(12) 云计算(Cloud Computing)

云计算推动行业智能化进程，并帮助化工企业应对制造和研发(R&D)领域持续的全球化趋势以及产业整合的挑战。目前在石油、化学工业中的云计算应用刚刚起步，企业已开始利用外包信息平台及共享服务，并进行企业内部的信息整合和标准化。但云计算也可能对企业业务及知识理念产生颠覆性影响，如数据资源意识和新的数据安全意识等，企业很难评估其长期的成本与风险，这无疑需要进行更专业的规划以及持续地模式创新。

应当指出，现代石油、化学工业的信息化集成，绝不仅仅是计算机技术应用范围的扩大，还必然涉及业务流的再造工程。随着互联网技术、云计算技术在石油化学工业的深入应用，信息化集成具备了跨组织(研发、制造、供应、客户……)、跨制造模式(连续流程、批处理、订单生产……)，甚至是跨行业(矿产、炼油、化工、日用化学品、零售、金融……)的特点，这注定还有不少问题尚待解决，这将是一次科学家和工程师们前所未有的经历，因为"信息化"既是问题也是答案。

1.6 信息化对全球化学工业发展的影响

化学工业是资源、能源消耗巨大的产业，同时也是技术创新快、发展潜力巨大的产业。化学工业的信息化进程走在了众多制造业领域的前列，给化学工业带来了深刻的变革性影响，并推动了20世纪90年代以来全球化学工业的大规模重组进程，使全球化学工业进入了一个新的时代。在这一时代，股东价值、全球化、技术进步和信息化成为最典型的特征。Anhur D Little 公司的 Treacy 和 Wiersema 在一篇研究报告中指出，未来化学公司的成功模式将取决于其核心能力，而不仅仅是传统的产品优势，未来能在市场上保持领先地位的公司，必须在知识创新、运营精良和客户关系等三个价值领域中至少有一个处于顶级水平。在信息化时代，下列四种典型的业务模式将主导整个化学工业，如图1.5所示。

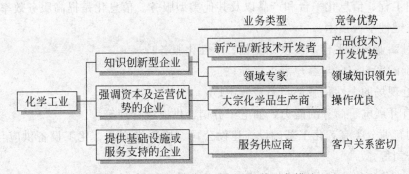

图 1.5　化工行业信息化条件下的业务模式

(1) 新产品、新技术开发者

这种模式的价值领域是企业致力于具有自主知识产权的产品或工艺技术创新，实现产品或技术领先。信息技术在以下业务领域扮演重要角色：

- 快速的市场响应与新产品研究开发；
- 共享的技术平台与知识发布体系；

- 畅通的客户渠道。

典型行业有：精细化工产品，制药（医药）企业、农药企业、聚合物助剂生产企业等。

（2）领域专家

领域专家也称为解决问题的伙伴，价值领域在其凭借技术优势，完全融入客户价值链，并专注于解决客户特定问题。化工与其他行业领域的紧密联系，促使行业间越来越细的专业化分工与高效协作，是信息化所带来的最重要变革。

- 以优势的产品或技术解决客户化工领域相关问题，专有化是其特定的竞争优势；
- 建立高度融合的价值链共享平台，保持与客户紧密的合作关系；
- 强大的知识管理体系，客户共同完成专有技术开发；
- 通过构建信息化网络平台上的合作维系畅通的市场渠道。

典型的行业分类有：水处理、特定的电镀或喷涂工艺、电子产品生产中的化工工序部分的技术服务等。

（3）大宗化学品生产商

大宗化学品生产商的价值领域是规模化和操作优良，即在大宗化学品生产中，通过规模化和精细化操控有效降低成本。信息化是这种模型成功的核心要素：

- 全球化的供应链管理，保证稳定的资源供应；
- 信息化条件下关键性技术经济要素的优化；
- 智能化、自动化的装置操控技术；
- 符合健康安全环境标准的关键技术创新，包括工艺、控制和设备装置技术；
- 基于规模优势的成本优势和领先的市场占有率。

典型的行业分类有：石化企业、标准的聚合物生产企业、合成氨、炭黑企业等。

（4）服务供应商

更加细致的专业化分工促使化工企业把非核心业务外包甚至离岸外包，以获得更高的经营效率。服务供应商的业务就是为化工企业提供基础设施和服务的专业化服务公司，其价值领域是密切的客户关系。这类公司把握化工企业对非核心业务实行外购的趋势，为他们提供公用工程、信息化平台和产品以及其他类型服务。信息化是提高服务效率，体现客户价值的关键性平台技术：

- 通过商业智能平台，提供专业化、个性化服务；
- 准确的客户定向与客户需求主导；
- 贴近现场的个性化服务与高费效比；
- 具有开展电子商务的能力，如电子分销、供应链管理等。

典型的行业分类有：化工基础设施建设公司、原料供应商、化工设备供应与维修商、信息媒介公司等。

信息化为化工行业带来变革与机遇，同时也带来了前所未有的压力，除了降低成本，提高产品及服务的交付价值外，挑战还来自于以下几点。

（1）原料供应紧缺、价格上涨

石油、矿产等不可再生资源处于价格高位将是常态，化工行业基础原料价格高并且不稳定，会使企业产生持续的风险和成本，这对低附加值的大宗化学品是一个巨大的负担，而信息化下的全球性市场交易模式更加大了这一负担。

(2) 化学工业在全球范围内迁移

信息化技术实际推动着包括化工在内的制造业在全球范围内迁移，信息技术势必填平任何一个市场、资源和劳动力的价值洼地，各国为此都在努力发展并强化自身优势，创造新的价值。这意味着以国为界的区域性产业壁垒正逐步弱化，在此背景下每个化工企业都必须通过技术升级与创新才能保证不在未来的竞争中落败。

(3) 更高的环境与健康标准

信息化技术为执行更严格的环境、健康标准以及实时在线监管提供了技术基础，这必将导致化工企业制造成本上涨和利润下降。与此同时，全球贸易中的环境和商业规则向绿色和可持续发展方向演进，这给企业带来巨大挑战。

(4) 面向"供应链网"的产业集成

化工过程集成经历了两个阶段：一是基于热力学原理的集成，用包括夹点分析在内的系统工程方法分析过程能量流，解决最小能耗问题；二是以人工智能、专家系统及层次设计法等方法解决投资和操作成本之间的平衡。而当前，化学工业经过发展，已与生物工程、能源、环境、材料等领域深度融合，绿色和可持续性成为行业的基础价值领域。新的化工过程集成模式是在全球化背景下，通过跨企业，甚至是跨产业领域的"供应链网"集成，打造一体化产业布局，实现企业经济效益和节能减排之间的平衡。在这一新的产业集成模式下，企业必须在资产重组、资源整合的战略决策与执行中具备优势。

(5) 化学工业新技术领域的挑战

为应对石油、矿产等不可再生资源供应及价格的波动，包括生物质、水资源、石油天然气、新能源、矿物和煤转化等资源导向性化工产业集中度越来越高。同时，在市场多样化趋势下，以生物、软固体、功能材料、膜、纳米、催化、医药、仿生、基因工程等为代表的产品导向性也日趋显著。为应对化工产业发展的挑战，一方面是量子化、分子自组装、介观结构的多尺度复杂过程系统开发到大规模的工业化集成，另一方面是生态、绿色、节能和低碳的过程工程的新标准、新要求，二者耦合显著，在化学工业新技术发展驱动下，柔性与规模化兼顾成为新的产业特性。

面对新的产业动向，化学工业出现了"基地化、一体化、园区化、集约化"的新模式，在这一模式下，只是强调"知识创新、运营精良和客户关系密切"某一价值领域显然不够，建立一个兼容三者的工业化架构成为必然。如图 1.6 所示，基于现代信息技术，实现虚拟

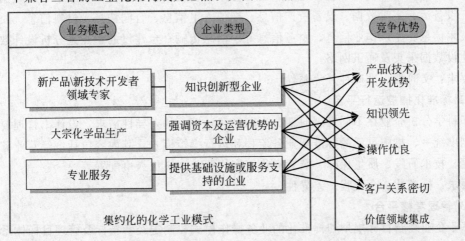

图 1.6 化学工业的业务模式及价值领域

系统与物理系统的深度融合，将有助于实现这一发展要求。

为积极面对挑战，迎接信息化这一重大的产业技术升级，中国在化学工业"十五"规划中指出，计算机在化工领域应用的技术重点是计算机生产控制与优化技术、集成制造技术、化工故障诊断技术、监控与安全系统技术、工程设计技术、分子设计技术、仿真技术等，应加快信息化带动传统化学工业发展的步伐，在科研、生产、管理等方面采用计算机及网络技术，重点加快企业上网工程的实施，发展电子商务，提高市场反应速度。"十二五"规划更进一步要求：加强"行业信息化与工业化的深度融合，推进石化化工企业信息化建设，提升化工园区和产业集群的信息化水平"。信息化与工业化结合，促进技术融合、产品融合、业务融合，并催生新兴产业业态，推动化学工业在技术进步、过程智能化、节能减排与环境友好，以及商业模式创新等方面产生深刻的革命性变化。

1.7 化学工业信息化目标定位

结合化学工业发展需要和化学工业信息化规划要求，化学工业信息化建设存在5层级的目标体系，如图1.7所示。

图1.7 化学工业信息化目标层级

(1) 统一的信息传输与共享平台

即建立贯穿企业全部设备、业务及管理体系的畅通的信息传输与共享平台。数据范围包括：设备运行实时数据、设备资产信息、岗位人事信息、合同信息、材料信息、质量信息、技术信息、生产作业信息、财务信息等。信息传输平台建设的重点是分析设计数据体系和建设数据采集及通讯网络。

要求：实时性、准确性、完整性。

(2) 标准化操控运行平台

即科学分析企业在不同发展时期、不同经营环境下的差异性需求，设计出管理要求明确、制度统一、措施灵活的标准化业务流程和运行操控模式。其内容包括：经营业务、生产调度、技术研发、质量保障、装置运行、客户服务、岗位人事配置等。

要求：标准化、全流程、差异性。

(3) 管理考核平台

基于企业经营目标规划和标准化的业务操作模式，制定经营指标及管理目标体系，体系贯穿于全作业流程。

要求：事前计划、事中控制、事后考核。

(4) 决策支持平台

企业依靠综合的业务操作及管理集成优化体系，根据市场需求、原材料、能源供给、生产设备与环境状态、技术进步，科学制定企业经营规划、销售与生产规划、期间生产计划、物料需求计划、生产作业控制目标等，协调企业全局的过程生产，平衡资源及资金分配，实现企业整体最优。

要求：科学性、最优化、基础性。

(5) 知识管理平台

市场趋势、客户关系、工艺技术、设备运行、质量控制无处不体现企业文化以及经验与知识的积累，知识经济与行业传统的结合成为未来产业发展的必然趋势。基于信息化平台的知识管理是化学工业塑造企业核心竞争力的重要手段与途径。

要求：持续性、平台化。

本章具体要求

1. 掌握信息和信息化的基本概念，了解企业信息化的重要意义。
2. 结合化学工业发展趋势，了解行业信息化方向和相关的技术基础。
3. 了解我国关于化学工业信息技术应用的规划和信息化目标定位。

● **思考题**

1-1 什么是信息？信息的基本特点，信息化的作用是什么？

1-2 化工企业的信息活动有哪些？信息基础设施结构如何？

1-3 为什么要实施企业信息化建设？企业信息化中的关键集成技术都包含哪些？

1-4 化学工业企业生产过程的特点是什么？

1-5 化学工业企业信息化的层次关系？化学工业企业重要的信息集成技术有哪些？

第 2 章

化工过程系统设计与制造的信息化

> **本章内容提示**
> 1. 计算机辅助化工设计软件系统 CAD、CAE、CAPP 的概念及应用
> 2. 计算机辅助运行系统 CAM、CAPO、MES 以及故障诊断技术的概念及应用
> 3. 化工过程的计算机控制技术
> 4. 化学工业信息化条件下的先进制造模式
> 5. 人工智能与专家系统
> 6. 化工过程的大数据技术应用——实时数据库

2.1 化学工艺及工程设计信息化

所谓设计,是将来自市场的需求,经过工艺技术人员的实验室研究,工程设计人员的规划、工程放大和修正,最终形成可以应用于工程建设与生产制造的各种技术方案。工程设计结果对产品质量、成本、生产过程都有着极其重要的影响,根据统计,在化学工业工艺研究与工程设计阶段决定了产品制造成本的 75%~80%。化工工艺及工程设计包括总体设计、产品设计、工艺设计、流程设计、设备设计、施工设计等内容,随着计算机技术的发展,化工设计范畴不断扩大,从单纯的工程设计扩展到了产品结构研究、实验研究、工艺设计等产品生命周期的全过程。工程设计(包括制造)的组织方式也从传统的顺序方式发展到并行设计方式,工程设计的手段已进入到现代化的计算机辅助设计阶段。归纳起来,现代工程设计具有如下特点:

①设计手段信息化;②扩展的设计范畴与任务;③并行的设计过程;④设计仿真化;⑤智能技术应用;⑥强调系统性的设计概念;⑦基于动态多变量优化;⑧高精度的设计计算;⑨强调工程建设与生产过程的健康、安全与环保;⑩市场导向的过程柔性化;⑪重视始于设计阶段的质量和成本控制;⑫设计和生产过程一体化。

2.1.1 计算机辅助设计(CAD)

在设计中利用计算机作为工具,帮助工程设计人员进行设计的一切实用技术的总和称

为计算机辅助设计(Computer Aided Design，CAD)。计算机辅助设计始于20世纪60年代，随着计算机技术突飞猛进，特别是工作站和网络系统的发展，再加上功能强大的外围设备，如大型图形显示器、绘图仪的普及，CAD技术已进入广泛的实用化阶段，服务于机械、电子、宇航、建筑、纺织等行业产品的总体设计、造型设计、结构设计、工艺设计等。目前CAD技术已从计算机辅助绘图和设计结果模拟朝着人工智能和知识工程方向发展，即ICAD(Intelligent CAD)，同时设计和制造一体化技术即CAD/CAM技术，以及CAD作为一个主要单元技术的CIMS正成为CAD发展的重要方向。

化学工业领域CAD技术也应用广泛，如分子结构设计、合成路线选择、工程设计、设备设计、优化设计、计算机仿真、计算机辅助绘图、计算机辅助设计过程管理等，并出现一批石油化工专用CAD应用软件，如Aspen、ChemCAD、PDMS、Hysys等工艺及工程设计软件。目前专业的化工设计院所已完全进入到计算机辅助设计阶段。

化工计算机辅助设计包括两类：创造性设计，如分子结构、合成路线选择、工艺流程设计、设备工作原理拟定等；以及非创造性工作，如计算机绘图和设计计算等。创造性设计需要发挥人的创造性思维能力，结合化学工程与工艺的基本规律，在理论计算与实验结果基础上设计出满足工业化要求的方案。Aspen Plus、Fluent等设计软件可给设计人员提供巨大支持，随着CAD智能化发展，在创造性设计工作中信息化技术将扮演更加重要的作用。而一些繁琐的重复性计算、设计文档管理和信息检索等非创造性工作，则完全可以借助计算机来完成。总之，一个优秀的CAD系统既能发挥人的创造性，又能充分利用计算机的高速计算能力，达到人和计算机的最佳结合。

目前石油、化学工业的计算机辅助设计系统正在向系统化、智能化方向发展，形成一个包含数据库、图形处理、工艺计算和仿真模拟的综合系统，实现了工艺设计计算、流程模拟、过程仿真、绘图与数据处理同步进行。在上述综合系统中，基于数据库技术的知识管理极为重要，它管理化工过程设计的全部信息，如设计标准、材料、产品和物性数据等，管理控制参数、设备运行指标、健康安全环境标准等，同时也管理设计中设备、管线及其附件的全部属性信息，如型号、规格、材质等。石油化工智能CAD数据库包括物性数据库、材料数据库、标准数据库、工艺数据库、标准设备数据库等，可支持以下设计任务：

① 设计计算时准确提取物性参数，绘图设计时准确提取各种工艺及管线、设备等标准；

② 支持并行设计，能根据用户特定的设计要求完成用户定制化设计；

③ 系统有自学习功能，能跟踪从设计开始的、系统完整的生命周期，形成不断完备的知识库，并能在设计过程中传递这些设计知识。

图2.1是中国某化学工程公司开发的一套化工工艺及工程专业的CAD软件包。软件包以AutoCAD为基础平台，利用VB和AutoLISP语言做功能拓展开发，支持从基础工程设计到详细工程设计的全部设计工作，支持各专业间设计条件和设计结果的在线数据共享，可编制各种设计表格，支持工艺、管线、装置的专业计算，可绘制PFD、PID图并形成图形符号库，支持技术经济指标计算及分析。软件包按功能划分为以下三大部分。

① 工艺计算：包括确定工艺流程，计算物料、热量平衡，计算工艺设备尺寸，绘制工艺流程图，编制物料平衡表，确定工艺设备的操作指标，设定工艺设计条件，编制工艺说明书等。

② 工程设计计算：将工艺设计转化为工程设计，如将工艺流程图(PFD)转为管道仪表流程图(P&ID)，设计内容包括确定管道设计压力、设计温度、计算各项工艺指标，如

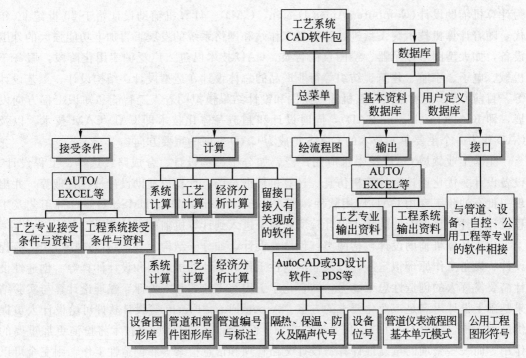

图 2.1 化工工艺及工程专业的 CAD 软件包结构图

阻力降、泵的 NPSH 计算、阀件的计算和选型等,并确定公用工程及辅助系统的流程和设备选型。

③ 绘制工艺流程图及设备设计图、施工图等。流程图绘制指化工工艺专业、工艺系统专业编制的各类设计图,包括 PFD(工艺流程图)、P&ID(管道仪表流程图)、概略布置图、保温示意图、设备条件图等。

2.1.2 计算机辅助工程分析(CAE)

长期以来,石油、化工系统设备计算与分析一直沿用动力学、反应工程、热力学、材料力学和流体力学所提供的计算模型来进行,由于有许多的简化条件,造成计算精度不高。为了保证设备的安全可靠性,在工程设计中常采用加大安全系数的方法,结果使结构尺寸加大,造价增加。现代化学工业正朝着高可靠性、低成本、节省资源、低污染方向发展,传统的工艺与设备设计方法远远无法满足要求。对此,在单元设备和流程模拟技术基础上,计算机辅助工程分析(Computer Aided Engineering,CAE)软件应运而生。采用 CAE 技术,可完成设备及工艺运行的可靠性分析,即使对复杂的化工过程也无需进行太多的简化,并且计算速度快、精度高。

石油、化工系统常见的工程分析包括:对单元设备、流程和工艺的计算分析,对设备动、静态性能分析,对设备运行和工艺流程的可靠性分析。在计算机辅助工程分析中有限元分析技术是最重要的技术之一。有限元分析技术是 20 世纪 60 年代以来发展起来的数值计算方法,是计算机时代的产物,用于材料力学、流体动力学、热传导和反应工程计算。有限元方法应用范围现已遍及宇航工业、核工业、机电、化工、建筑、海洋等领域,是机械设备动、静、热特性分析的重要手段。

下面是 CAE 在化工中的几个应用实例。

实例1 带有内衬的管道广泛应用于化学工业之中,例如将内衬玻璃的钢制管道用于那些有极强腐蚀性物料的化工过程管道及反应装置中,由于物料极强的腐蚀性,要求管道内衬在生产过程中不能有任何微小的破损,包括不能产生任何微小的裂纹。目前内衬玻璃多采用易破损的脆性材料。这种情况下,管道系统的应力分析就变得十分重要,美国的 CAESAR Ⅱ 软件和中国的 AutoPSA 软件均可完成复杂内衬玻璃管线的应力分析,旨在从设计开始就控制管线应力水平,抑制裂纹产生。

实例2 管壳式换热器的大多数失效都发生在管子与管板的连接接头处,也是工厂实践中常遇到的问题。美国的 ANSYS 软件可用于对锅炉、换热器管子-管板进行有限元模拟。管子与管板孔之间采用面面接触来模拟相互间的间隙,并考虑管子产生塑性变形后对管板的作用。通过模拟分析,设计人员发现接触压力沿管板厚度方向分布是不均匀的,据此改进了设计方案,并制定出控制质量的相应措施,最终延长设备的操作周期和使用寿命。

实例3 在化工装置管道布置中,对管系进行应力分析是不可缺少的环节。一般情况下,操作运行中的管系可能处于弹性平衡状态或过量应变状态。弹性平衡状态是所追求的状态,而在过量应变状态中,某些局部区段会产生过量应变,对管道造成有害影响。例如与透平机连接的蒸汽管道,若操作温度高于安装温度,由热胀而产生的热应力必然作用到透平机上,当这些荷载超过一定界值时必将影响蒸汽透平机的正常运行。合理配管是解决此问题的重要手段,而配管合理与否可以通过对管系的热应力计算结果校核来判断。结合美国 ANSIB31.3 应力计算标准和 CAESAR Ⅱ 软件,设计人员实现了管道各节点的力矩合理分布。

2.1.3 计算机辅助制造(CAM)

计算机辅助制造(Computer Aided Manufacturing,CAM)有狭义和广义的两个概念。CAM 的狭义概念是指从工艺设计到生产制造之间的一切活动,包括计算机辅助工艺设计(CAPP)、在线控制、工时定额计算、生产计划制定、资源需求计划制定等。具体到化工企业,CAM 狭义概念的范围则缩小为生产监测与控制,因为 CAPP 已被作为一个专门的子系统,而工时定额计算、生产计划制定和资源需求计划则划分给企业资源计划(ERP)系统来完成。CAM 广义概念除了包含 CAM 狭义概念所有内容外,还包含生产活动中与物流有关的所有过程与单元的监视、控制和管理,如对生产、检验、储存、管线输送和设备运行的监控等。图 2.2 是 CAM 系统中与物流有关部分的示意图。

由于化工生产过程高温、高压、深冷等苛刻的工艺条件,以及普遍存在的有毒、有害物料性质,自化学工业发展到规模化、产业化后,生产过程即非人工控制。在经历了常规仪表控制、板卡控制后,目前已发展到以 DCS 为主的离散控制系统,并出现了计算机集成过程控制模式。总的来说,化学工业的 CAM 系统应用最为普遍,也非常成功。

2.1.4 计算机辅助工艺设计(CAPP)

CAD 的结果能否应用于生产过程,CAD 与 CAM 能否真正实现集成,都与工艺设计

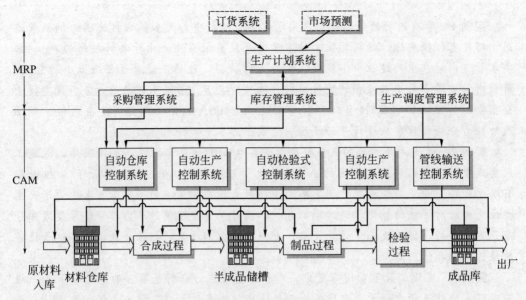

图 2.2 CAM 系统关系

有密切的关系，计算机辅助工艺设计（Computer Aided Process Planning，CAPP）成为联系两者的关键。CAPP 系统从 20 世纪 60 年代中期开始研究并应用于机械制造行业，开发出很多 CAPP 系统，其中不少已投入生产应用取得良好的效果。CAPP 在化工工艺实验研究和企业生产运行管理中的应用也成为新的研究热点。

CAPP 对化工工艺研究有重要的指导意义。传统的工艺实验研究需投入化学品实物，经实验室小试、模试、中试等阶段逐级放大完成，过程反复、周期长、装置通用性不好、成本高，且有一定的安全环境风险。CAPP 基于化学机理、化工过程模型和计算机人机交互的虚拟化操作过程，建立全工艺流程高精度数学模型，实现工艺仿真实验。CAPP 不仅可以通过模拟间歇实验过程进行工艺条件验证，也可以通过模拟连续过程的动力学实验，对反应、精馏、萃取、吸收脱吸、中和等多种单元操作进行物料和能量衡算，呈现其"三传一反"特定规律，避免大量实物实验的各种风险，加快研究进度，提高工艺研究的有效性。CAPP 以有限的实物实验不仅可以实现化工工艺研究，还可用于控制技术的原理性试验研究。

CAPP 在化工企业生产运营中也可扮演重要角色。生产工艺过程直接决定化工产品性能与质量，如化学反应过程中控制的温度不同，反应生成的产物就截然不同。化工企业工艺管理任务包括：工艺定额、生产条件、质量指标、投料方法与投料量，以及生产过程的控制参数，如反应时间、反应温度、压力、加热时间、检验指标等，另外企业工艺管理还涉及其他领域，包括生产管理的规章制度、生产操作的各种规范、工艺设备运行特性和用户要求、市场环境状况等。从目前化工企业实际情况来看，工艺管理大都停留在手工编制产品工艺规程或工艺文件阶段，存在工艺参数修订效率不高、适应面窄、优化困难等不足。为了解决上述问题并适应企业不断变化的生产经营要求，采用计算机辅助工艺设计（CAPP）成为必然选择。CAPP 系统对产品进行分类，将每种产品类别的标准工艺过程存储其中，由于环境变化及产品性能调整而形成的实际生产工艺也都被存储，工艺人员可根据理论和经验，以系统方法选择合适的工艺条件，并通过计算机仿真验证其生产过程和最终产品的性能及质量。同时工艺人员还可以按不同要求进行多次修改，直至达到目标为止。CAPP 可大幅降低实验费、设计费、材料费、管理费和废品率，同时，由于产品研究和生产准备周期显著缩短还可降低产品制造成本。

目前化学工业成熟的 CAPP 系统较少，美国 Sulphur Experts 公司的硫黄回收全流程工艺软件 Sulsim 是其中较优秀的产品。Sulsim 软件将硫黄回收工艺的数学模型计算机程序化，建立了包括燃烧炉、废热锅炉、冷凝器、再热器、克劳斯反应器、焚烧炉、烟囱等全部单元操作的完整流程。通过设定原料气组成、温度、流量、压力等参数，选择热力学模型、动力学模型，可计算输出各设备最终运行温度、压力、气体流量及组分、克劳斯转化率等。Sulsim 可用于指导实际脱硫生产操作的工程计算，也可为新装置设计提供可靠的基础数据。

四川大学化工学院成功应用数据挖掘技术进行工程塑料合成配方工艺研究，并开发出软件系统——工程塑料的计算机辅助工艺设计系统（EPCAPP）。工程塑料性能，如流变性能、光学性能、延展性能、导电性能等，都与特定的生产工艺条件有密切联系，工程塑料合成配方的筛选目前尚无完善的理论计算模型，在实验或生产过程中积累的经验往往支撑了整个工艺编制，属半结构化问题。对此类问题，数据挖掘技术是一个有效的解决途径。数据挖掘技术原属统计学中的一个概念，指在没有先前假说做验证的情况下探索数据、形成知识的过程。在 CAPP 应用领域，数据挖掘技术由数据和数据库及相关技术构成主体，以发现未知的工艺新规律、新知识为目标进行探索和分析。通过建立挖掘关联规则，对已有工艺配方和生产数据进行分析，找出原料构成、配比、过程控制参数等因素与塑料性能之间的关系，最终形成新的工艺。EPCAPP 采用动态 SQL 技术在海量数据基础上实现了高效率数据检索，同时 EPCAPP 也提供一定的智能分析，采用遗传算法、灰色关联分析，以获取次优工程塑料生产工艺。以设定 10 个工程塑料目标性能为例，在数百万数据量的基础上，EPCAPP 系统可在 30 分钟内给出符合条件的工艺配方。

与机械行业相比化工行业的 CAPP 软件包开发相对滞后，这是因为化工工艺设计难度很大，工艺设计往往与反应及分离条件、流程控制、设备选型甚至原料来源等交织一起，有相当的特异性、离散性。随着化工行业计算机技术应用范围及层次的扩展，特别是动态过程模拟技术日臻成熟，结合人工智能和大数据分析技术，面向化工过程的计算机辅助工艺设计（CAPP）必将呈现出良好的前景。未来借助于智能化的 CAPP 和 CAM 技术，寻求过程控制、催化剂活性、设备运行状态、原料产地、产品质量性能与交货期等诸多因素间的最佳平衡，实现离线的工艺调优和在线的优化控制，是化工过程系统优化发展的方向。

2.1.5 计算机辅助过程运行（CAPO）

计算机辅助过程运行系统（Computer Aided Process Operating，CAPO）着重于应用信息化技术将化工生产制造中的关键决策过程，从最基础的过程控制直到公司高层管理决策集成起来，使那些能自动实现的决策尽量自动化，使那些必须人工干预的决策便捷化。CAPO 是介于最基础的过程控制和最上层的企业资源管理系统 ERP 和决策支持系统 DSS 之间的广大领域，也是连接过程控制与决策管理之间的桥梁。其目标正是实现管理控制一体化。

CAPO 是一个多层次架构，化工公司的生产信息通常分成 5~6 个层次，如图 2.3 所示。

图 2.3　CAPO 功能递阶模型示意

这些功能层次的运行任务各不相同，但又彼此联系无法独立进行，所以需要一个统一的构架，把不同的运营任务集成为一个整体，这种集成称为"问题集成"。当然，问题集成的构架方式除了如图 2.3 所示的"功能递阶模型"之外，还有其他方式。不同层次的任务需要应用不同的工具或技术来完成，这些工具或基本技术包括以下内容。

① 测量数据的采集和压缩存储：化工生产过程的实时数据是海量的，如何用最少的数据来分析判断并表述过程发展趋势，是实时数据处理中首先遇到的问题，目前常用的数据压缩技术包括数据采集提炼、信息压缩、数据仓库、存储压缩等。

② 过程数据的筛选和校正：生产过程的实时数据是粗制原始数据，其中含有随机误差和过失误差，因此实时数据在传递给过程控制系统和优化系统时必须先经过一系列的筛选和校正加工。稳态双线性约束的数据校正技术、积分法动态数据校正技术、基于有限元正交配置的动态数据校正技术等是目前发展的热点。

③ 过程模型化和模拟技术：过程模拟技术包括稳态和动态模拟，是化工过程控制与优化的数字化基础。

④ 过程优化：包括大规模线性及非线性规划、组合优化方法等。

⑤ 过程监视技术：物联网技术将广泛应用于化工过程监视，以 IP 地址描述工艺点，保证了在 Intranet 网络内的唯一识别性，以及监测信息的数字化、高灵敏度和功能性，这将对未来化工过程控制技术发展带来重要影响。

⑥ 故障和侦破诊断技术：故障诊断根据其研究内容可细分为三个环节，包括故障侦破、故障特征提取及故障分类，都是未来化工过程智能化发展的重要领域。

⑦ 生产计划和调度：信息化条件下的生产计划将不再是简单满足合同履约，而是在过程模拟基础上多变量、复杂约束条件下的最优化排产。

⑧ 可靠性评价及维修管理系统：设备及时的维护保养是化工企业安全生产及环保的根本保证，基于现代过程监视技术和大数据技术，建立科学的可靠性评价体系，并使之智能化、自动化，保证设备维护检修符合工艺性及经济性要求。

⑨ 质量控制和管理：利用各种基于现代信息技术所开发的检测仪，实现在线的质量信息采集、评测、反馈和控制。

2.1.6 实例：一种轻型高效精馏塔的计算机辅助设计

精细化工和制药工业的迅速增长促进了对高性能塔器的需求。与生产大宗化学品的石化企业所采用的精馏塔相比，高性能塔器有不同的要求和特点。

① 追求更高的分离效率。由于产品价值高，必须保证产品收率，因而要求填料和塔板设计具有高分离效果。

② 塔高要求。精细化工和制药工业装置不少布置在标准厂房内，受到厂房高度限制一般采用矮塔方案。为了减少投资，一些室外塔器也会采用矮塔设计方案。这就对塔器的分离效率提出了更高要求。

③ 支持现场化的控制系统。通常精细化工企业的间歇设备均采用现场单独操作控制，无类似大型石化装置之中央控制室。因此，精馏塔的控制也应支持现场调节方式。

④ 设备设计柔性化。虽然精馏塔通用性强，但当遇到更换工艺差别很大的产品时，也会要求对塔器结构进行调整，如塔节的增减和冷凝器的换用等。因此要求部件标准化，使其具有互换性并易于组装。

基于以上特点，计算机辅助设计技术给轻型高效精馏塔的设计提供了保证。

(1) 软件系统结构

图 2.4 是软件总体逻辑框图，由 3 部分组成：强度计算部分、设计说明书生成部分和总装图绘制部分。设计人员只需输入相关的塔设备参数，软件即可自动进行塔的设计，并将结果以 Word 文档或图形形式输出。

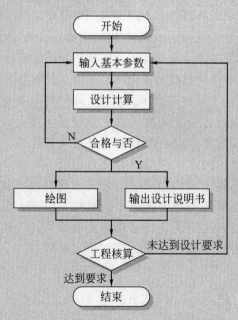

图 2.4 计算机辅助设计系统总体程序框图

(2) 软件系统功能

① 计算功能：以国家标准和设计规范为依据，采用估算、简算及详算三种方法，使软件包的计算功能具有良好的通用性和灵活性。同时优化参数输入方式，将常用参数设置为缺省值，减少键盘输入次数。主要计算过程存入文本文件，便于设计人员进行分析，为系统优化提供依据。

参数优化设计方法有：以单参数为目标进行设计的单目标优化设计法；多目标优化设计法，此法以多个参数为目标，综合考虑目标间的相互影响，进行优化设计；结构模糊优化设计法，此法结合设计要求采用多种方法，先用单目标优化，明确该参数对设计的独立影响，再采用多目标优化，综合各个参数结合在一起时的群体效应。

② 绘图功能：根据计算结果自动绘制塔整体结构草图，再由草图中的标准件经过人工处理组合形成施工图。强度核算后，用 AutoCAD2000 VBA 编程进行计算机自动绘图。

③ 用户服务功能：在输入过程中，按某些功能键，可提供一系列用户服务，包括软件包使用说明、各种设计资料查询等。

④ 文件管理功能：在使用计算机进行工程设计时，可同时进行相关计算机信息方面的处理，如备份、拷贝、删除等一系列文件管理内容，方便用户进行文件管理。

本例介绍的轻型高效精馏塔计算机辅助设计软件是一款功能简单的设计系统，经过一定程度的计算机知识学习就可完成开发。而 Aspen Plus 软件则是一款可进行复杂精馏塔设计以及其他更复杂系统设计的通用性商品化软件。

2.2 化学工业基于信息化的先进制造模式

化工生产过程由于装置型特点，生产工艺的刚性较强，生产管理以实现生产平稳运行为目标，形成了化工特有的过程特性：产品品种固定，规模化和操作精良是控制成本、实现经济效益的关键，企业经营模式多表现为"以产定销"或"以产促销"，保证装置运转稳定可靠、工艺符合设计要求是企业业务流程、组织机构和岗位职能设定的重要目标。然而经济全球化的今天，通过 Internet 已将遍布全球的供需方联结为统一的利益体，化工企业面临更多的市场挑战。如，由于建材、汽车、包装、装饰等行业对玻璃制品功能分工的细化，使玻璃制造业对纯碱的成分、晶型、细度分布要求更多样化，要求碱厂在生产组织上必须更好地适应市场需求，及时调整其设备与工艺参数，销售部门、工艺技术部门、设备管理部门、生产部门、供应部门、财务部门不再条块分割，必须以快速应对市场需求进行业务重构，展示出更加灵活的、柔性化的经济特性。准时制生产、精益生产、敏捷制造、柔性制造等先进制造技术为机械、电子、汽车、钢铁等行业的发展起到十分重要的作用。随着化工企业信息化程度的提高，上述先进制造技术也将为化工行业的生产组织形式带来革命性变化，使之从规模效益主导向多品种、小批量、客户化方向平衡发展。

2.2.1 准时制生产(JIT)

准时制生产方式是起源于日本丰田汽车公司的一种生产管理方法。它的基本思想可用一句话来概括，即"只在需要的时候，按需要的量生产所需的产品"，这也就是 Just In Time(JIT)一词所要表达的含义。这种生产方式的核心是追求一种无库存或使库存达到最小的生产模式。

(1)JIT 生产方式的目标和基本手段

JIT 生产方式的最终目标是获取最大利润，为了实现这个目的，"降低成本"是基本手段。多数化工企业降低生产成本主要依靠品种规模化生产来实现,但是在多品种、中小批量生产情况下这一方法是行不通的,而 JIT 生产方式为此提供了新的途径。JIT 力图通过消除"只使成本增加,不会带来任何附加价值的一切因素"来控制成本,包括消除生产过剩(即库存)。图 2.5 为 JIT 构造体系。在这个体系中包括 JIT 生产方式的基本目标、实施这些目标的诸多手段和方法,以及它们的相互关系。

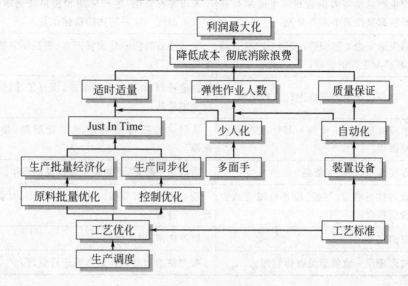

图 2.5　JIT 构造体系

JIT 为了实现降低成本获取最大利润的目的,提出了适时适量生产、弹性配置作业人数以及保证质量这三个子目标。

① 适时适量生产:即"Just In Time"。对于企业来说,生产必须灵活地适应市场需要量的变化,否则由于生产过剩会引起人员、设备、库存等一系列浪费,而避免这些浪费的手段,就是实施适时适量生产,只在市场需要的时候生产市场需要的产品。

② 弹性配置作业人数:现在人工成本越来越高,降低劳动费用是降低成本的一个重要方面,实现的方法是"少人化"。所谓少人化,是指根据生产计划弹性地增减生产线作业人数,而不是采用传统的"定员制",自动化技术、智能化技术的广泛使用,少人化趋势更加明显。

③ 保证质量:质量与成本通常是一种负相关关系,高质量意味着高成本。但 JIT 认为,将质量管理贯穿于每一道工艺环节之中可实现质量与成本的一致性。为此 JIT 建立了两种机制:第一,生产线能够自动检测质量波动,一旦发现异常或质量指标偏离则自动报警或自动实现工艺调整;第二,生产工艺人员发现生产工艺指标偏离正常时,有畅通的沟通机制以及按工艺管理要求进行处理的权利,能及时消除异常。

(2) JIT 与 MRP Ⅱ 的区别和联系

MRP Ⅱ 是一种生产计划体系,由美国人提出,适用于大批量生产过程。JIT 则由日本人发明,是一种适用于精益生产的管理技术。两者之间的区别与联系见表 2.1。

JIT 追求零废品率、零库存,是一种理想状态,而 MRP Ⅱ 面对批量生产过程中的普遍性情况,充分考虑不确定因素给生产带来的影响。人们通常将后者看成是一种基于计划的策略体系,注重中长期规划的大宗化学品生产企业常采用这种计划驱动模式。

表 2.1　JIT 与 MRPⅡ的区别和联系

项目	JIT	MRPⅡ
库存	对降低成本不利,应尽一切努力减少库存。	库存用来预防市场波动、设备故障、供货商拖期交货等情况。目的是销售与生产的平稳。
批量	仅生产立即需要的数量。半成品与外购原料都只按最小需要补充。	考虑库存费用、生产周期和价格波动等因素,用科学决策制定一定周期内的最佳批量。
生产准备时间	最快地完成工艺调整,控制生产准备时间,减小对生产的影响。	生产准备时间不是关键因素,更强调装置的生产效率最大。
生产调度	以订单交货期为依据进行生产调度。	制定计划,并通过合理调度,保证工序过程均衡,综合成本最低。
供货商	供应商是协同工作的一部分,必须确保及时供货。	从供应商获得最稳定的供货周期、最大的利益保障。
质量	零废品率,保证交货期。	质量水平稳定,严格控制废次品的发生。
设备状况	设备状态稳定、可控,设备故障要减少到最低程度。	设备运行高可靠性。并保持一定量的能力冗余,保证生产计划。
产品	以销定产	以产定销、以产促销
管理	按管理层一致的意见进行管理。	按严格的制度和计划体系进行管理。

在化工行业 JIT 生产组织模式也有大量企业适用,如按客户特殊要求进行工艺研发和生产的精细化工企业、高分子功能材料企业和从事化工非标设备生产的企业。例如,香港某高分子材料企业针对每个客户的具体要求形成特定的产品系列和工艺,目前已有多达 13 万种产品规格,该企业采用 JIT 模式,严格按订单数量、交货期和产品质量要求进行生产。

2.2.2　精益生产(Lean Manufacturing)

精益生产实践由日本丰田汽车开始,并由美国麻省理工学院把它提高到理论高度。精益生产的定义为:

"精益生产是通过变革系统结构、人员组织、生产装置和市场运营等方面,使生产系统能很快适应市场需求的不断变化,并能使生产过程中一切无用的、多余的环节被精简,最终达到生产经营各方面最好的结果。"

(1) 精益生产的特点

归纳起来,精益生产在工厂组织、产品设计和生产管理方面都有突出的特点,体现在以下几个方面。

① 产品面向用户,将用户纳入产品的开发过程,强调产品的适销性,并在成本、质量、交货速度和客户服务方面做得最优。

② 推行工作组化的工作方式,发挥员工积极性和创造性,使员工真正成为"零缺陷"生产的主力军。

③ 精简组织机构,去掉一切多余的业务环节和人员,管理模式转为分布式平行网络结构。在设备装置上,满足柔性工艺流程要求,实施自动化控制。此外,精益化生产还在

满足提供多样化产品前提下尽可能减少生产过程的复杂性。

④ 强调并行设计。组建由企业各部门专业人员组成的综合工作组(Team Work)是实施并行设计的重要措施。综合工作组全面负责某项具体产品型号的开发和生产，包括产品研发、工艺设计、编制预算、材料购置、生产准备及投产等工作。

⑤ 采用JIT供货方式，保证最小的库存和最少在制品量。

⑥ 精益生产追求"零缺陷"，即最优的成本、最好的质量、无废品和零库存。

(2) 精益生产的体系构成

如果把精益生产体系看成一幢大厦，它的基础是在计算机平台支持下的工作组和并行工作方式，其上有三大支柱：

- 全面质量管理，保证产品质量，达到零废品、零缺陷目标；
- 准时制生产和零库存，缩短生产周期和降低生产成本；
- 成组技术，这是实现多品种、按订单生产、扩大批量、降低成本的技术基础。可以认为计算机平台是支撑整个精益生产体系的基石。图2.6为精益生产的体系结构图。

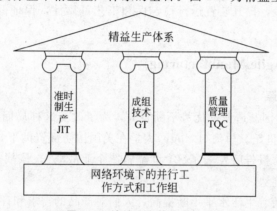

图 2.6　精益生产的体系构成

(3) 精益生产与化工大批量生产方式的比较

精益生产和化学工业大批量生产方式的比较如表2.2所示。

表 2.2　精益生产与大批量生产方式的比较

比较项目	精益生产方式	大批量生产方式
生产目标	追求细节的尽善尽美	整体优化、可控
工作方式	并行,综合性工作组	分工协调,专业化
管理方式	灵活应对、快速决策	计划驱动
产品特征	面向用户、生命周期短	大规模、标准化产品
供货方式	JIT方式,零库存	经济存量
产品质量	过程控制,零缺陷	精良操作,检验部门事后把关
废次品率	几乎为零	一定量
自动化	柔性自动化,但尽量精简	刚性自动化
生产组织	精简一切多余环节	按需搭建专业性组织机构
设计方式	并行方式	串、并行模式

续表

比较项目	精益生产方式	大批量生产方式
工作关系	工作组团队协作	严格职能分工,制度保证
客户关系	面向客户,支持定制化	用户服务,产品标准化
供应商	渠道灵活,保证准时供应	保证长期、稳定的供应
雇员关系	紧密的利益关系	计划模式

精益生产在化工企业管理中得到了广泛的应用,并在企业实践中推出了一系列可行的操作办法,如 6S 管理和 6 西格玛管理等。6S 管理是指在"整理、整顿、清扫、清洁、素养和安全"这六个环节所实施的管理实践。6 西格玛管理则追求作业中最小的差错率。这些方法对提升化工企业业务水平和操控现场管理作用显著,它们对生产过程中人员、机械设备、工装工具、原材料,以及技术运用方法等生产要素予以最大限度的优化和标准化,从而改善作业现场环境,提升装置运行稳定性和工艺可靠性,保证健康安全、环境达标,实现良好的经济效益。

2.2.3 敏捷制造(Agile Manufacturing)

(1)敏捷制造的起源

20 世纪 80 年代美国制造业的优势不断丧失,为了改变这种局面,美国政府把制造业发展战略目标瞄向 21 世纪。里海(Lehigh)大学在美国国防部资助下,调研了百余家公司,在分析了 400 多篇优秀报告后发表了《21 世纪制造企业战略》,该战略提出采用敏捷制造模式夺回美国制造业优势。

敏捷制造认为,随着生活水平不断提高,人们对产品的需求和评价标准将从质量、功能和价格转为最短交货期、最大客户满意度、资源保护、污染控制等方面。因此敏捷制造强调有机地集成先进制造技术,高素质劳动者以及企业灵活的管理,对千变万化的市场作出快速响应,实现总体最佳。敏捷制造提出了一些新思想、新概念:

① 可重构的、不断优化的生产系统(Re-Engineering);
② 源于集成优化而不是强调批量的生产制造系统;
③ 权力下放,精简而高效的组织形式,并行工程;
④ 跨越企业界限的虚拟公司(Virtual Cooperation)。

作为一个新概念,敏捷制造提出的时间还很短,尚未形成一个公认的系统框架。这里,给出中国学者汪应洛教授提出的系统框架结构,如图 2.7 所示。

(2)敏捷制造企业的特点

传统的制造,用户被动地接受产品功能及质量标准,否则就要订做、花费高、时间长。而在敏捷制造方式下,用户可提出需求并参与产品设计,整个设计、制造、服务过程都对用户透明。实施敏捷制造的企业具有如下特点:

① 良好的工作环境,重视发挥员工作用;
② 用户参与;
③ 柔性的、并行的组织管理机构;
④ 先进的技术系统;

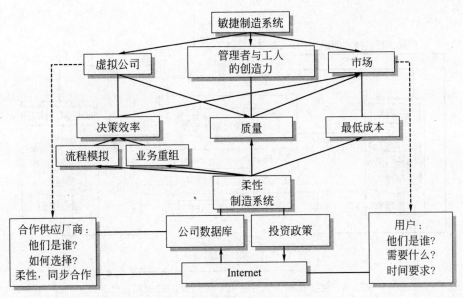

图 2.7　敏捷制造系统框架结构

⑤ 基于网络平台无障碍的信息交互。

敏捷制造作为 21 世纪的新制造模式，给制造业带来巨大冲击，传统的、大批量生产方式失去优势，让位给并行的、精简的、灵活的、品种多变的、适当批量的生产方式。如果不正确对待这种变化，就会被市场淘汰，据预测，到敏捷制造时代将有 50% 以上的企业由于不适应新的生产方式而遭淘汰。

(3) 实例：化工过程机械的敏捷制造系统

化工过程机械主要指流程工业中的机械装备，涉及化工、热(核)电、冶金、建材、食品和制药等。过程机械的特点是由过程工艺决定的，体现出多样化服役条件，有高温、低温、深冷；有超高压、高压、中低压、真空；有气、液、固三相之不同，有强酸、强碱、剧毒、易燃、易爆等差异，因此过程装置的工艺性很强；其次过程装置趋向于单系列化，装置大型化，长寿命周期，所以过程装置的可靠性要求高。其制造过程还有如下特点：

① 化工机械产品一次建成投资大，使用周期长，一些重要和关键设备要求有可重用性和可重构性；

② 产品设计常常由买方决定，非标准件多，单件小批生产为主要生产形式；

③ 制造加工过程具有很强的综合性，工艺复杂；

④ 鉴于化工机械产品高温、高压、有毒的工艺属性，其安全性要求很高，因此法规制约比其他行业机械更多一些。

化工机械的特点决定了过程机械设计和制造的复杂性，企业普遍存在产品开发周期长、设计效率低的状况，而在信息化条件下，先进制造技术，特别是敏捷制造体系为解决行业难点提供了可行的途径。图 2.8 是化工机械制造企业基于云计算的敏捷制造体系。

2.2.4　柔性制造(Flexible Manufacturing System)

(1) 柔性制造系统的定义

柔性制造系统(FMS)是由数控设备、物料储运装置和计算机控制系统等组成的自动化制造系统，它包括多个柔性制造单元，能根据制造任务或生产环境的变化迅速进行调

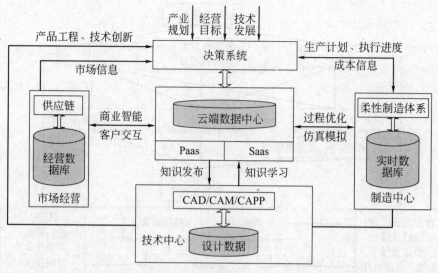

图 2.8 化工机械制造企业基于云计算的敏捷制造体系

整、适用于多品种、中小批量生产。柔性制造通常"以销定产",生产指令完全来自于市场,甚至是个体消费者。从 FMS 的功能看它应当是:

① 支持低成本的小批量生产;
② 通过改变控制指令、调节工艺参数便能制造出具备不同性能的差异化产品;
③ 高效而灵活的供应链;
④ 支持生产系统和生产组织形式的柔性化重组。

(2) 柔性化的化工工厂设计

柔性制造系统(FMS)是为解决多品种、小批量生产模式中存在的效率低、周期长、成本高及质量不稳定等问题而出现的。由于信息技术和互联网的广泛应用,FMS 近 10 年来进入了高速成长期,推动了离散制造业向柔性化方向发展。化工生产系统,特别是各种间歇式生产与半连续式生产的化工企业,也出现了向柔性系统发展的趋势。化学工业柔性装置或自适应企业包括以下几种类型。

① 装置柔性:需要生产不同的产品时,生产流程可随产品变化而重组。通常的做法是按化工单元操作,如按氧化、卤化、氨化、还原、缩合、分离等进行分类,然后依据工艺需要进行组合和调配,坚持易配、易装、易拆、易换的基本原则,尽可能以较少的设备生产多种化工产品。计算机控制系统是实现多品种、系列化、灵活批量生产的关键。

② 工艺柔性:体现在工艺流程对产品品种或原材料变化的较强适应能力,以及为适应产品或原材料变化生产系统灵活地改变相关工艺的能力。

③ 产品柔性:市场对化学品需求多样化发展,导致企业生产模式趋向于精细化、多品种、甚至定制化,这就要求企业一是市场需求变化后,系统能够经济并迅速地生产出新产品,二是产品更新后装置对老产品有一定的继承能力和兼容能力。

④ 维护柔性:智能化处理故障并保障生产正常进行的较强能力,整个系统无明细瓶颈环节,具有低冗余度下的自平衡与修正能力。

⑤ 生产柔性:生产系统在大跨度的批量规模下表现出较强的经济性,这对强调规模

化的化工生产尤显重要。柔性的生产计划、最优化调度、交货期与质量管理模型是关键。

⑥ 扩展柔性：当需要时可以快速、便捷地扩展系统结构，从而形成更大产能。

适用于柔性化设计及运营的间歇式生产的化工企业数量占化工行业总量的一半以上，间歇式生产的化工企业不同于连续生产的化工过程，也有别于机械加工工业，具有生产工艺灵活、产品多样、操作柔性的特点，但装置设备和原料的交叉关联性高，有关健康安全环境的约束性条件较多，实施柔性制造，还需要在生产工艺、控制理论以及设备等相关领域展开积极工作。

① 流程模拟技术：包括化工系统建模理论、数理统计分析、计算机仿真技术等。

② 数据及知识管理技术：包括设计数据及生产运行数据管理技术、数据挖掘及大数据技术、知识工程等。

③ 柔性化设计理论和技术：包括连续体结构的拓扑优化技术、分布式柔性机构优化、开放式体系结构设计、仿真驱动设计、数学规划、人工智能等理论及方法。

④ 生产组织及控制模式理论和技术：包括操作单元重构理论、智能控制理论、系统扰动及再平衡理论和技术等。

⑤ 制造资源控制管理理论和技术：包括设备单元的调度技术、物料储运系统等。

⑥ 系统运行性能评价的理论研究：包括系统投资评估理论、调度算法评价指标体系等。

2.3 化工过程故障诊断技术

石油、化工、建材、冶金等行业常常需要面对极端的工况条件，如操作不当、疏于检测或因不可抗拒的自然因素，时有生产中断、泄漏和爆炸的危险。多年来，锅炉爆炸、反应器升压爆炸、有毒气体泄漏等事故常有发生，不仅给生产带来巨大损失，而且严重威胁着人身安全，因此故障检测和诊断问题引起了越来越多的关注。信息化技术条件下的故障诊断技术是以传感技术、信息处理技术、人工智能技术、控制技术为基础，捕获故障现象、寻查故障原因、判断危害程度、拟定维修或补救措施，为确诊故障点、及早采取维修、防护等补救措施提供科学的决策依据。

2.3.1 系统故障诊断的过程与实质

化工过程故障诊断是多学科交叉的实用性技术，包括三个主要步骤：①检测装置系统状态的特征信号，这与监测技术、传感器技术及电子技术有关；②从所检测到的特征信号中提取征兆，即信号处理与特征变换；③根据状态征兆和其他诊断信息识别系统状态，做出诊断结论，进行故障定位，并干预设备运行。故障诊断过程如图2.9所示。

设备运行状态监测是故障诊断的第一步，其任务是准确及时地监测设备运行的全部特征信号，并正确进行状态识别，保证系统不偏离正常功能或防止功能失效。当系统一旦偏离正常时，则分析故障产生原因，这项工作就属于故障诊断范畴。如果事先已对设备可能发生的故障模式进行分类，建立了状态分析模型或知识库，那么诊断问题就变为分析装置运行状态并进行归类匹配，所以故障诊断也属模式分类问题。因此故障诊断的大部分工作都集中在第三步，这一环节的常用方法有数学分析、控制理论、系统辨识、人工智能和模式识别等。

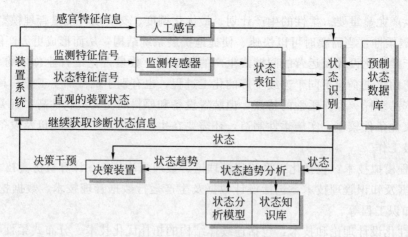

图 2.9　化工故障诊断过程

2.3.2　故障诊断的主要方法

设备故障诊断方法大致可分为两类。

第一类基于模型的诊断方法，如基于系统模型的状态估计、参数估计和等价方程的诊断方法等。其优点是能依据系统理论模型实现诊断，缺陷是化工过程模型通常难以准确描述过程状态，非线性且不连续，因此基于模型的诊断方法常常只能用于简单对象。

第二类不依赖理论模型的方法，如基于故障树方法、数理统计模型识别诊断方法、灰色诊断方法、模糊诊断方法、专家系统诊断方法及神经网络诊断方法等。

(1) 模糊诊断方法

模糊诊断不需要建立精确的数学模型，运用隶属函数和模糊规则，进行模糊推理实现智能化诊断。由于石油化工系统的复杂性、耦合性，其时域和频域特征空间对故障模式空间的映射关系往往存在着较强的非线性，隶属函数不规则，此时模糊处理往往会发挥有益的作用。目前模糊诊断技术已应用到工厂实际，在工厂级换热器网络、过程监测传感器等设备故障诊断方面有成功的应用案例。

(2) 专家系统诊断方法

专家系统的故障诊断是利用专家积累的丰富经验，模仿专家分析问题和解决问题的思路，建立推理机制，形成诊断结果。专家系统诊断方法越来越广泛地运用在化工实际应用中，它主要具备以下几个优势：

① 装置型的化工生产过程，故障复杂多样，完全依靠传统的诊断方法难以达到目的，而在专家系统框架下，可以综合利用专家的经验提升解决问题的效率和准确性；

② 有许多故障诊断问题属于非常规问题或不可计算的问题，正好适合用专家系统；

③ 专家的经验和知识是企业宝贵的财富，通过开发专家系统，可以对这类知识进行收集、整理、精炼和升华，而且有利于保存，被更多的人使用。

然而专家系统也有不易克服的缺陷，如知识获取"瓶颈"不易解决，知识库常常不完备，表现为当遇到一个没有经验规则与之对应的新故障现象时，专家系统可能会显得无能为力。因此专家系统本身的学习能力非常重要，云计算平台和大数据技术为此提供了非常好的技术支持，专家系统不止可以从企业本身的实践中提炼经验与知识，也可跨越企业甚至行业界限获取更广泛的知识。

(3) 人工神经网络诊断方法

模拟人脑思维的人工神经网络方法是一种有前景的故障诊断方法。在知识获取上，经神经网络提炼的知识不需要由知识工程师整理、总结，只需要用成功的实例或范例来训练人工神经网络即可。神经网络系统的知识获取与专家系统相比，既具有更高的时间效率，又能保证更高的质量，并且人工神经网络将问题的各个知识点均表示在同一网络中，通用性强，并便于实现知识的自动获取和并行联想推理。人工神经网络诊断方法在许多领域已开始应用，如在化工设备、核反应堆、汽轮机和电动机等系统中都取得较好的效果。

人工神经网络的不足之处在于只能利用明确的故障诊断事例，不能利用已有的专家经验，而且人工神经网络需要有足够的学习样本才能保证诊断准确；另外一个缺陷是诊断推理过程不能够作出解释，缺乏透明度。

(4) 混合智能诊断系统

为了克服现有智能诊断方法的局限性，学者们正致力于研究一种更强大的混合智能诊断系统，如将神经网络与专家系统结合开发出混合智能诊断系统。混合智能诊断系统将模糊理论与神经网络相结合，形成一种基于模糊理论的神经网络故障诊断方法，它与现有神经网络法不同之处在于采用了模糊方法、专家系统来处理神经网络的输出以及结果显示，并能对推理作出解释。

2.3.3 化工过程故障诊断发展趋势

(1) 多故障诊断技术

故障诊断问题实际上是由状态征兆空间到故障空间的一种映射关系，这里所说的映射是一种多对多的复杂映射：多种征兆对应于一个故障，一种征兆同时也对应着多个故障。多故障现象增加了判断与识别故障原因的难度，从而更易于导致灾害性事故发生。然而现有的大多数故障诊断方法都假定在任意给定时间内只有一种故障，与生产过程中存在的多故障现象不符，因此研究多故障诊断技术具有很强的实际意义。

(2) 状态监测和故障早期侦破技术

系统状态监测是通过对各种检测、测量得到的信息进行监视、分析和判别，并结合系统特性及历史数据对系统工作状态给出评价的过程。对系统异常状态给出报警提示并对发展趋势进行预报，尽早发现故障，从而实现故障的早期侦破。利用故障模式的分类结果，一方面可以查清产生故障的原因（即故障诊断），另一方面也可以通过当前系统运行状态来确定其运行是否正常（状态监测）。目前状态监测与故障早期侦破技术已成为国际过程系统工程学术界与工程界的研究热点之一。

(3) 云计算架构下的危险源辨识及可操作性评价体系（HAZOP）

化学工业实现绿色与可持续发展已显著受制于对行业健康、安全、环境（HSE）更高的标准要求，行业内不时发生的重大环境、安全事故不仅造成巨大经济损失，也正成为掣肘行业发展的关键性因素。为满足安全生产要求，从物料性质、设备可靠性、DCS过程控制、生产组织、业务模式和经营决策等方面出发，在 DCS、MES、ERP 平台上，建立在线的危险源辨识及可操作性评价体系（HAZOP）是化工过程故障诊断技术的进一步发展方向。图 2.10 为基于过程控制的危险源辨识及可操作性评价体系（HAZOP）结构图。

HAZOP 系统应用数据挖掘技术和人工智能技术，建立装置运行实时数据、工艺数据、生产调度及经营计划的关联模型，将故障早期侦破、安全风险评估与过程技术经济评估

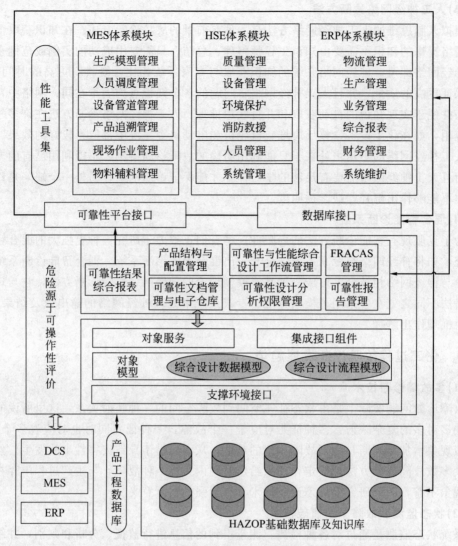

图 2.10 基于过程控制的危险源辨识及可操作性评价体系(HAZOP)

相结合,实现生产过程的在线运行监控、危险源动态辨识、可操作性实时分析以及消缺措施的制定及经济性评价。未来大数据和云计算技术将在此领域发挥巨大作用,通过云计算平台,实现跨企业、跨地域、跨行业的信息资源和知识共享,并基于大数据分析技术,将 HSE 分析模型与案例及规则进行关联,从而将获得的数据转换为知识进行存储、表达与发布,进而让信息利用度得到大幅度提升,实现真正高效的过程安全风险评估与实时在线监控。

2.3.4 实例:大型 PET 生产过程中基于知识的故障检测和诊断系统

以 PTA(对苯二甲酸)和 EG(乙二醇)为原料的连续直缩工艺是聚酯工业中应用最广的方法。在 PTA 生产过程中,酯化反应主要是在第一酯化反应釜和第二酯化反应釜中进行的。其中第一酯化反应釜稳定是聚酯生产的关键,一旦此工序出现问题,整套设备就无法生产出合格产品。下面是针对这一过程的故障检测与诊断系统。

第一酯化反应釜流程中的故障可分为两种：

① 突发性故障，这种故障通常比较紧急，需要快速处置；

② 渐进性故障，在这种故障下，系统一般处于正常与非正常操作工况的边缘，系统虽能够继续运行，但系统状态的下一步发展情况是不可知的，有可能是继续正常的工况，也有可能出现不正常状况。

为准确地诊断上述两种不同类型的故障，采用了一种知识复合模型方案，即对一个复杂系统同时进行多种不同深度的知识描述。具体到第一酯化反应釜的故障诊断，采用启发式规则和基于模型知识相结合的方法，即在故障诊断过程中，首先采用包含有启发式规则的专家系统进行故障诊断，如果不能得出合理的结果，再启用基于模型知识的诊断。图2.11显示的是一种具有反馈思想的并结合定性仿真的故障诊断结构，R01代表第一酯化反应釜。

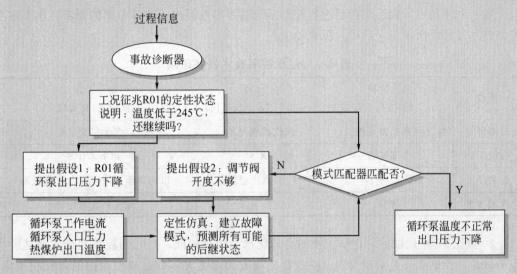

图 2.11　大型 PET 第一酯化反应釜故障诊断模型

其中模型匹配过程包括以下几个步骤：

① 提出假设：本过程将测量仪表和监测传感器传来的观察数据通过一个故障树提出故障假设。

② 建立模型：在给定故障假设下，生成相应的故障模型，通常是故障定性模拟模型。

③ 定性仿真：按故障模拟模型进行定性仿真，即数字化（包括图形化）仿真故障现象。

④ 预测：在模型仿真基础上预测故障发展趋势及可能的危害。仿真结果的准确性取决于故障模拟模型，而故障模拟模型的精确性依赖于可得到的定量知识范围。

⑤ 匹配：计算并评价观察值和模型状态之间的相似程度，既基于定性值又基于定量值。

⑥ 控制算法：如果匹配的结果不理想，则由控制算法将其反馈给假设步骤，再做出新的假设，如此循环，最终得到理想故障分析。

2.4 计算机控制技术

2.4.1 化工过程控制的特点、发展历史及现状

为了提高竞争能力,化学工业不断地通过技术改造提高产品质量、节省能源、降低成本,而正是科学技术为化学工业向大型化、连续化、自动化和集成化方向发展奠定了技术基础,过程控制技术是其中重要的一环。从过程控制的观点看,化学工业有如下特点:

① 生产往往伴随有物化反应、生化反应、相变过程,过程机理复杂;
② 被控对象往往是多维、耦合、大时滞、不确定性与非线性,控制非常困难;
③ 高温、高压、易燃、易爆等环境下运行,生产安全性至关重要。

由于上述特点,化工生产对过程控制系统的可靠性提出了非常苛刻的要求。化工过程控制技术发展经历了三个阶段,见表2.3。

表 2.3 过程控制技术发展阶段

阶段	第1阶段 (20世纪70年代以前)	第2阶段 (20世纪70～80年代)	第3阶段 (20世纪90年代以后)
控制理论	经典控制理论	现代控制理论	多学科交叉
控制工具	常规仪表	DCS	FCS、CIPS
控制要求	安全、平稳	优质、高产、低耗	市场预测、柔性生产、综合管理
控制水平	简单	先进控制系统	现代集成化控制

20世纪70年代以前,化学工业的自动化水平相对较低,当时的控制理论主要是经典控制理论,控制工具是常规仪表。在控制系统方面,绝大多数是单变量的简单控制系统,对于比较重要的工艺变量,采用串级调节系统或前馈调节系统设计。

20世纪70年代到80年代,源于现代控制理论的先进过程控制(Advanced Process Control,APC)应运而生。这是在计算机技术基础上出现的一批先进的控制工具,如分散式控制系统(DCS),同时现代控制理论也有了飞速发展,预测控制、自适应控制、非线性控制、鲁棒控制,以及智能控制等控制策略与方法成果不断涌现,目前已有许多成功的工业应用案例。

20世纪90年代以后出现了一种称为现场总线系统(Field Bus Control System)的新型控制系统,将计算机技术、通信技术和控制技术集成,实现全数字化、全分散式、可互操作和开放式互联互通,对控制系统的体系结构、设计方法和安装运行方法产生了巨大影响。

尽管先进过程控制能提高控制质量并产生明显的效益,但是它们仍然只是相互孤立的控制系统。专家们进一步研究发现,将信号处理技术、数据库技术、通信技术以及计算机网络技术进行有机结合而发展起来的高级自动化系统具有更重要的意义,于是出现了综合自动化系统。这种系统将控制、优化、调度、管理集于一体,称为计算机集成过程系统(Computer Integrated Process System,CIPS),可以认为这是过程控制发展中的第三

阶段。

2.4.2 DCS/FCS/CIPS 的体系结构

(1) 分散式控制系统 DCS

DCS 是计算机技术、控制技术和网络技术高度结合的产物。1975 年美国 Honeywell 推出了世界上第一款离散控制系统 TDC-2000，从此过程控制进入到集散系统的新时期。进入 20 世纪 90 年代，世界上主要的 DCS 供应商都采用了标准的 MAP 网络协议，引用智能变送器与现场总线结构，这大大推动了 DCS 应用，使其成为化工行业目前最主流的控制架构。DCS 具有以下特点。

① 高可靠性　DCS 有很强的容错能力，系统中某一台计算机出现故障不会导致系统其他功能丧失。

② 开放性　DCS 采用开放式、标准化、模块化设计，当需要扩充或调整功能控制点时，只需把新增控制站计算机连入 DCS 网络或从网络中取掉，几乎不影响系统其他控制站的运行。

③ 灵活性　DCS 可通过组态软件按工艺流程要求配置软硬件参数，工程师只需完成选择测量与控制信号的连接关系、确定控制算法以及调用基本图例即可组成各种监控和报警画面。

④ 一致性　DCS 系统控制站、操作站通过局域网络共享统一的数据源，数据高度一致。

⑤ 控制功能齐全　DCS 控制算法丰富，集连续控制、顺序控制和批处理控制于一体，可实现串级、前馈、解耦、自适应和预测控制等先进控制。DCS 管理层还可完成各种优化计算、统计报表、故障诊断、显示报警等。随着 DCS 应用的更加深入，还可以与 ERP 系统集成实现集成化管理，如计划调度、工艺管理、能源管理等。

典型的 DCS 系统一般由五部分组成：控制器、I/O 板、操作站、通讯网络、图形及控制软件。按体系结构分为三层，即过程控制层、监控层(工程师站/操作站)和管理层，各层设备由局域网络连通。

① 过程控制层是底层下位系统，按控制指令控制对象设备并监测设备运行状态，DCS 的过程控制层一般为完整的计算机系统，包含网络接口和特定的 I/O 端口。

② 监控层是对 DCS 进行离线组态，在线的系统监督、控制并维护网络节点，使 DCS 随时处在最佳工作状态。组态功能是 DCS 的重要特点，可以说没有系统组态功能的系统就不能称为 DCS。

③ 管理层主要是指企业管理信息系统，如 ERP 系统，作为 DCS 更高层次的应用，管理层功能越来越强大，可承担生产调度和生产管理工作。

DCS 具有三种类型的产品，即仪表型 DCS 系统；以可编程序逻辑控制器(Programmable Logic Controller, PLC)为基础的 DCS 系统；以 PC 总线为基础的 DCS 系统。DCS 过程控制器与现场变送器、执行器之间的连接采用一对一的设备连接方式，如图 2.12 所示。显然 DCS 属"半数字"系统，还需 A/D 等中间模板来完成模拟量与数字量间的信息转换。

(2) 现场总线系统 FCS

现场总线系统 FCS 由 DCS 与 PLC 发展而来，不仅具备 DCS 与 PLC 的特点，而且跨

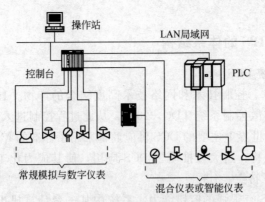

图 2.12 离散控制系统 DCS 控制结构

出了革命性的一步。FCS 系统采用智能现场设备和现场总线,具有全分散、全数字化、智能、双向、多变量、多点、多站、互操作等特点。

① FCS 属"纯数字"系统。基于现场总线的现场设备与操作站之间是一种全数字化、串行、双向、多站的通信模式,无需 A/D 转换,系统可靠性高。而且,用数字信号替代模拟信号传输,在一对双绞线或一条电缆上可挂接多个现场设备,节省硬件数量与投资,也节省安装费用,如图 2.13 所示。

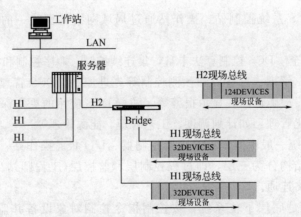

图 2.13 现场总线控制系统 FCS 结构

② 实现彻底的分散控制。能够将原先 DCS 系统中处于控制室的控制功能置入现场设备,控制直接在现场完成,就地采集信息、就地处理、就地控制。上位机的功能是对其进行总体控制。

③ 开放性与互操作性简化了系统的集成。现场总线的最大特点是采用统一的协议标准,使之具有开放性和互操作性,不同厂家的现场设备可方便地接入同一网络中,且可相互访问,简化了系统的集成。

④ 信息综合、组态灵活。通过数字化传输现场数据,FCS 能获取现场设备的各种状态和诊断信息,实现实时的系统监控和管理。FCS 引入功能块概念,使得组态十分方便、灵活,且不同现场设备中的功能块也可以构成完整的控制回路。

(3) 计算机集成过程系统 CIPS

集常规控制、先进控制、在线优化、生产调度、作业管理、经营决策等功能于一体的计算机集成过程系统 CIPS 是自动化发展的趋势和热点。CIPS 在计算机通信网络和分布式数据库的支持下，实现信息与功能集成，最终形成一个能适应生产环境不确定性和市场需求多变性的全局最优、高质量、高柔性、高效益的智能生产系统。根据连续生产过程控制总体优化和信息集成的需求，CIPS工程由生产过程控制系统、企业综合管理系统、集成支持系统、人与组织系统等四个分系统及相应的下层子系统组成，如图2.14所示。

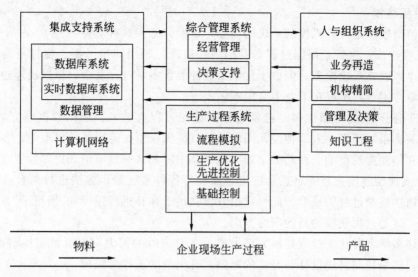

图 2.14　计算机集成过程系统 CIPS 结构

CIPS 的关键技术有以下几个方面：

①计算机通讯技术；②数据库管理系统；③各种接口技术；④过程操作优化技术；⑤先进控制技术；⑥软测量技术；⑦生产过程的安全保护技术等。

上述④～⑦是化工过程控制与自动化技术的热门研究课题，它们的发展与进步将是实施 CIPS 的保证，同时分布式控制系统、先进过程控制以及网络通讯技术、数据库技术是实现 CIPS 的重要基础。

2.4.3　计算机控制技术的特点

在计算机控制系统中，通过计算机程序实现各种控制以满足生产过程的控制要求。计算机控制系统具有以下特点。

① 由程序实现控制：在计算机控制系统中，任何一种控制逻辑都是由计算机执行程序来实现的。

② 采样控制方式：由于计算机控制系统是一个离散时间系统，交互执行状态监测、控制并反馈，所以计算机控制系统也称为采样控制系统。

③ 数字信号处理：计算机控制系统接收、处理和输出数字信号，所以计算机控制系统也称为数字控制系统。

④ 综合处理和控制：计算机可存储大量数据并且运算速度快，更有利于完成复杂的逻辑分析和判断，计算机控制系统发挥高级计算机语言优势能实现多回路、多对象、多工况的综合逻辑处理和控制。

⑤ 在线系统与实时系统：计算机直接接收生产过程的相关控制信息，并把计算结果直接传送给被控对象，数据接收与控制信息传送的时间完全符合生产过程现场控制要求，是一个在线实时系统。

2.4.4　化工过程系统计算机控制技术的发展趋势

企业不断提出的更高要求和新技术的出现将推动化工生产控制技术持续发展，目前化工过程计算机控制技术展示出以下发展趋势：

(1)过程建模

过程控制模型是计算机控制系统的核心，建模方法大致有三类。

① 机理建模：也就是根据过程本身的内在机理，利用能量平衡、物料平衡、反应动力学等规律来建立系统模型。但由于化学工业种类繁多，过程复杂，根据机理建立准确的数学模型非常困难，所以在工业上应用不多。

② "黑箱子"系统辨识建模：也就是根据被控过程的输入、输出数据建立数学模型，如最小二乘法系统辨识、人工神经元网络模型、模糊模型、专家系统模型等，各种智能模型的交叉亦是此类模型的一种趋势，如大数据技术将在这一领域呈现更多发展空间。

③ 集成模型建模：基本思想是将机理建模与各种系统辨识方法进行结合，产生出能够较准确描述复杂过程的模型。此种建模方法立足于弥补机理建模和"黑箱子"系统辨识建模的不足，这是过程建模的新的研究方向。

尽管许多学者在化工过程建模方面做出了卓有成效的努力，但就目前控制水平而言，过程模型仍然是控制系统设计与开发的瓶颈，有大量的工作要完成。

(2)控制策略与方法

控制算法很多，但其中许多算法仍只停留在计算机仿真或实验装置验证上，真正有效地应用在工业过程中的为数不多，以下是一些公认的先进控制算法。

① 改进的或复合 PID 控制算法　虽然传统的 PID 控制算法对绝大部分工业过程被控对象(高达 90%)可取得较好的控制效果，但采用改进的 PID 算法或者将 PID 算法与其他算法进行结合可以进一步提高控制质量。

② 预测控制　预测控制是直接从工业过程控制中产生的一类基于模型的新型控制算法，预测控制有三要素，即预测模型、滚动优化和反馈校正。根据预测模型的不同形式，预测控制有(Model Predictive Control，MPC)、(Generalized Predictive Control，GPC)和(Receding Horizon Predictive Control，RHPC)。此外，预测控制还可以采取其他形式的模型，如非线性模型、模糊模型和神经网络模型等。目前预测控制仍在不断发展中，其中将预测控制思想和方法推广到广义控制问题是重要的研究方向之一。

③ 自适应控制　在化学工业中，不少过程是时变的，如采用固定不变的控制参数，控制系统性可能会出现恶化，这时就需要采用自适应控制系统来适应其时变性。自适应控制是辨识与控制的结合，目前，比较常见的自适应控制有三类：简单自适应控制器、模型参考自适应控制、自校正调节与控制。

④ 智能控制　为达到企业对产品质量和成本的要求，对化工过程不仅要求控制精确性，更注重控制的鲁棒性、容错性以及控制参数自适应能力。智能控制借助人工智能，强调对以往控制经验的总结，再加以建立动态的过程模拟模型，对复杂的化工过程有望取得更好的控制效果。常见的智能控制方法有：模型控制、分级递阶智能控制、专家控制、人工神经元网络控制、拟人智能控制等。这些智能控制方法各有千秋，如果将它们相互交叉结合或与传统的控制方法结合将会产生更佳的效果。智能控制已在家电行业及工业过程中取得了许多成功的应用，特别是模糊控制方法已在家电行业中广泛应用。在国内外，模糊

控制与人工神经元网络也已在石化、钢铁、冶金、食品等行业取得了成功的应用。

(3) 软测量技术

在化工过程中，有许多与产品质量密切相关的工艺变量，需要加以严格的实时监测和控制，但由于技术或经济原因，目前还难以通过传感器进行检测。如精馏塔的组分浓度、化学反应器的反应物浓度和产品分布、发酵罐中的生物量参数和制浆工业中的卡伯值等。解决这些工艺变量检测问题有两个途径：一是开发新的传感器进行检测；二是检测一些容易测量的二次工艺指标再通过计算方法进行推断。后者被称为软测量技术（或软测量仪表）。计算方法包括：基于工艺机理分析、基于回归分析、基于人工神经网络、基于模式识别和基于模糊模型等。

(4) 过程优化

过程优化包含两层意思：稳态优化和最优控制。稳态优化技术，也称为离线操作优化或调优，有三种方法，即统计调优法（EVOP）、模式识别法（PR）与操作模拟分析法（OSA）。这些方法的共同点是利用生产数据进行建模，并设定约束条件，求解最优工艺参数。由于计算机性能、数据库技术和智能算法的不断提高，越来越多的过程优化可以在线自动完成。经验证明，在经济效益方面，过程优化获益比先进控制要高出5~10倍。因此，过程优化技术在化学工业中还将大有作为。

(5) 计算机集成过程系统（CIPS）

石油化学工业现有控制技术下，企业内存在许多自动化孤岛，控制系统相互独立，不能互通信息，造成各离散控制点之间以及控制与管理决策间的失衡，限制了公司迅速适应生产环境和市场需求的能力，甚至包括DCS这样的控制系统也是如此。计算机集成过程系统（CIPS）为解决此问题，将控制层、操作层、管理层、决策层覆盖在统一的体系之内，实现企业全过程优化。CIPS的最大特点是多种技术的"综合"与全企业信息"集成"。

2.4.5 实例：DCS在纯碱工业应用的实例

某年产80万吨纯碱的大型化工企业，其生产核心为碳化工序，碳化塔控制的好坏对产品的产量、质量和消耗有着直接的影响。NaCl与NH_3的饱和溶液（氨盐水）通入一定浓度的CO_2，在一定的温度及气、液流速条件下，该溶液吸收CO_2并反应，结晶生成固体重碱（$NaHCO_3$），这一过程称为氨盐水碳化过程，整个过程是在碳化塔内进行的。碳化过程为气、液、固三相物系，同时进行着吸收、反应、传热、结晶等化工过程，并且碳化塔制碱和清洗阶段内液相连续流动，是连续工况。对此复杂过程，常规仪表控制难以达到平稳操作的效果，不利于提高产量、质量、降低能耗。为此企业实施了一套国际领先水平的日本横河公司的CENTL M-CS大型集散控制系统。系统结构如图2.15所示。

① 工程师站（EWS）：用于系统组态。

② 操作站（ICS）2台：操作站是以监视/操作为主的人机接口站，通过操作画面与显示窗口的组合，能有效地监视生产装置，操作人员除用键盘进行操作外，还可进行触屏、多窗口操作。系统最大支持10万个工位号，趋势记录点数1280个。

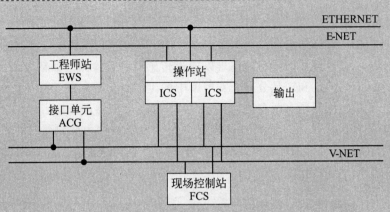

图 2.15　碳化操作 DSC 控制系统结构

③ 现场控制站(FCS)2 台：现场控制站实现对装置运行的控制，其功能包括连续控制、演算、顺控及面板指示等，各种功能组合能进行模糊控制、多变量模型预测控制。工作站有 300 个控制回路，双重化结构，4 个 CPU 同时工作，传输点支持最长工作距离 20km。

④ 接口单元(ACG)：与上位机通信的接口单元，上位机向 FCS 收集或设定数据时使用。

⑤ V 网(V-NKT)：其功能为 FCS 与 ICS、ACG 连接的实时控制网络，可双重化通信，速率为 10M，传输距离最大 20km，可通过中继器连接。

⑥ 以太网(ETHERNET)：用于与 ICS、EWS 以及上位系统连接的局域网，传送距离 185km，通信速率 10M，可向上位机传送数据文件。

⑦ E 网(E-NET)：是 ICS 间连接的内部信息系统局域网。

企业实施 DCS 系统取代了原有 300 多台二次仪表，减少了操作人员。在提高碳化塔生产能力、延长制碱周期、改善工艺指标、稳定运行工况、提高企业科学管理水平等方面，取得了非常好的效果。据企业统计，系统投用后碳化转化率提高了 0.5%，重碱水分降低了 1%，每年节省原盐 0.6 万吨、蒸汽 3 万吨，每年创经济效益 400 万元以上。

2.5　制造执行系统

制造执行系统(Manufacturing Execution System，MES)是一个能精确调度、发送、跟踪、监控车间生产信息和过程，且能评价和报告其实时状态的信息系统，它是实现车间生产敏捷化的基本技术手段，是化工企业计算机辅助运营(CAPO)的典型技术代表。

2.5.1　MES 的概念

车间作为化工企业的物化中心，不仅是生产计划的执行者，也是生产信息的反馈者，更是大量过程实时信息的集散地，因此车间层的资源管理、物流控制和信息集成是化工企业生产系统中的重要一环。由于车间管理与控制系统的敏捷性在很大程度上决定着整个企业的敏捷性，为适应敏捷的制造环境，制造执行系统(MES)概念近年来逐步形成并得到迅速发展。MES 是位于企业经营管理层和底层工业控制之间，面向车间层的生产管理技术与实时信息系统。MES 强调生产计划的执行，在计划管理层和底层控制之间架起了一座桥梁，在线反映人、设备、物料和客户需求等所有资源信息，帮助管理人员跟踪计划执行状态，以此实现从生产命令下达到产品完成的整个过程优化管理。MES 还通过双向直接通讯在企业内部和整个产品供应链中提供有关生产行为的关键信息，减少企业内部那些没有附加值的活动，提高生产管理效率。

MES 的概念中强调了三点：

① MES 的优化目标是整个生产过程；

② MES 需要收集生产过程中大量的实时数据，并且对实时事件能及时进行处理；

③ MES 需要同时与计划层和控制层保持双向通信，从上、下两层接收数据并反馈处理结果和生产指令。

鉴于 MES 的重要性，近年来美国、日本、欧洲等工业发达国家和地区非常重视对 MES 技术的研究与系统开发，形成了 MES 软件产业。MES 在缩短生产周期、压缩在制品、保证产品质量、提高设备利用率等方面发挥着重要作用。

2.5.2 MES 的功能

MES 的任务是根据上级下达的生产计划，利用车间各种生产资源、生产方法和实时现场信息，快速、低成本地生产出高质量的产品，涉及订单管理、设备管理、库存跟踪、物料流动、数据采集以及维护管理、质量控制、性能分析和人力资源管理等。MES 汇集了车间生产活动全部的设备与软件组件，它控制和利用实时信息来指导、传授、响应并报告各项活动，同时向企业决策支持层提供有关生产活动的任务评价信息。MES 的功能包括车间的资源分配、过程管理、质量控制、维护管理、数据采集、性能分析及物料管理等。功能结构如图 2.16 所示。

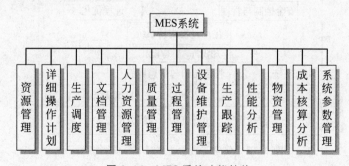

图 2.16 MES 系统功能结构

① 资源管理：对车间资源状态及分配信息进行管理。

② 详细操作计划：针对生产单元提出包括其优先级、属性、特征和方法等内容的作业排序，最终形成操作计划(详细计划)。

③ 生产调度：以作业、批量、组批及工作订单等形式，管理和控制生产单元中的物流及信息流。

④ 文档管理：管理与生产单元相关的记录和单据，包括生产历史数据。

⑤ 人力资源管理：提供更新的员工状态信息、培训信息、奖惩信息和排班考勤数据等。
⑥ 质量管理：把从制造现场收集到的数据进行实时分析，以控制产品质量。
⑦ 过程管理：监控生产过程，发现或自动修正生产中的异常或错误。
⑧ 设备维护管理：提出周期性和预防性的维护计划，跟踪和指导设备维护及保养作业，也提供对设备故障等现场问题的实时响应。
⑨ 生产跟踪：采集生产现场的各类实时数据，提供在制品的实时状态信息。
⑩ 性能分析：提供设备实时的运行报告，并与历史记录或预定目标进行比较分析。
⑪ 物资管理：物资领用、成品入库管理及车间现场库的物资管理。
⑫ 成本核算分析：根据管理会计理论，按分步法进行车间、班组及个人的成本核算分析。
⑬ 系统参数管理：软件系统各种运行环境及参数管理。

2.5.3 化学工业的 MES 体系结构

化学工业是流程工业，强调生产过程安全、稳定、均衡、优质、高产、低耗和少污染。企业内部物流控制、过程成本管理等生产性活动都在 MES 中完成，下层设备控制的实时信息和上层企业资源管理等的各类信息也在 MES 系统中融合贯通，并通过信息集成形成优化控制、优化调度和优化决策，可以说，流程工业中 MES 系统的信息集成至关重要。清华大学等高校的学者们提出了针对化学工业的开放性的、柔性的、可扩展的、模块化、面向对象和应用的基于知识的 MES 体系结构，如图 2.17 所示。

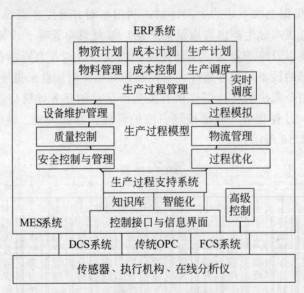

图 2.17 化学工业企业的 MES 系统结构

化学工业的 MES 除 MES 系统一般都包括的功能外，还有体现行业特征的以下功能：
① 生产过程模型化：这是流程行业 MES 的核心。控制系统的实时数据、生产调度数据、物流数据、决策信息与知识等构造了化工企业生产控制与管理活动所需要的各种模型。过程模拟与可视化是重要的技术发展方向。
② 生产过程管理：包括物流控制与管理、生产成本控制与管理、生产调度等，这一过程管理是建立在生产实时数据基础上的。
③ 生产过程支持系统：此系统将各模块采集的数据信息进行加工处理，形成相应的

方法、算法，以便对MES中各功能模块提供支持，生产过程全部模型化是一个目标。

④ 基于工艺目标与技术经济指标的过程优化：建立过程参数与工艺目标或技术经济指标之间的模型关系，完成过程参数优化。

⑤ 实施高级控制：如用于过程优化控制的多变量先进控制、智能控制。

⑥ 控制接口与信息界面：与过程控制层的软硬件连接，或发出控制系统中的控制参数，或发出MES根据生产计划和生产实际状态作出的控制调整指令，自动化是其显著特征。

⑦ 实时调度：基于过程模型、实时数据分析或基于知识的多种动态调度算法的调度排产，支持生产管理模块发出的实时调度请求。

⑧ 质量管理：管理生产过程中所有与质量有关的信息，包括从控制系统获取的实时控制信息，对生产全程进行质量监测预报。

⑨ 安全控制与管理：提供基于实时数据、安全模型和知识的过程异常诊断及预报、过程异常状态下运行模式的调整，可实现远程网络下的安全事故监控与处理。

⑩ 运行操作支持：提供化工生产过程中频繁发生的设备启动和停车操作支持。

⑪ 设备维护管理：提供重要设备的实时状态监控、设备故障预测和基于远程网络的设备技术服务等。

⑫ 动态物流管理：收集生产过程原料、中间品、在制品和产成品的动态信息，支持成本和物流控制。与离散行业不同，化工企业的成本（资产）核算与物流有多种复杂的计量模式和计算方法。

2.5.4 化学工业MES的关键技术

化学工业企业的MES系统对不同类型和属性的数据及信息进行集成，需解决以下关键技术：

① 生产过程数据挖掘与知识获取技术：包括统计分析方法、基于规则和决策树算法、人工神经网络方法、基于ironsst理论的方法、基于遗传算法、模糊逻辑方法等。

② 复杂反应过程体系的建模技术。

③ 生产计划、调度、调优的流程模拟技术及智能调度技术。

④ 过程仿真控制与管理技术。

⑤ 面向异常过程的智能体模块化技术：包括生产过程安全运行智能体、故障诊断与预报智能体、异常工况处置智能体等。

⑥ 基于工艺目标和技术经济指标的智能化在线优化技术。

⑦ 基于大数据技术的设备在线故障诊断、预报与运维技术。

⑧ 统计过程控制与统计质量控制（SPC/SQC）技术。

2.6 人工智能（AI）与专家系统（ES）

2.6.1 人工智能与专家系统的概念

人工智能（Artificial Intelligence）又称为智能模拟，是计算机技术的一个分支，于

1956年由J. Mccarthy和M. Minsky等几位科学家发起创立，它研究如何利用计算机来完成只有人的智慧才能完成的工作。人工智能的研究和应用领域包括：问题求解、自然语言处理、模式识别、智能数据库、智能机器人、博弈、程序自动设计、定理的自动证明等。人工智能的基本方法包括以下几种。

① 启发式搜索：依照经验或某种启发式信息摒弃希望不大的搜索方向，以显著加快搜索过程的搜索方法。

② 规划：将待解决问题分解转化为若干小问题，使得原问题复杂度降低，从而使问题求解得到简化。规划要依靠启发式信息，成功与否很大程度上决定于启发信息的可靠程度。

③ 知识表达技术：知识在计算机内的表达方式是用计算机模拟人类智能的关键技术。其重点是如何把各类知识进行编码、存储，如何快速寻找需要的知识，如何对知识进行运算、推理，如何对知识进行更新和升级。

现在，信息技术发展使得AI有更广泛的研究和应用领域，如专家系统、组合调度问题、虚拟现实等。其中专家系统(ES, Expert System)是一种在特定领域内具有专家解决问题能力的程序系统。它能够有效地运用专家积累的经验和专门知识，通过模拟专家的思维过程，解决只有专家才能解决的问题。专家系统运用于医疗、军事、地质勘探、教学、化工等领域产生了巨大的经济效益和社会效益。现在，专家系统已成为人工智能领域中最活跃、最受重视的技术。专家系统具有以下特点：

① 专家系统是一个智能计算机程序，处理一定领域中复杂的问题，通常求解这类问题需要该领域中特定的专家知识；

② 专家系统利用知识和推理求解问题。专家系统中的知识有两类：一类是"事实"，即一些普遍容易获得的知识；另一类被称为启发性知识，即领域专家专有的经验性知识；

③ 专家系统具有解释功能，可以说明系统如何得到结论；

④ 专家系统对用户是透明的，用户无需知道系统内部结构也可操作；

⑤ 专家系统具有交互性和灵活性。

2.6.2 专家系统的应用分类与基本结构

用于某一特定领域内的专家系统，可以划分为以下几类：

① 诊断型专家系统，此类系统通过观察分析症状，推导产生症状的原因以及排除症状的方法，如设备故障诊断、工艺监控、经济运行等；

② 解释型专家系统，根据表层信息解释深层结构或内部情况的一类系统，如物质化学结构分析、化学反应机理等；

③ 预测型专家系统，根据现状预测未来的一类系统，如气象预报、经济形势预测、市场需求预测等；

④ 设计型专家系统，按给定要求设计产品的一类系统，如建筑设计、设备设计、功能材料、药物中间体等；

⑤ 决策型专家系统，对可行方案进行综合评判并优选的一类专家系统。

专家系统的具体结构可能由于功能的不同而存在差别，图2.18显示的是基本结构。

ES一般包括六个基本构成部分：

① 系统界面，即人机接口，是由一组特定的程序和硬件构成，完成用户提问和专家

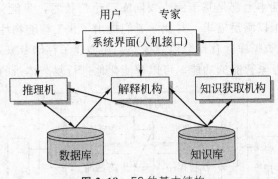

图 2.18 ES 的基本结构

知识的输入输出；

② 知识获取机构，此部分完成知识输入到知识库的工作，可对知识进行修改、扩充和调试，知识的获取机构是建立性能良好的知识库的基础；

③ 知识库，即知识存储器，用于存储专家的经验知识以及相关事实信息或常识，其知识来源于知识获取机构，同时又为推理机提供解决问题所需的知识；

④ 推理机，即专家系统的思维机构，通过模拟专家思维过程，调用事实信息和知识解答问题；

⑤ 数据库，用于存放初始数据、中间结果以及最终结果；

⑥ 解释机构，对推理做出解释，帮助用户理解系统是如何得出结果的，也可帮助用户发现系统漏洞或错误从而进行修正改进。解释机构能够跟踪并记录推理过程，当用户提出解释要求时，它将问题作相应的处理，并将解答结果通过系统界面输出给用户。

与一般数值型计算的程序设计语言不同，专家系统开发语言必须具有知识处理能力，Lisp 和 Prolog 语言是两种应用较为广泛的知识工程语言，广泛应用于符号代数运算、自然语言理解、机器翻译、专家系统及机器人等领域。

2.6.3 专家系统在化学工业中的应用

在化学工程领域研究中，通常总是先建立研究对象的数学模型，然后在计算机上实现过程系统模拟、分析、开发和设计，但在实践中，经常会遇到很多非数值型的、离散的、或是不确定性的、模糊性的问题，诸如原料工艺路线选择、工艺系统综合、过程控制方案设计以及生产中的故障诊断、事故处理、开停车过程等，这类问题都难以建立精确的数学模型，因而也就不能在计算机上进行相应的数值计算，而这正是专家系统可以大有作为的领域。

① 故障诊断是专家系统在化工行业里重要的应用领域，可以从设备运行征兆推断出故障发生概率；在故障发生之前确定潜在风险；提出设备维修方案或补救措施，以在线或离线方式进行故障诊断。

② 过程综合是化工过程设计中的关键技术，包括分离过程综合、换热网络综合、反应路径综合、控制系统综合及全流程综合等，非常复杂，现有许多方法都难以完美解决，成为化学工业设计信息化进程中的主要障碍。人工智能技术给这一领域的研究带来活力，并在分离过程、换热网络等方面的优化设计与控制取了得良好的效果。

③ 化工物性数据库是科学研究、工程设计和生产运营必须用到的数据，目前主要的

化工物性数据库系统基本上都是基于传统数据库理论与技术，只能完成简单的数据检索，不具备启发性功能，难以满足需求。对此学者们提出了化工智能物性数据库的概念，结构如图 2.19 所示。智能数据库除存储数值数据外，还增建了存储专家知识和经验的知识库，使数据库系统具备了专家智能的功能，可以智能化地进行复杂体系的物性数据计算。

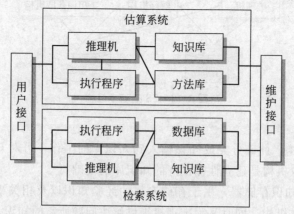

图 2.19　智能化物性数据库系统结构

④ 化工过程设计中应用专家系统，可在以下方面发挥作用：
- 利用已有的工程经验优化化工过程；
- 采用已有系统的运行数据和工程经验为设计推荐最佳处理方法；
- 帮助化工过程设计实现智能化；
- 根据过程与环境条件给设备选择合适的结构材料。

⑤ 过程控制已成为专家系统在化工中的第二大应用领域，用于过程优化、过程管理、趋势分析、警报处理、控制系统设计以及自适应控制等。例如：专家系统通过产率分析、温度剖面分析以及其他实时数据分析，判断是否关闭反应器进行维修或催化剂再生。

⑥ 一般认为专家系统在新产品开发中不会有太好效果，因为对新问题无任何经验可以借鉴。这一观点正在被打破，专家系统可被用作产品初始设计，由系统快速产生一个原型工艺，然后再由专家改进并优化定型，这可以显著提高设计效率并降低成本。

⑦ 专家系统强化经营。从管理的角度，有大量的经验或决策逻辑可以用于建立专家系统来支持企业决策。
- 风险管理：包括市场、资源、财务等方面的风险评价以及风险最小化；
- 健康、安全、环境：基于过程系统可靠性评价提升企业健康、安全、环境管理水平；
- 操作约束：建立产能、产品质量、交货期和财务指标的约束条件。

2.6.4　实例：工业聚酯装置开停车过程辅助专家系统

聚酯是纺织和工业用合成纤维的重要原料，我国聚酯生产工艺多采用直接酯交换和连续缩聚多釜工艺流程，其开停车过程较为复杂，风险和难度较大，图 2.20 是工艺系统停车过程示意图。针对某石化企业的聚酯过程，研究人员开发了计算机辅助开停车专家型控制系统 CPACS。

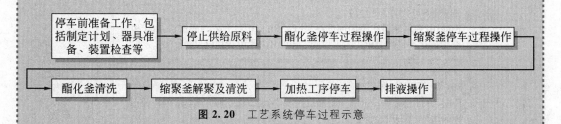

图 2.20　工艺系统停车过程示意

CPACS采用了如图2.21所示的专家控制系统原型结构。

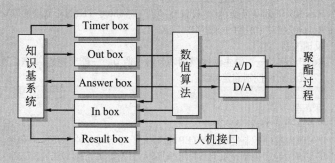

图 2.21　CPACS专家控制系统结构示意

图中知识基系统包含定性的启发性知识,按专家系统方法进行设计,数值算法包含定量的解析知识,如模糊控制算法等。以上两部分构成了专家控制系统的知识及推理系统。

Time box、Out box、In box、Answer box、Result box这五个"邮箱"完成专家系统的内部通讯。Time box发送时钟信号;Out box用知识基系统的控制推理启动数值控制算法;In box将数值检测信息、人机接口信息及定时操作信息传送给知识基系统;Answer box传送数值算法对知识基系统的应答信号;Result box将知识基系统推理结论送至人机接口。

图2.22为开车部分知识基系统组成示意图,采用"IF THEN"产生式规则表达。

CPACS的主要功能有:

① 给出聚酯装置开停车过程的各个操作步骤及内容,确保操作人员正确操作;

② 提供开停车操作经验,操作人员可根据出现的问题及时查阅相关信息,采取控制策略,同时也便于操作人员的学习;

③ 显示现场工艺设备的实时信息,如开停车过程的关键参数及趋势等;

④ 建立特殊回路反馈控制器,提供手工操作处理功能,并建立了部分回路的模糊控制算法,以实现自动控制;

⑤ 事故识别及报警,提供开停车操作策略知识库维护功能,可添加及修改操作策略;

⑥ 提供实时操作和模拟训练两种功能。

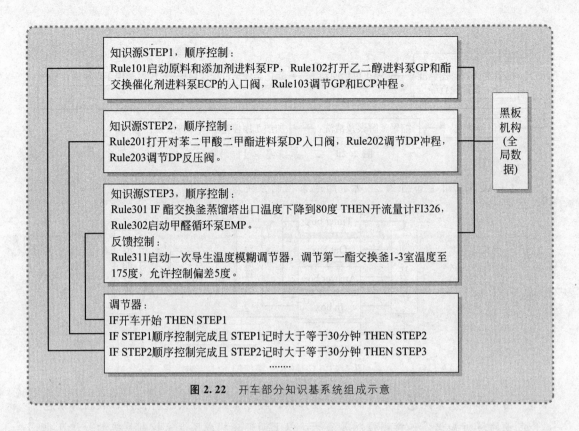

图 2.22　开车部分知识基系统组成示意

2.6.5　基于专家系统的精馏塔智能化控制模型

精馏过程的操作控制变量多,影响因素复杂,常规控制方法一般按设定的控制参数执行,对随时出现的因素扰动,如市场行情波动、填料老化、环境因素改变等,难以实时优化调整。基于专家系统的精馏塔优化控制框架,将精馏塔操作控制指标融入企业整体效益分析与决策流之中,通过调节原料液 F、馏出液 D、上升蒸汽量 V、塔釜轻组分含量 X_w、塔顶产品轻组分含量 X_D 等参数,实现整体优化下的过程控制,使其能够根据扰动发生的类别、扰动强度选择适当的控制策略实时调控,实现精馏塔操作的效益最大化。

综合企业经营环境因素建立一个融合产品售价、操作费用、能量消耗的精馏塔最优化评价模式,式(2-1)是一个以利润为优化目标的函数。

$$P = p_1 D X_D + p_2 W(1-X_w) - C_I F - C_H H_V V - C_F \tag{2-1}$$

过程模型由物料平衡关系构成等式约束:

① 物料平衡关系

$$F = W + D$$
$$F X_F = D X_D + W X_w \tag{2-2}$$

② 能量消耗关系式

$$K \ln \frac{X_D(1-X_w)}{X_w(1-X_D)} = \frac{V}{F} \tag{2-3}$$

模型构成还包括由产品质量、塔压范围、漏液和液泛、再沸器和冷凝器等构成的不等式约束条件。基于知识管理体系的精馏塔优化控制框架,以实现利润最大化为目标,通过在线评价，选择 F、D、V、X_w、X_D 等指标为控制调节参数，实现过程控制。

基于专家系统的智能化精馏塔控制体系采用了四个子过程结构体：数据采集处理过程、基于神经网络模拟、知识库、历史数据库更新过程以及自动控制过程，如图 2.23 所示。

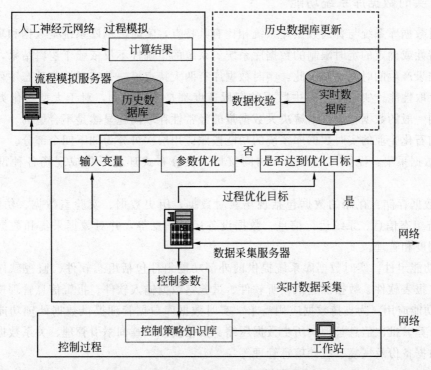

图 2.23　精馏塔智能控制体系逻辑图表

基于专家系统实现智能控制，知识库是核心，控制策略知识库接受来自数据采集处理服务器的输入变量，与知识库中的知识模型进行比较，找到适合的控制方案，输出到自动控制站，由其实现对各个工艺控制点的控制。知识库还收集来自总线的其他信息，如原料情况、环境参数、产量质量要求等作为选择控制方案的影响因素。

2.7　实时数据库系统——大数据技术应用

当前化学工业企业 ERP 系统已经从单纯的经营管理层面转向到强调全过程的整体解决方案，信息管理系统与实时数据连接，成为整个信息化建设的重点。所谓化工过程实时数据是指生产经营中产生的原始数据，包括各种装置的工艺数据，如温度、流量、压力、液位、电力、压缩风、水蒸气等各种设备及物流的实时运转数据，也包括将原始数据进行处理、计算、统计等加工后得到的数据，总之是与生产经营过程直接关联的数据。生产经营实时数据系统不仅仅包含控制设备运行的下位机系统的运行数据，还包括全企业范围内面对全部生产经营业务的上位机系统数据。

石油、化工企业的实时数据库系统是对实时数据进行管理的系统，采集、处理并存储大量过程数据，并支持尽可能多的控制功能和管理应用，如企业级的经营决策、过程监控、批次生产管理、数据和系统集成、事件和报警监控、过程优化、动静态建模、生产调度、产量统计等。由于石油、化工企业的生产规模和生产过程的特殊性，实时数据库系统必须能长周期、稳定和可靠地运行。

2.7.1 实时数据库系统功能

实时数据库系统与普通数据库系统相比有其特点，实时数据库系统是数据和事务都具有定时特性或确定的定时限制的数据库系统。系统的正确性不仅依赖于逻辑结果，也依赖于逻辑结果产生的时间。基于此，实时数据库有两大特点：一是实时性与动态序列性，二是快速存取性能。实时数据库中数据的存取速度都是毫秒级的，对于大型石化类企业而言，使用一般的数据存取技术解决大数据量的经常性存取问题显然是不合适的。

面向石化企业的实时数据库系统的功能按照应用层次可分为如下四个部分。

① 数据采集：提供各类数据源访问接口，在分布式环境下集成现场各种设备运行数据。

② 数据存储：存储的数据包括现场实时数据、历史数据、实验室数据、仿真数据、DCS系统组态信息、系统运行信息、数据设备运行信息等，并对数据采集和数据访问任务进行调度和管理。

③ 功能组件：实时数据库系统提供的外部功能组件包括组态软件、监视软件、流程图软件、报表软件、数据源通讯侦听软件、试验室数据输入软件、报警信息管理模块等。

④ 功能应用：为支持数据应用需求，实时数据库数据管理提供数据处理功能，如实时数据计算、批次信息管理、历史数据压缩、数据模拟、查询索引管理、关系数据库连接引擎、数据备份及恢复、统计信息管理等。

2.7.2 实时数据库系统结构

图2.24是一种石化系统实时数据库高效的三层体系结构。

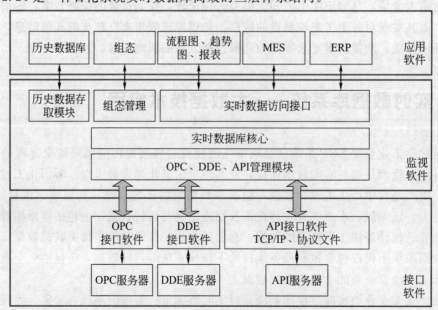

图2.24 过程系统实时数据库三层体系结构

结构上层是实时数据库的应用层,对实时数据库系统进行配置和监控,并提供趋势报表、批次管理、ERP系统数据读取等数据应用,这些应用都通过中间层的数据访问接口来获得数据服务。

结构中间是实时数据库管理系统,完成实时数据统一管理、访问服务以及其他实时数据库内部业务处理。

结构下层是各种接口软件,在分布式环境下同实时数据库的客户端模块进行通讯,完成实时数据采集工作,这些接口软件可以连接各种数据设备,根据需要,接口软件还可以根据统一开放的接口来定制,满足数据集成的各种需求。

考虑到实时数据库系统规模和网络环境,也可以设计如图2.25所示的分布式应用模式。

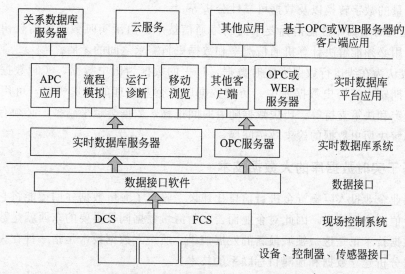

图 2.25 实时数据库的分布式应用模式

2.7.3 实时数据库的数据采集

实时数据采集是指为生产现场的工艺数据与实时数据库之间建立接口,由于化工企业的现场情况都比较复杂,将其归纳为以下几种情况。

① 常规仪表需安装数据采集器,并在信号集中的现场安装数据通信机(一般为工业PC机),该通信机将数据采集后集中送往实时数据库。

② DCS系统具有厂家提供的上位机通信接口:目前DCS系统大部分是开放的,能提供计算机网络通信接口,实时数据采集的任务就是按DCS厂商提供的接口进行编程,将数据从DCS的数据库取出并经计算机网络送往实时数据库。

③ 化工企业常有独立的局部数据采集系统,如罐区储运系统、电力或动力监控系统等,一般可以如同DCS系统一样做通信接口。

所采集的实时数据,一般通过企业局域网传送,距离遥远的厂区可使用光纤专线或ADSL加载VPN完成通信。

2.7.4 化工企业实时数据库的重要技术环节

① 实时数据库的结构与检索。石化企业生产多以生产装置为单位,工艺参数也绑定

特定装置对象,因而实时数据库在逻辑上通常是三维结构的:装置名、数据位号和时间。实时数据经常是成批检索的,如果给定装置名,一条检索命令即可查询到该装置的全部实时数据;如果给定装置名和数据位号,通过检索命令也可查询到该数据的完整时间序列。

② 实时数据库的刷新。实时数据库的刷新与其检索一样,也是批量快速进行的,二维结构的实时数据库更便于刷新,一条命令即可将装置的全部实时数据刷新一次。

③ 实时数据库服务器。任何信息系统都应该在不同的应用之间共享资源,实时信息系统也是如此,实时数据服务器为网络内的其他客户和其他应用提供实时数据服务。

④ 实时数据库的数据处理功能。实时数据库要接受全企业的各种实时数据,数据处理必不可少。例如将数据采集器送来的原始数据向工程数据转换、流量的温压补偿、数据滤波、模拟量的数字转换以及数据可靠性分析等。

⑤ 满足实时数据库性能指标要求的网络通信技术。由于实时数据库需较快的刷新周期,技术应用必须能解决计算机通信速率和数据更新需求之间的矛盾。

⑥ 一般认为在线运行数据为实时数据,过去的数据为历史数据,实时数据库中的实时数据会定期转入到历史数据库中。历史数据库是企业管理的宝贵资源,可用于装置建模、计划制定和决策支持等。历史数据随着时间推移,数据会越来越多,必须有高效的数据检索工具解决历史数据的检索效率问题。

2.7.5 基于实时数据库的大数据技术

化学工业企业投入巨额资金进行信息化建设,收集了海量数据并期望能将它们转化为对企业有价值的决策信息,因此对企业而言,与海量数据同等重要的东西就是数据分析技术,而大数据技术正是这一领域最新的发展成果。所谓大数据技术是指一种在大数据基础上通过数据分析建立数据和预测目标联系的技术。

显然,大数据不能简单理解为数据量很大的数据,大数据指的是所涉及的资料量规模巨大,用目前常规的统计方法和软件工具,无法在合理的时间内完成采集、管理、处理并形成能帮助企业进行经营决策的资讯信息。大数据具有 4V 特点:Volume(大量)、Velocity(高速)、Variety(多样)、Value(价值)。

再从一个简单的场景理解大数据,企业研究人员通过实验寻找最优工艺参数,车间工程师设定控制系统参数并操作运行设备,管理人员根据市场需求和企业状况制定生产计划,销售人员销售产品并采集市场信息,然后将信息传递给管理人员和研究人员,帮助他们开发出新的产品以及做出正确的经营决策,这就是大数据,它有很强的综合性。化工企业实时数据库系统中存储的设备运行数据、经营数据以及市场数据构成的数据集成可被认为是大数据。

但是上述过程并没有使信息形成企业可持续的知识体系,也没有让决策更加智能化,要发挥大数据的知识优势,需要开发新的连接技术,在面对大数据时能够分析判断这些数据应该用在什么地方,以及如何使用,这就是大数据技术。

大数据技术是一种积极主动地、安全地利用大数据的方法,从技术上讲是关于应用软件和决策分析的新构建,它能从设备运行中或从业务过程中自动提取全部有价值的数据,并通过通讯和数据分析形成一个智能化网络,不仅仅优化业务流,也帮助实现科学决策。因此大数据应用不能只认为是一个单纯的技术升级,事实上它可能还代表着自工业革命以来科技与产业的最重要的融合，这对化学工业而言意义深远。大数据技术通过技术创新，以数据的全面探测、收集、共享、分析，为人们提供了一种全新的看待化工企业运营的方法，更多地通过发现隐于数据中的事实做出决策，这样的工作方式，将推动"化学工程"的传统观念和工作模式发生巨大变革。

大数据技术包括流处理、并行化、摘要索引和数据可视化。

(1)流处理

流程化为特点的化工企业有着复杂的工艺流程和业务流程，人们的注意力必须从"数据集"转向"数据流"，因为对决策者更重要的是紧扣其作业过程和组织机构采集实时业务结果，对此必须建立能够处理随时发生的数据流的架构，当前的数据库技术并不适合数据流处理。

(2)并行化

"大数据"一般指 1TB 到多个 PB 的数据量，一个集团化的化工企业经营数据量 10 年内大概为 100GB~1TB，但装置控行的实时数据量却是上述数据量的上万倍，它们通常分布式地存储在多台服务器上，对于这种分布式的数据环境，要在很短的时间内完成数据处理，就需要分布式处理技术。并行处理是分布式数据处理技术中最常见的也是目前最有效的。Hadoop 是分布式/并行处理领域的代表性技术之一，它包含一个大型分布式的文件系统，支持分布式/并行查询。

(3)摘要索引

摘要索引是一个对数据库创建的预计算摘要，此项技术可以加速数据检索运行的过程。摘要索引技术要求预先为将要执行的查询做好计划，但在大数据飞速增长背景下，对摘要索引的要求远不会停止，不论是长期考虑还是短期，大数据技术研究人员必须对摘要索引的制定有一个更加灵活的策略。从化工专业需求出发制定摘要索引规划是一个好办法。

(4)数据可视化

探索性可视化描述工具可以帮助决策者和分析师更高效率地挖掘不同数据之间的联系，这是一种建立在数据图形化、可视化基础上的洞察力。

本章具体要求

1. 掌握计算机辅助化工设计及运行的相关概念、功能和应用范围。
2. 掌握过程控制技术的技术类型及其技术特点。
3. 了解信息化条件下的先进制造模式及行业应用。
4. 了解人工智能与专家系统的基本概念和应用。
5. 了解实时数据库的概念、架构和重要的技术环节。

● **思考题**

2-1 化学工程设计包含哪些内容，基于信息化的工程设计有哪些特点？

2-2 CAD、CAE、CAM、CAPP 在化学工业中有哪些应用范围？

2-3 专家系统有哪些特点？专家系统用什么计算机语言开发？请思考专家系统可以

应用在化工领域哪些方面的问题解决？

2-4 JIT 生产方式的目标和主要的实现手段是什么？JIT 生产方式应用于哪些化工产品的生产管理？

2-5 请总结 JIT、精益生产、敏捷制造的特点，它们的区别与相互联系。

2-6 基于信息化的故障诊断过程是什么？智能化故障诊断方法有哪些？

2-7 计算机控制技术的特点是什么？DCS、FCS、CIPS 的体系结构与特点各是什么？

第 3 章

企业管理信息化

> **本章内容提示**
> 1. 企业管理信息化的发展历史和发展方向
> 2. 企业管理的业务类型及相应的信息系统
> 3. 电子商务(EC)及化工行业的电商类型

3.1 企业管理信息化系统的发展

随着经济与技术的发展,企业的生存环境以及需要解决的问题正在发生巨大变化,在信息技术推动下,更多的知识经济属性融合到了现代工业体系之中,原有的管理模式与运作方式难以适应新时代的要求,必须做出调整。应用现代信息技术与管理思想对企业业务模式及管理架构进行变革已成为决定企业生存与发展的战略性举措,企业管理的信息化平台也因此得到了不断的发展。表 3.1 概要描述了管理信息系统发展的四个阶段,反映了信息技术与管理活动相互融合的进程。表 3.2 简略介绍了制造类企业管理信息系统的几种主要类型,也大体上反映出企业信息管理在功能与规模上的发展状况。

表 3.1 管理信息系统发展的四个阶段

阶段	年代	主要目标	典型功能	核心技术	代表性系统
事务处理	1950～1970	提高文书、统计、报表等事务处理工作的效率	统计、计算、制表、文字处理	高级语言、文件管理	电子数据处理(EDP)系统
系统管理	1960～1980	提高信息处理的综合性、系统性、及时性与准确性	计划、综合统计、管理报告生成	数据库技术、通信与网络	早期的管理信息系统(MIS)
决策支持	1970～1990	支持管理者的决策活动以提高管理决策的有效性	分析、优化、评价、预测	决策模型、人工智能	DSS 系统、MRP

续表

阶段	年代	主要目标	典型功能	核心技术	代表性系统
综合管理	1990年以来	实现信息的集成管理，提高管理者的素质与管理决策水平	为决策分析、知识管理等提供支持	互联网技术、多媒体技术、人工智能	ERP、电子商务、云计算

表3.2 制造业管理信息系统的五种类型

系统类型	管理需求	技术推动	功能特点	产生年代
库存控制（IC）	保证生产连续性下控制库存	高级语言，文件管理	安全库存订货点法	1960
物料需求计划（MRP）	在给定交货期下控制库存与在制品数量	高级语言，数据库技术	BOM、MRP、MPS、CRP	1970
制造资源计划（MRPⅡ）	物流控制与成本管理的集成	数据库技术，网络技术	经营计划、生产计划、成本计划、车间作业	1970~1980
企业资源计划（ERP）	企业中各类管理活动的协调一致与集成	多媒体、数据库、网络、客户机、服务器	企业产、供、销、人、财、物信息集成	1990
供应链管理（SCM）	整个供应链上各类信息的协调一致	多媒体、因特网、WEB服务器	供应链上供应者、制造者、销售者与信息集成	1990~2010
云计算（CC）	强调用户体验、同步的市场反应、决策智能	数据分布式技术、大数据技术、网络技术	BI、移动化、物联网、在线优化	2010年以来

3.2 管理信息系统（MIS）

管理信息系统（Management Information System，MIS）是一个由人、计算机组成的，能进行信息收集、传送、储存、维护和使用的系统，它监测企业运行情况，依据历史数据预测未来，辅助管理层决策。这里为 MIS 系统给出的定义强调了管理信息系统的功能和性质，也强调了管理信息系统中的计算机对企业管理而言只是一种工具。

管理信息的特点可以从五个方面来概括：

① MIS 是一个人机结合的辅助管理系统，管理和决策的主体是人，计算机系统只是工具和辅助设备；

② MIS 系统主要应用于解决结构化问题；

③ 关注例行的信息处理业务，包括数据输入、存储、加工和输出，如生产计划、生产进度和销售统计等；

④ MIS 系统追求高效和低成本处理数据；

⑤ MIS 系统运转的驱动力是数据，只有保证数据采集完整才能实现系统正常运行。

3.2.1 管理信息系统的构成

从概念上讲，管理信息系统由四个部件构成：信息源、信息处理器、信息用户和信息管理者。它们的联系如图 3.1 所示。

图 3.1 管理信息总体结构

信息源是信息的产生地；信息处理器负责信息的传输、加工、存储等任务；信息用户是信息的使用者，利用信息完成业务或进行决策；信息管理者负责信息系统的设计、实现和维护。

管理信息系统一般被看作一个金字塔形的结构，底层是业务处理，中间层为运行控制，最高层是战略计划。底层包含大量繁杂的事务信息和状态信息，层次越往上，事务处理的范围越小，信息的综合程度越高。管理信息系统可分解为四个基本部分：

① 采集部分，完成数据采集、数据管理、查询、基本运算、日常报表输出等；

② 分析部分，对数据进行加工，如运用各种管理模型、定量分析方法、运筹学方法等对生产经营情况进行分析；

③ 决策部分，MIS 的决策模型多限于解决结构化问题，目的是为管理者提供决策支持；

④ 数据库部分，完成数据的存储、组织、备份等功能，是管理信息系统的核心。

3.2.2 管理信息系统的主要任务

管理信息系统的主要任务有：

① 对基础数据进行管理，保证信息渠道顺畅，同时保证信息的准确性、一致性；

② 确定标准化信息处理过程，统一数据和报表格式；

③ 完成日常处理业务；

④ 对数据信息运用各种管理模型进行加工处理，支持管理和决策工作。

管理信息系统按管理功能可划分为以下子系统：

① 库存管理子系统，功能包括库存台账管理、采购计划制定和仓库管理业务等；

② 生产管理子系统，功能包括安排生产计划、执行生产调度、制定物料需求计划和日常生产数据管理、分析等；

③ 人力资源管理子系统，功能包括人员档案、考勤管理、薪酬管理和人员培训等；

④ 财务管理子系统，功能包括财务账目管理、成本管理、财务分析和财务计划制定等；

⑤ 销售管理子系统，功能包括销售计划、客户信息和销售合同、销售结算等；

⑥ 决策支持子系统，功能包括企业经营战略分析、企业资源分配等。

功能子系统的划分因企业的生产经营特点不同而不同，上面的六个功能子系统一般企业都有，而且各个子系统还可以进行更细层次的划分，这里不再作详细的说明。

3.3 制造资源计划（MRPⅡ）/企业资源计划（ERP）

3.3.1 制造资源计划（MRPⅡ）

制造资源计划（Manufacturing Resources Planning，MRPⅡ）是企业对其生产系统和经营活动建立的一种计划模型，该模型把制造资源和经营任务进行平衡以获取最大化的利益。这里的制造资源既包括生产系统内部的设备、人力资源、能源、管理体制等资源要素，也包括与生产系统发生联系的其他资源，如产品销售和原料供应市场、企业筹集资金的财政资源、企业产品开发能力和工艺加工水平等技术资源。MRPⅡ作为业务平台实时反映生产经营状态，辅助管理者进行决策和控制。因此 MRPⅡ 的运行体现了动态信息系统的特性。

MRPⅡ 成为制造资源范畴的管理系统，因为它在 MRP 的核心作用基础上，纵向连接了经营计划、销售计划，横向连接了生产计划、能力需求计划、现场信息处理、成本核算与控制，以及资金流动计划，图 3.2 是一个典型的 MRPⅡ 功能系统关联图。

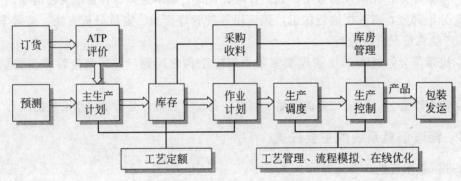

图 3.2　MRPⅡ 功能系统关联图

在 MRPⅡ 功能模块中，物料需求计划（MRP）是核心模块，主要用以解决产品生产中的外购原材料及半成品需求量的问题。MRP 模块关系如图 3.3 所示。

作为实时动态的生产计划和控制系统，MRPⅡ 以主生产计划（MPS）为基础，动态生成物料需求计划（MRP）、生产进度计划（OS）和能力需求计划（CRP），并进行资源与任务的协调管理。对于一个多品种、小批量生产系统，MRPⅡ 有重要价值。而对大批量生产系统，可以借助生产运行周期、准备间隔期与交货期来进行生产控制。

3.3.2 企业资源计划（ERP）

科技发展推动了企业商业环境的变革，顾客需求变化、技术创新加速、产品生命周期缩短构成了影响企业生存和发展的三股力量，为适应以"顾客、竞争、变化"为特征的外部环境，企业必须进行管理思想革新，即一场以信息技术为支撑、管理模式和业务流程重组（Business Processing Reengineering，BPR）为主要内容的管理模式革命。20 世纪 90 年代初，美国著名的 IT 分析公司 Gartner Group Inc 根据当时计算机信息处理技术发展趋势和企业供应链管理的需要，对制造业管理信息系统的发展趋势做出预测，提出了企业资源计

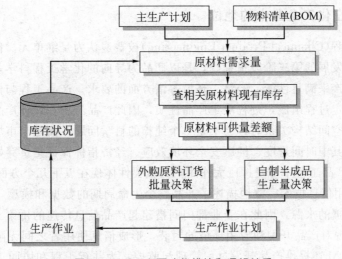

图 3.3 MRP 主要功能模块和逻辑关系

划(Enterprise Resource Planning,ERP)这个概念。ERP 系统我们将在第 4 章作详细介绍。

3.4 产品数据管理(PDM)

如果说 20 世纪 60 年代制造业的战略目标追求的是生产规模扩大,70 年代是生产成本降低,80 年代是产品质量提高,90 年代追求的目标则是市场响应速度,即交货期,那么进入 21 世纪后,互联网被广泛应用,客户需求及体验成为了主导市场的关键要素之一。因此,根据客户需求,迅速提供产品则成为企业竞争力最重要的构成因素。由于在提高企业效率、增强企业竞争力方面的杰出表现,产品数据管理(Product Data Management,PDM)一经问世便受到广泛关注,获得越来越多制造企业的青睐。

3.4.1 PDM 的概念与应用

在化工企业中,产品性能、物料组分、设备、温度、压力、流量、热焓等工艺数据是企业技术管理的重要内容,它们以产品为主线,遵循物料平衡、能量平衡、传递规律等基本理论体系,并决定着企业经济效益,因此需要有一个技术能实现对产品整个生命周期进行管理,这就是产品数据管理。

产品数据管理按照 CIMdata 的定义:"是一种帮助工程师和其他人员管理产品数据和产品研发过程的工具。PDM 系统确保跟踪研发、设计、制造所需的大量数据和信息,并由此支持和维护产品。" PDM 将所有与产品相关的信息和所有与产品有关的过程集成在一起。与产品有关的信息包括所有属于产品的数据,如产品质量标准、实验数据、生产配方(BOM)、工艺控制、CAD/CAE/CAM 文件、装置设备、事务文件、产品订单、生产成本、售后信息反馈、原料供应等。与产品有关的过程包括加工工艺、设备操作、安全环境标准、方法流程和机构关系等。PDM 管理涵盖产品整个生命周期,研发人员、工程设计人员、工艺人员、财会人员、供应人员及销售人员都能按需要调用有关数据。

3.4.2　PDM 在化工企业中的地位

化学产品工程(Chemical Product Engineering)被普遍认为是继单元操作、三传一反理论之后化学工程发展的第三阶段里程碑，是以产品为导向的化学工程科学，回答生产何种产品以及如何生产来满足性能、经济、环境等诸方面的要求。产品工程与传统的过程工程相对应，产品决定过程组成，过程决定产品性质，因此产品工程在设计产品、确认产品性能与化学组成或空间结构关系时，已不是一个纯粹的科学问题，而是与市场需求、工程实现密不可分的，其中时间进度、健康安全环境效应、经济指标保证是贯穿始终的主线，可以看到 PDM 在产品工程中可发挥巨大作用，其重要性体现在以下几个方面：

① PDM 利用信息技术完整地描述了产品整个生命周期的数据和模型，是技术管理中有关产品全部数据的来源，因此在企业部门间搭建起产品信息传递的桥梁。

② PDM 实现对产品开发和应用环境的封装，形成信息使用者之间无障碍的信息传递与交换平台。PDM 还提供产品开发过程管理与监控，为并行工程和协同工作中的集成提供支持。

③ PDM 是 CAD、CAPP、CAM 的集成平台，保证三者间的数据传递与交换。PDM 还可以与 MRP、MRP Ⅱ、MIS、ERP 等系统集成。

④ PDM 是 CIMS、CIPS 的集成框架，可在异构和分布式计算机环境中使企业各类应用实现信息集成、功能集成和过程集成。在关系数据库基础上开发的 PDM 系统由于其技术的先进性和合理性，正在成为 CIMS 和 CIPS 新一代信息集成平台中最为成熟的技术。

3.4.3　PDM 软件的基本功能

PDM 所有的信息采集和资源管理都围绕着产品研发与制造展开，这是 PDM 系统有别于其他信息管理系统的关键所在。PDM 完成产品管理有两条主线：静态产品结构和动态产品研发与制造过程。

PDM 存储的产品信息涵盖了工艺实验研究、工艺流程设计、设备设计制造与维护等，并依照多样化需求，以信息与过程集成的方式管理生产装置、工艺控制、质量检验、环境测试、制造与封装、操作以及维修等信息。

在新产品、新工艺开发以及新设备使用中，PDM 提供并行工程环境。由于面对所有的信息使用者，PDM 系统具备广泛的流程控制与信息集成能力，可以将实验室基础研究、标准制定、原料选择、工艺开发、设备选型、工程设计等多方面统一、协调，实现并行工程，完成项目进度管理、资源分配和过程追踪，如此有助于高效率开发、生产出高品质产品，降低成本，节省时间，减少修改，降低设计错误的发生频率。

3.5　人力资源管理（HR）

追溯企业信息化发展进程，始终是以生产制造及营销过程(供应链)为中心的，而作为企业资源之本的人力资源，长期以来一直作为一个孤立的系统独立于企业核心管理系统之外。最初企业管理者为了减轻企业在工资核算方面大量繁琐的手工操作，往往聘请咨询顾问公司或引进人事管理软件，其水平也只停留在分散运行的模式上，在人力资源系统加入以后,信息化真正扩展到了全方位企业管理的范畴。人力资源的功能范围,也从单一的工资核算、人事管理,发展到可为企业的决策提供帮助的全方位的解决方案。

3.5.1 人力资源管理系统基本功能

人力资源管理提供劳动力管理、员工自助服务、招聘、人事行政事务、员工报酬、考勤管理、员工培训、组织管理等功能,如图 3.4 所示。

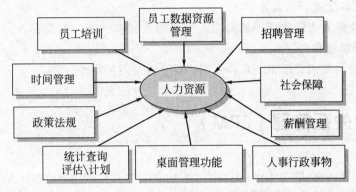

图 3.4 人力资源管理结构

① 劳动力管理:按照法律法规和政策要求,实现公司对员工数据或档案的管理。

② 员工自助服务:员工通过系统平台维护个人数据,如家庭成员、地址、身份证号、护照、员工编号、银行账号、职称、成果、个人所得税、住房公积金等。

③ 招聘:功能包括在互联网上发布招聘广告,对报纸、杂志、人才市场以及猎头公司方面的招聘信息进行管理,建立应聘人员及录用人员的人才数据库,随时查询应聘情况,筛选应聘人员,产生录用通知书,进行招聘成本分析。

④ 人事行政事务:实现一般日常事务处理,如员工工资调整,员工离职、退休、调职等业务;支持人事政策法规标准管理,如个人所得税、社会保险法等。

⑤ 员工报酬:建立工资结构,进行工资预算及控制管理,按期计算员工工资、奖金、个人所得税以及五险一金等。

⑥ 考勤管理:员工考勤,完成考勤数据收集,并自动统计缺勤时间、加班时间、休假时间、节假日等。

⑦ 员工培训:利用评估系统对岗位职务要求及员工胜任程度进行分析,为员工奖惩提供支撑信息;制定员工的发展计划、培训计划,建立培训课程表,做好培训成本计算。

⑧ 组织管理:为企业描述组织结构,制定各种组织模型等。

⑨ 绩效考核:建立企业关键绩效指标体系(Key Performance Indicator,KPI),定期完成对员工和组织机构的 KPI 考核。

3.5.2 人力资源管理的发展新趋势

与传统的人力资源管理相比,知识经济时代的人力资源管理在如下几个方面进行更深层次调整:

① 以人为中心,建立以能力为平台的人力资源管理体系。传统的人力资源管理以职位为基础,其优点是对各项职位要求有明确规定,其不足之处是让人适应职位要求,忽视

人的能动性。在知识经济时代，组织结构扁平化、网络化、团队化，强调人的发展，以能力为平台的人力资源管理系统适应组织动态发展要求，按能力评价对员工岗位进行灵活调整。

② 长期以来，多数企业局限在公司所在地招聘人才。而在信息化技术推动下，企业人才招聘可以突破空间和时间局限，招聘范围可以是全球性的，而且可以与员工签订长期固定合同，也可以根据企业需要，采用建立战略同盟、聘请外部专家顾问、短期聘用等多种多样方式来获取企业所需人才。

③ 以前企业的人力资源管理通常由人力资源设计者实施，而现在人力资源设计者将由实施者变成资源整合者。

④ 人力资源与知识管理相结合，强调建设企业学习型组织。

3.6 客户关系管理（CRM）

客户关系管理（Comprehensive Customer Relationship Management，CRM），源于20世纪80年代初提出的"接触管理"（Contact Management），它通过收集与客户相关联的信息，改善公司与客户的相互关系。CRM通常应用在市场、销售、技术支持等与客户有关的部门，对业务功能和作业模式进行重新设计，以达到留住老客户、吸引新客户的目的，这是一种以客户为中心的信息综合策略。

CRM产生和发展源于三方面动力：需求的拉动、信息技术的推动和管理理念的更新。在需求方面，20世纪80年代中期开始的业务流程重组（Business Process Reengineering，BPR）和信息技术应用实现了对制造、库存、财务、物流等环节的流程优化和自动化，但营销和服务领域问题却没有完全解决，企业难以形成对客户的全面认识，也难以在统一的信息平台上面对客户。进入互联网时代后，客户分散在全球各地，挽留老客户和获得新客户对企业来说已经变得非常重要，必须有一个系统来收集客户信息并加以分析和利用。在这种情形下CRM得到了更广泛的重视。

CRM面对与客户关联的所有环节，获取客户全部信息，形成与客户交流的统一平台，由此CRM成了ERP系统重要的补充。

CRM软件的基本功能包括客户管理、联系人管理、时间管理、潜在客户管理、销售管理、电话销售、营销管理、电话营销、客户服务等，有的软件还包括了呼叫中心、合作伙伴关系管理、商业智能、知识管理、电子商务等，见表3.3。

表3.3　CRM功能模块

主要模块	目标	实现的主要功能
销售模块	提高销售智能化和销售效果	包括目标管理、销售业务管理等。主要功能有联系人和客户管理、机会管理、日程安排、佣金计算、产品报价以及报告和分析。
营销模块	科学计划、执行、监督和分析市场营销活动	营销策划，并实时地跟踪、分析市场销售活动的效果，计划和管理各种营销活动。帮助销售部门管理其营销资料，包括授权、许可、预算和回应等。

续表

主要模块	目标	实现的主要功能
客户服务模块	提高那些与客户支持、服务和发送等相关业务流程的自动化并加以优化	完成服务分配、客户管理、客户产品全生命周期管理、服务人员档案、地域管理等。与企业资源计划(ERP)集成,集中地完成销售业务。客户关怀:提供与客户联系的通路,及时解决客户问题,如联系人管理、客户动态档案、任务管理、基于制度解决重要问题等。
呼叫中心模块	利用各类移动通讯平台营销和服务	主要包括电话处理、互联网回呼、呼叫中心、微博微信运营管理等。管理分析工具可进行实时的性能指数和趋势分析。
电子商务模块	电子商务系统	以电子商务的形式销售产品和服务。功能包括电子营销、电子支付、电子支持服务等。电子商务平台支持PC、智能手机、平板以及最新的可穿戴设备。

CRM作为一种全新的战略思维和工作方法,以其独特魅力和巨大冲击力正在逐渐变革传统企业的文化机制。表现在由重视企业内部价值和能力,变革为重视以客户资源为主的企业外部资源的利用能力;从重视企业与员工、员工与员工之间的关系,变革为重视企业与客户、员工与客户的关系;从重视企业利润变革为重视客户利益;由关注客户群体需求,变革为关注客户个性需求;从面向理性消费的经营思路,变革为面向情感消费的经营思路,等等。

随着人工智能的发展,用计算机模仿人的思想和行为进行商业活动的商业智能(Business Intelligence, BI)逐渐得到重视,越来越多的企业根据信息流和数据分析技术进行企业业务重整。在商业智能帮助下,用户充分挖掘现有数据资源,捕获信息、分析信息、沟通信息,发现许多过去缺乏认识或未被认识的数据关系,这对商业决策有重要意义。

3.7 全面质量管理(TQM)

3.7.1 全面质量管理概述

质量是产品或服务满足一定的明确或隐含要求的特征和特性的总和。从用户的角度理解,质量即是用户对产品(包括相关的服务)满足程度的度量。质量控制是产品生命周期内的一项重要内容,可以说只要有产品和服务活动,就存在质量问题。在体现企业竞争力的五要素F(Function)、T(Term)、Q(Quality)、C(Cost)、S(Service)中,与质量直接有关的要素有两个:产品质量(Quality)、服务质量(Service)。与质量间接有关的是产品价格或成本(Cost),质量愈高,成本愈高,质量愈差,成本也愈低。适用的功能(Function)和产品品种是产品质量好坏的一种体现方式,交货期(Term)是服务质量的体现形式。总之体现企业竞争力的五个要素均与质量有关。

化工企业质量管理还有一个显著特点,化工产品的性能与质量均可通过准确测定或描述的指标系列及其允许取值范围体现,产品性能、品种与质量常常是同一个概念,相同的质量指标但不同的取值范围可能形成不同的产品或产品规格。对化工生产过程而言,质量不仅仅反映在产成品与服务环节，生产过程的工艺控制，原材料、在制品、半成品的质量监控都属于质量管理范畴。

质量控制是一个复杂系统，从管理、技术、人员和制度四个方面实现质量控制。从管理方面控制质量称为质量管理学，主要技术是全面质量管理（TQM）。从技术方面控制质量称为技术质量学，它包括在线质量控制和离线质量控制两个部分。质量控制体系结构如图 3.5 所示。

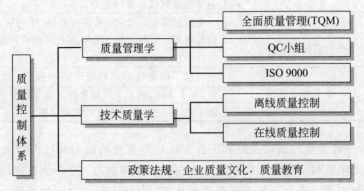

图 3.5　质量控制体系结构

3.7.2　全面质量管理和 ISO 9000 质量标准

全面质量管理（Total Quality Management，TQM）的核心思想是企业一切活动都围绕着质量来进行。质量控制活动包括从市场调研、项目可行性研究、产品开发、工艺设计、生产监控到售后服务等产品寿命循环的全过程。全面质量管理的基本特点是面对全部质量因素，全员参加、全过程监管、全面运用一切有效方法，力求全面提高质量水平。戴明循环是全面质量管理的重要方法，分为 PDCA 循环四阶段和 8 个步骤，如图 3.6 所示。

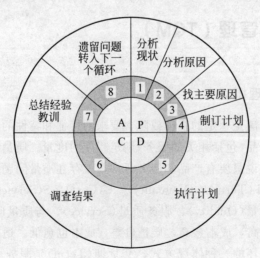

图 3.6　PDCA 循环的 8 个步骤

第一个阶段称为计划阶段，又叫 P 阶段（Plan），此阶段通过市场调查、用户访问、国家强制标准等，确定质量政策、质量目标、质量计划和质量标准等。

第二个阶段为执行阶段，又称 D 阶段（Do），质量计划执行阶段，根据质量标准进行产品设计、生产控制、质量保证、售后服务、人员培训等。

第三个阶段为检查阶段，又称 C 阶段(Check)，对质量活动进行检验、统计、分析。

第四个阶段为处理阶段，又称 A 阶段(Action)，根据检验和统计分析结果，制定相应的措施改善质量状况。

ISO 9000 是国际质量认证标准，为实现全面质量管理提供了十分有效的手段。ISO 9000 系列质量标准是国际标准化组织(ISO)于 1987 年颁布的，其目的是质量管理和质量保证的国际化，使供方能够以最低造价确保长期、稳定地生产出高质量的产品，使需方建立起对供方的信任。ISO 9000 标准的实施要求企业建立一套全面的、完整的、详尽的、严格的有关质量管理的规章制度和质量保障文件，这些规章制度和文件要求企业组织机构、人员管理和培训等全部质量控制活动都必须适应质量管理需要。

ISO 9000 系列标准与传统质量管理比较有以下几个重要的概念拓展。

① 产品不仅仅指实物，也包括服务、经营和软件。产品可以是有形的，也可以是无形的(如信息、概念)。产品影响可以是有意识形成的，也可以是无意中形成的(如污染或有害效果)。"顾客"不只是最终消费者、使用者、受益人或需方，而是涵盖企业活动能影响到的所有人。

② 顾客不仅仅关心产品出厂时的性能和质量水平，更要追求产品可靠性、维修性、安全性、适用性、经济性、环保性等具有综合意义的高使用价值。

③ 产品质量水平以"满足"需要为尺度，并非愈高愈好，正确的质量概念是：以满足需要为前提，追求功能、费用、进度三者平衡的适宜质量。

④ 实物产品质量只能说明产品本身，而质量保证能力更应是企业重点建设的目标。

⑤ 产品制造和产品使用过程中的健康、安全、环境影响也属质量管理的范畴。

⑥ 从由顾客承担质量风险到由企业承担质量风险。

3.7.3 计算机集成质量系统

在产品生命周期内的各个阶段都有大量的质量活动，这些质量活动并不相互孤立，必须作为一个整体考虑，并运用系统工程的原理和方法，实现人、管理和技术三者有机结合，才能取得质量活动整体最优效果。图 3.7 是质量管理系统的职能、功能结构图。

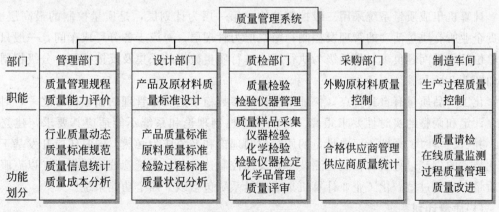

图 3.7 质量管理系统的职能、功能结构图

质量信息有技术方面的，也有管理方面的，有企业内部的，也有企业外部的，这些信

息数量大、结构各异,其采集、处理、存储、传递和更新工作量巨大,只有借助现代信息技术,才能达到质量管理集成、实时和高效的目的,这样的系统称为计算机集成质量系统(Computer Integrated Quality System,CIQS),其功能模型如图3.8所示。

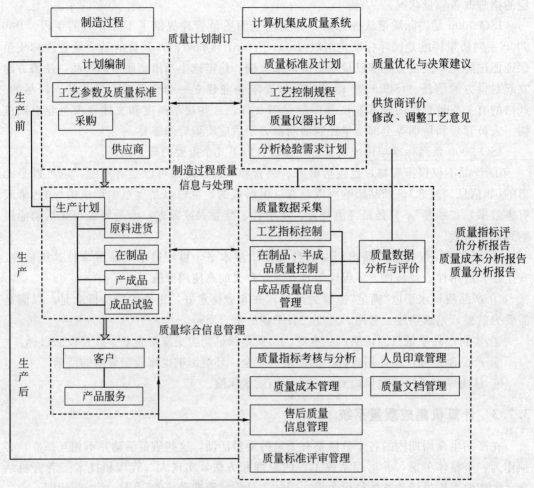

图 3.8 集成质量系统的功能模型

计算机集成质量系统采用三级控制结构:第一层为计划层,是质量控制的最高层次,负责企业所有质量活动的管理及控制;第二层为管理层,对应于各分厂或车间,一般只对本单位的质量问题负责;最低级为执行层,进行质量数据的采集及反馈控制。分级控制结构如图3.9所示。

化工产品质量有自身特点,保证工艺控制参数稳定是质量管理的核心任务之一,对监测、评定和调整的实时性要求很高。传统质量控制理论和系统不能适应其要求,建立集成、并行、实时、柔性、面向批量的质量控制理论和系统成为必然。同时还应开发基于信息化技术的生产过程实时在线检测技术和反馈控制技术,与质量管理系统集成,以克服产品质量不足或过盈。化工企业计算机集成质量系统包括以下四个功能系统。

(1)质量计划系统

① 质量标准子系统:依据国家和行业质量标准,制定成品、原材料、半成品和在制品质量执行标准及检验标准,制定工艺控制指标体系。

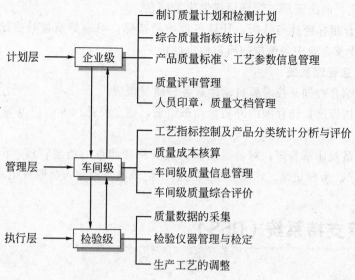

图 3.9 集成质量系统的分级控制结构

② 检验规程管理：依据质量检验标准制定质量检验、质量控制流程的规范与标准。过程检验规程和规范包括检验项目、检验方法、检验仪器和检验药品等。

(2) 质量检测系统

① 质量数据采集：通过人工采集或自动采集两种方式采集质量数据，数据采集对象包括工艺控制点的在制品、半成品、产成品、外购原料等，数据采集时也往往执行质量控制。根据化工生产过程性特点，不同类型数据源可采用不同采集方法。

• 在线检测数据：采用由计算机控制的自动检测系统采集反应、分离等装置运转的实时工艺数据，完成自动检测和自动分析作业，分析结果存储于数据库中，并向主控计算机提供决策支持数据。

• 离线检测数据：对进厂原料、入库成品等计量型或非流动状态物料的质量数据进行离线检测。检验数据手工录入数据库。

② 检验仪器的检定：定期检定检验仪器及设备，建立精度、维修、工况等历史记录档案，以备查询与校验。

(3) 质量评价和控制系统

① 外购原料质量评价：根据外购原料质量检测数据进行质量判定及统计分析，以便对供货厂商的质量保证能力做出评价，建立相应档案。

② 工艺控制点的质量评价与控制：按生产工艺要求对"工艺控制点"建立质量数据记录，包括设备专用记录、在制品质量自检与专检记录等，应用统计过程控制（Statistical Process Control，SPC）、预报控制、实时检测、质量问题诊断等技术对工艺状况进行监控、评审和校正控制。

③ 产品质量评审：对产品质量进行评审，处理评审结果，对评审文档进行管理。

④ 产品售后质量分析：对通过各种渠道收集的售后服务质量信息进行管理，并按多口径、多模式进行统计分析。

⑤ 质量成本分析：对质量成本的四大组成部分即内部成本、外部成本、鉴别成本和预防成本，按照规范要求进行统计分析，生成成本分析表及质量报告等，也可进一步对质

量成本进行优化,向决策层、管理层提供决策信息。

⑥ 质量综合指标统计与分析:计算各项质量指标,对原始质量数据统计分析,根据分析结果对企业及企业中各单位的质量做出评价。

(4)质量信息管理系统

① 报表及综合查询:按需要自动生成各种质量报表。

② 质量文档管理:储存国内外质量动态信息,建立质量标准、规范等索引与目录库,供查询用。

③ 检测人员及印章管理:对各级检验人员资格和印章的档案管理,记录检验人员的等级、培训记录、考核记录、印章,发放与起用记录以及检验人员职务记录等。

3.8 决策支持系统(DSS)

3.8.1 决策的分类

企业决策的内容极其广泛,涉及技术与管理活动的各个方面,可分为结构化决策(Structured)、非结构化决策(Unstructured)和半结构化决策(Semistructured)。

(1)结构化的决策

结构化的决策一般是指决策方法和决策过程有固定的规律遵循,可用形式化的办法描述和求解的一类决策问题。如工资核算、存贷补充、作业计划、材料发放、工艺控制等都是在企业中会遇到的大量的结构化决策问题。这类决策问题往往可以建立精确的数学模型及边界条件,并按一定的最优化原则求得唯一解。一般而言,此类问题可以通过 MIS、MRPⅡ、ERP 等系统解决。

(2)非结构化的决策

非结构化的决策一般是指决策方法和决策过程没有规律可遵循,并难以用确定的模型和程序表达,只能根据实际情况和决策者所掌握的信息灵活做出决定的一类决策问题。如偶发的设备故障或客户在特殊情况下的要求等,没有明确法则,人们只能凭经验和直觉解决这些问题。对于非结构化决策问题,单纯依赖决策支持系统也难以解决,需借助人工智能、模糊数学、仿真技术等相关领域知识,将非结构化决策问题转化为结构化问题予以解决。

(3)半结构化的决策

半结构化的决策是介于前两者之间的一种决策,其决策方法和过程有一定规律可遵循,但又不完全确定。社会经济和管理活动中所遇到的决策大部分属于这种情况。例如决策分析中常讨论的多目标(Multiobject)、多准则(Multicriteria)问题和企业投资项目的决策都是这类决策中的典型例子。半结构化的决策问题是决策支持系统重点研究的问题。

3.8.2 决策支持系统

决策支持系统(Decision Supporting System,DSS)是以管理科学、运筹学、控制论和行为科学为基础,以计算机技术、仿真技术和信息技术为手段,帮助人们对结构化问题以外的问题做出决策的具有一定智能的人机系统,它能够综合利用各种数据、信息、知识、人工智能、模型技术，为决策者提供决策所需的数据、信息和背景材料，帮助决策者进行问题识别、明确决策目标、建立或修改决策模型，提供各种备选方案，并对方案进行评价和优选。近年来信息技术的发展使 DSS 应用获得巨大成功。DSS 具有以下特点：

① DSS 通常面向决策者的半结构化决策问题，一般而言其模型和方法是确定的，但是由于决策者处于不同环境，其问题条件和问题边界也就不同，因此对问题的理解往往存在差异，这使得决策结果具有不确定性；

② DSS 强调对决策过程的支持而不是做出决策，即 DSS 旨在帮助和加强决策者做出科学决策的能力；

③ 对象描述模型和知识体系是 DSS 核心；

④ 人是 DSS 运行的发起者，DSS 强调人机交互，决策常常要经过反复的、大量的人机对话，决策者个人的偏好、主观判断、能力、经验、价值观等都对决策结果有重要影响。

DSS 的基本结构由会话系统、控制系统、运行及操作系统、数据库系统（实时数据库）、模型库系统、规则库系统和用户界面构成。如图 3.10 所示为 DSS 逻辑结构图。

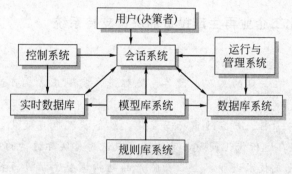

图 3.10　DSS 逻辑结构

DSS 运行过程可以简单描述为：用户通过会话系统输入要解决的决策问题，会话系统把输入的问题信息传递给问题处理系统，问题处理系统开始收集数据信息，并根据知识机中已有的知识来判断和识别问题，搜寻问题解决的模型，然后通过计算推理得出方案可行性的分析结果，最终将决策信息提供给用户。

由于目标对象和环境因素多变，DSS 系统在解决问题时，往往难以预先规定搜寻过程或识别算法，因此需要建立一种启发式机制，将决策者的经验、知识充分融入问题搜寻中。DSS 的会话机制使用户可以随时改变问题描述的各种参数，从而提高搜寻效率。

3.8.3　智能决策支持系统

智能决策支持系统（Intelligence Decision Supporting System，IDSS）是 DSS 与人工智能（AI）相结合，充分地应用知识，以逻辑推理来帮助解决复杂决策问题的辅助决策系统。IDSS 既能处理定量问题又能处理定性问题，所利用的知识包括关于决策问题的描述性知识，决策中的过程性知识，求解问题的推理性知识等。图 3.11 是 IDSS 的框架结构图。

图 3.11 中，IDSS 根据数据和信息的细度以及综合程度分为多种类型库：文本库、数据库、方法库、模型库和规则库。其中文本库存储自然语言书写的文档，数据库中存储对

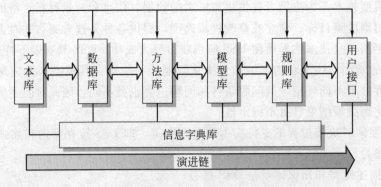

图 3.11 IDSS 的框架结构

事物结构化表述的关键要素，模型库中存储反映信息本质关系的各种模型。但决策过程中还有许多知识既不能用数据表示也不能以模型描述，因此 IDSS 引入了规则库予以解决，规则库中存储知识最精炼的形式。从最初未被加工的数据到经过加工的信息再到提炼出的知识，信息的这种演变关系被称为"演进链"。

3.8.4 实例1：化工企业再生产投资的决策支持系统

> 化工企业生产经营存在三种形态：
> ① 定常生产，在一定的工艺、设备、流程下，实现正常生产运行，企业面对的是控制优化问题；
> ② 实际运行，原料、产品随市场而变化，设备状况也在变化，甚至会偏离设计工况，因此企业存在运行优化问题，定常生产应认为是实际运行的一个特例；
> ③ 因市场变化或技术进步，企业面临产品结构调整、扩产或技术改造的投资决策需求，企业常采用流程重组、改造、扩产和新产品开发四种形式，其风险程度各有不同。
> 2000年我国设立国家重点基础发展研究规划项目，对化学工业企业再生产投资的风险评估、决策策略展开研究，并开发决策支持系统，研究项目包括：
> ① 化学工业企业流程重组、改造、扩产的管理；
> ② 化学工业企业流程重组、改造、扩产的技术模型及效益评价模型与优化算法；
> ③ 化学工业企业新产品开发的模型与评价；
> ④ 投资风险分析、评估方法与投资效益预测。
> 研究表明，投资决策过程包括机遇、信息与资源三大要素，决策者及决策支持系统的任务是协调这三大要素，为企业管理决策活动提供有效支持。
> 化学工业再生产投资DSS系统由人机对话子系统、数据库子系统和模型方法库子系统三部分构成，结构框架如图3.12所示，决策过程分为四个主要阶段：
> ① 广泛收集资料、调查环境、确定决策条件，即问题生成系统模块；
> ② 分析情况，制订可能的决策方案，即Model生成系统模块；
> ③ 从众方案中筛选出最优或次优方案，即Model求解系统模块；
> ④ 对方案进行评价，审查其可行性及风险，即评价体系模块。
> 同时，每个阶段的求解过程都需要调用数据库、模型方法库和知识库。

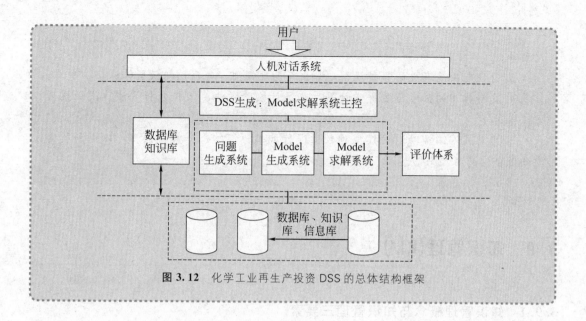

图 3.12 化学工业再生产投资 DSS 的总体结构框架

3.8.5 实例 2：化工生产管理决策支持系统

化工生产过程很复杂，工业特征表现为大范围不确定、非线性、强关联性和交错的信息结构，这给生产管理决策带来了相当难度。某企业利用有很强定性分析能力的粗集理论，建立决策分析方法，开发决策支持系统。系统包括生产信息收集、组织、分析，提出高效决策方案或有效控制方案，从而提高生产管理决策水平。

生产决策支持功能分为例行决策（如生产计划、生产调度等）和非例行决策（如企业整体发展规划、经营决策等），时间跨度上有短期、中期和长期，决策中涉及内部和外部多种因素，强调对半结构化和非结构化决策问题的支持，关注生产过程和经营环境中的突发性决策问题。图 3.13 是化工生产管理决策支持系统结构图。

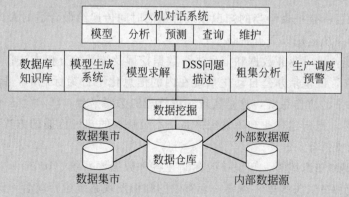

图 3.13 化工生产管理决策支持系统结构

化工生产管理决策支持系统具体功能有：

① 收集、整理生产数据，包括工厂的生产能力、生产过程监控信息、生产计划完成进度、库存和财务状况等；

② 收集经营环境数据，如市场需求、原料供应、产品销售、用户反馈和新技术

> 动态等;
> ③ 存储与决策有关的各种模型,如生产调度模型、库存控制模型等;
> ④ 支持常用的数学与运筹学计算,如统计检验方法、回归分析方法、线性规划方法等;
> ⑤ 自动或人工辅助运用模型对数据进行加工、汇总、分析、预测,以得到所需要的综合信息与预测信息。

3.9 知识管理(KM)

3.9.1 知识管理概念与知识管理三要素

当前知识成为经济增长和社会发展的关键资源,知识管理受到人们越来越多的关注和重视,虽然管理和运用知识自古已有,但在竞争日益激烈的今天尤为重要。

知识管理(KM)是指一定的组织从成员的智力和知识资产中创造价值的过程,通常这些价值在员工、部门,甚至其他组织间共享。知识管理体系涵盖人、场所和事三要素,具体讲,"人"是所有的知识相关者,包括员工、用户、伙伴、供应商和专家等;"场所"是指工作空间,如办公室、生产现场、项目组以及在线讨论的网络空间等;"事"是指所有工作内容和处理过程,如数据、文档,"事"也包括企业动态的业务与决策过程,包括人/组织、经营管理和技术三要素。

3.9.2 知识管理的目标和层次结构

知识管理的目标是把最恰当的知识在最合适的时间传递给最合适的人。为了实现这一目标,知识管理系统运用以下五种技术:

① 商务智能,是对业务数据和信息进行数据挖掘及统计的分析方法;

② 电子协作,以包括办公自动化系统在内的信息化平台为标志的,旨在提高企业运作效率和运作水平的协作系统,这是实现知识管理的必要平台;

③ 知识传递,指构建企业知识管理体系中不可缺少的知识传播的方式,如培训体系、业务指引、决策支持等;

④ 知识发现和知识地图,知识一般存储在各种数据库系统、Internet 与 Intranet、各种知识协作系统和员工头脑里,需要一套有效的知识发现系统进行整合,这包括各类检索工具、内容分类技术和企业级文档管理技术等;

⑤ 专家定位,建立动态的企业专家网络,通过可视化的关联性识别及联结工具,完成知识管理中"在最合适的时间找到最合适的人"的工作。

知识管理涉及组织中的人、过程以及技术等方方面面,因此知识管理需整合各种不同类型、不同层次的知识,如图 3.14 所示。

企业信息化建设带来海量的数据和信息,增大了企业决策的复杂度。因此要求企业增

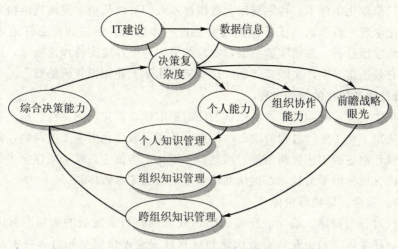

图 3.14　知识管理的整合

强各层次决策能力:从个人的知识能力到组织的协作能力,图 3.15 是知识管理所包含的三个层面,即战略层面、实施层面以及保障层面。

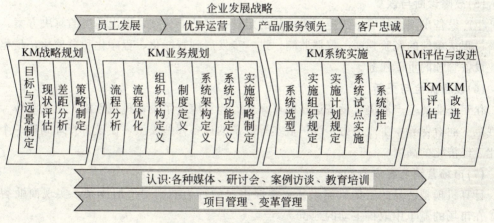

图 3.15　知识管理项目实施方法论

3.9.3　化学工业企业的知识内涵

化学工业企业属流程型行业,以资金密集、资源密集、设备密集、知识密集、高污染性为特点,知识管理贯穿于企业全部的经营活动之中,涵盖客户资源、营销、生产、采购、库房、质量、工艺、设备、计量、控制、财务、科研、售后服务、行政事务等各个领域。化学工业企业的知识包括以下几个方面。

(1) 决策过程的逻辑再现

化工企业普遍存在着生产能力有限性特点,化工生产过程对于装置及外供条件的依赖度较大,同时生产过程的稳定性、均衡性、满负荷性又是影响其经营效果的重要因素,这是一对结构性矛盾,如何在有限资源的约束下实现最优化生产调度,获得最大化的经济效益,将决策者的经验与智慧模型化是关键。

(2) 新产品、新工艺开发与工程设计

实验研究、实践经验总结以及严谨的理论推导,都在化学与化学工程的发展中扮演了重要的角色。信息化条件下，特别借助大数据技术人们可以从更多侧面刻画物质与能量转换的过程，化学理论科学家与工程师们需要更进一步思考并解决如何更好地规划实验方案，如何更科学地分析、总结实验结果，实验结果如何更好地支持理论推导，理论如何更好地发展并有效地指导生产实践等问题，这些都是化学工业知识管理的核心。

(3) 平滑且动态优化的制造过程

工艺流程中装置运行的可靠性、外供条件的稳定性、催化剂的活性、用户对产品要求的差异性，决定了化工生产过程的动态性特点。环境参数变化引起工况调整，调整的程度甚至会远离设计额定的工艺控制条件，因此要实现化工均衡生产就必须建立多种工况条件下满足一定优化目标的平滑且动态优化的模型系统与工艺参数体系。

(4) 健康、安全、环境评价体系

化工生产过程的健康、安全、环境（HSE）成为制约行业发展的重要因素，建立基于健康、安全、环境诉求和企业效益最优化的可靠性安全评价模型和过程技术经济评价模型，在线完成生产系统运行的可靠性状态和安全等级评价，提出适当、可靠、经济的应急措施规划，形成优化控制策略。将化学工业中安全管理从原来的信息集成反馈模式转化为知识集成预制模式。

(5) 故障诊断与恢复

生产设备出现故障后，快速完成故障的定位、评估、分类，提出适当的解决方案，将这一过程从单纯的经验判断、仪器监测，进一步发展到智能化、程序化和自动化，是化工企业设备管理的重要任务。

(6) 设备保全与更新

化工企业的生产取决于设备运转的可靠性，建立综合了设备机械性能、工艺参数、操作规范、润滑保养、生产能力、维护成本等因素的设备评估模型，使设备管理到达一个科学化、经济化的高度。

(7) 市场营销与客户关系

计算机模拟产品的市场供需平衡，掌握用户的行为准则与价值体系，实现商业智能化，在市场的竞争中取得主动的地位。

(8) 生产力要素的重构与协调

化工企业的生产组织应充分融合人的智慧、灵活的组织机制、柔性的生产方式、快速的市场反应，以实现人、生产工具、劳动对象高度的协调为目标，建设高效的信息化支撑平台与信息共享机制，实现知识实时管理、无缝的知识集成、有效的知识发现和创新，最终实现知识JIT机制（Just In Time）。

3.9.4 化学工业企业的知识模型表达

由于化工行业生产的连续性特点，化工企业与离散性生产企业的知识模型表达不同。表3.4对连续生产和离散生产在价值领域的差异进行了总结。

表3.4 连续生产企业与离散生产企业比较

序号	项目	连续生产	离散生产
1	产品类别	固定品种、大批量，生产过程控制是企业实现经济效益的关键	不固定，多品种、小批量。产品设计是企业经济效益关键

续表

序号	项目	连续生产	离散生产
2	生产经营方式	保证生产稳定前提下的以产促销。同步、串行生产,生产过程柔性低。按计划进行,生产调度复杂性低	以销定产。并行、异步生产。生产过程柔性高,按订单和交货期组织生产,调度复杂
3	关键技术	大批量、大装置要求生产稳定,强调过程控制技术,控制变量耦合严重	设备控制参数由设计决定,物料物性影响小,控制量相互独立
4	生产物料	存在液气体形态,物料连续、流动,基本无在制品库存	固体形态,单件或多件搬运,需要合理的半成品、在制品库存
5	生产过程模型	流体动力学、热力学、反应动力学、经验方程、回归模型	离散时间动态模型、极大极小方程、Petri 网
6	优化目标	均衡生产、安全、低耗、高产、优质	缩短供货周期,提高设备利用率
7	设备	面向特定产品、特定工艺、冗余度低	通用设备,适用面广,冗余度高
8	环境及安全	安全和污染控制要求高	安全和污染控制问题难度相对较低

化工企业以产促销的生产经营模式,使市场需求与生产过程控制的高度协调成为科学化决策的基础和知识管理核心。根据化工企业知识衍生过程并结合其特性,将知识分为静态性知识、策略性知识和推理性知识三类。

① 静态性知识:包括基本资料、事实、状态、环境等,也可包括概念和定义。企业经营环境、装置参数、工艺条件、生产过程数据、设备故障征兆、消耗定额(BOM)、原料物性、质量标准等均为静态性知识,基础资料库与事务库构成了静态知识库。

② 策略性知识:包括有关规则、操作、方法和行动的知识,如市场供需关系模型、生产经营规划策略、基于市场变化的最佳产品结构、设备更新决策、工艺参数的在线调控、生产过程模拟与分析等。模型库和策略库构成了策略性知识库。

③ 推理性知识:针对前两类知识的编排管理、知识推理和控制策略,包括基于特定环境下的模型识别、模型衍生过程、检索规则、学习法则等。动态规则、语义约束与限制条件构成推理性知识库。

将静态性知识、策略性知识、推理性知识结合起来,建立统一的、易识别的、计算机易处理的知识表达模式是实现化工行业知识管理系统的前提。以下是化工企业典型的策略性知识模型。

(1)生产过程的动态模拟模型

化工企业大多为连续性生产,一般经过原料制备、反应以及产品分离等多个单元过程,动态特性是它与离散性生产过程最基本的区别之一,对这样的系统进行设计、操作、控制、调优,必须建立基于其动态特性的过程模拟模型。模型的建立有多种方式,包括:统计模型、确定性模型和半经验模型。以具有普遍意义的连续搅拌反应器为例进行说明,对象过程模拟模型由各组分质量守恒和反应区能量守恒式构成:

$$V\frac{dc_i}{dt}=F(c_{i,f}-C_i)+VR_i \quad (i=1,2,\cdots,M)$$

$$V\rho C_p\frac{dT}{dt}=F\rho C_p(T_f-T)-UA(T-T_c)+V\sum_j^N R_j(-\Delta H_j) \quad (j=1,2,\cdots,N)$$

(3-1)

式中，V、F 分别为反应区容积和加料容积流量；C_i、$C_{i,f}$ 分别为反应器内和加料中第 i 组分的浓度；t 为时间；T、T_f 分别为反应区内和加料混合物的温度；U 为反应物与冷却介质之间热交换的总传热系数；A 为总传热面积；T_c 为冷却介质的平均温度；ρ、C_p 分别为反应混合物的平均密度与比热容；$(-\Delta H_j)$ 为第 j 个反应的热效应；R_j 为第 j 个反应的速率；R_i 为因反应引起的第 i 个组分浓度的变化速率。式(3-1)是根据过程的质量守恒与能量守恒原理建立起来的确定性模型。

(2) 动态优化的控制模型

离散生产过程主要通过位移、角度等作为控制量进行物理加工，设备控制参数由设计决定，不受物料物性影响，设备间独立性强，因而生产过程中控制相对简单。但连续生产企业装置运行的可靠性、外供条件的稳定性、用户对产品供货周期的要求，以及环境参数变化均会引起工况调整，因此实现均衡的生产就必须建立多种条件下的动态优化模型系统与工艺参数体系。模型表述如下：

$$\text{Max}(F) = F(\overline{w}) \tag{3-2}$$

$$\text{s.t} \quad \sum_{i}^{N}\sum_{t}^{M}(\chi_{i,t}^d - \chi_{i,t}^c)^2 \leqslant \xi$$

$$\frac{d\chi_i^c}{dt} = f(\chi_i, w_i)$$

式中，$\overline{w}(w_1, w_2, \cdots, w_n)^t$ 为操作或控制参数，$\chi_{i,t}^d$ 为第 i 个状态变量在 t 时刻的采集数据；$\chi_{i,t}^c$ 为第 i 个状态变量在 t 时刻的模型计算数据；ξ 为控制反馈精度；$\text{Max}(F)$ 为系统控制评价函数，可表述为最大经济效益，也可关联于某一工艺质量指标、最低成本控制或企业的决策经营目标；$f(\chi_i, w_i)$ 为生产过程模拟模型。模型(3-2)与模型(3-1)具有相同的动态特点，还由于有 M 个离散时刻的状态变量和控制参数的采集与输出，在模型描述上需兼顾其结构化的特征。

(3) 设备保全与更新

离散生产过程由于异步、并行生产方式和较高的设备功能冗余度，生产有较大的缓冲空间，设备故障对交货期的影响相对较小。而同步串行的连续生产化工企业，生产设备运行的可靠性、满负荷性则对企业生产产生重大影响。建立以设备运行综合效益为评价目标的设备运行模型，如式(3-3)，模型综合设备机械性能、工艺参数、操作规范、润滑保养、生产能力、维护成本等因素，使设备管理、运行控制融入企业整体经营决策之中。

$$P = f(Q, C, D, E, M, K) \tag{3-3}$$

式中，P 为设备运行综合效益；Q 为设备产能；C 为运行成本；D 为设备运行状态（包括设备原始运行数据）；E 为运行控制专家知识集合；M 为设备状态诊断方法集合；K 为诊断知识集合。式(3-3)包含了由数据集合构成的显性知识表达，以及反映各相关环节相互关联的规则与数学表达式的隐性知识表达方法。对过程系统而言设备运行成本与产能、设备运行状态存在关联，设备运行状态可以表述为系统功能可靠度(R_f)的函数。

$$R_f = M_f \times D_s \tag{3-4}$$

式中，M_f 为过程系统的开工率；D_s 为系统的平均满额率。要提高系统运行的可靠度，需延长设备平均故障周期，缩短故障诊断时间。因此故障诊断是设备运行管理的一个重要环节，也是化工企业重要的知识管理领域。建立基于"if then"规则的故障树，是一个可行的方案，也可采用模型识别诊断方法，以及灰色诊断、模糊诊断、专家系统诊断以及神经网络诊断等。

(4) 生产过程的成本模型

产品市场竞争终归是质量与成本的竞争。连续生产过程的大装置和大物流要求工艺稳定，但由于控制技术和生产工艺限制，要实现完全稳定的质量存在一定难度，使得产品质量与成本失去均衡，因此通过科学的配料及工艺控制来稳定质量、控制成本是生产过程知识管理的首要任务。建立基于过程工艺和质量标准的成本模型如下：

$$C_u = [\sum (C_i m_i) a/q + b]c \tag{3-5}$$

$$s.t.\ m_i = f(P, F, \mu, E, Q, S)$$

式中，C_u 为单位产品制造成本；q 为产品生产数量；m_i 为原材料的消耗数量；C_i 为原材料的单位成本；a 为生产损耗系数；b 为制造费用参数；c 为成本差异因子。函数 $f(\cdots)$ 为原材料的消耗数量 m_i 与过程工艺的关联表达式。离散性生产过程往往有确定的 BOM (物料清单)，其物料消耗函数 $f(\cdots)$ 表现为与 BOM 相关联的线性关系。而连续生产过程 BOM 受诸多因素影响，往往不能确定。物料消耗函数 $f(\cdots)$ 由模型 (3-1)、(3-2) 综合决定。

式中 P：成品或半成品属性，包括生产能力、处理时间等。

F：生产配方，包括原料种类、数量、来源、质量要求、转化率等。

μ：工艺过程，指生产过程中输入、输出和操作参数，包括反应温度、风量、压力、反应时间、进料次序、设备参数等，工艺过程具有动态特性，模型 (3-1) 是成本模型的基本关联模型。

E：生产设备，指生产中的设备条件，包括设备类型、材质、控制点、控制方式等。

Q：质量，指原料、半成品、制成品的完整质量指标体系及关联关系。

S：安全，指原料、半成品、制成品、废物及过程中的安全性措施与保障。

(5) 客户关系模型

根据产品的市场特性，模拟产品供需关系，掌握用户的价值体系与模式，在市场经济环境下，融入客户价值链是企业经营决策的出发点，建立客户评价模型：

$$v = f(C, K, P, R) \tag{3-6}$$

式中，C 表示客户方便性；K 表示亲近度；P 表示服务个性化；R 表示反应及时性。对于客户价值的发现和提炼需要在日常营销过程中进行不间断的知识积累，基于关系数据模式的数据挖掘技术在客户关系的知识发现中有重要的实际意义，建立多种行为模式与价值取向的关联规则是一个有效的方法，基本关联规则表达如下：

$$A_1 \wedge \cdots \wedge A_m \Rightarrow B_1 \wedge \cdots \wedge B_n \tag{3-7}$$

模型 (3-6)、(3-7) 中包含了静态的业务数据与隐性的关联规则表达模式，以及基于 Apriori 算法、粗糙集方法、模糊集方法等相关数据挖掘方法的模型表达。

(6) 生产经营决策支持模型

过程企业的生产能力由装置限定，生产过程对装置及外供条件的依赖度较大，为了在有限能力约束下构建合理的产品结构，获得最大经济效益，决策模型可表述为：

$$\text{Max}(P) = F(w, x) \tag{3-8}$$

$$s.t.\ f(w, x, z) = 0$$

$$c(w, x, z) = 0$$

$$h(w, x) = 0$$

$$g(w,x) \geqslant 0$$

式中，P 是企业经济运行效益；w 是决策变量向量；x 是状态变量向量；z 是生产过程各单元内部变量向量；F 是决策目标函数；f 是工艺描述方程，如模型(3-1)，其中的决策变量选择流量、浓度、混合温度等；c 是分步成本方程(模型 3-5)；h 是设备能力、市场需求及外供条件等式约束方程；g 是不等式约束方程(如模型 3-3、3-4、3-6、3-7)。模型(3-8)将企业经营决策建立在生产过程基础上，反映出连续性生产决策由市场需求与生产过程控制共同驱动的特点，这是化工过程模型与离散性生产模型的重要区别。

3.9.5 化工企业的知识模型结构

动态过程模拟模型、过程控制模型、技术经济评价及经营决策模型构成了化工企业三级过程性知识模型体系，如图 3.16 所示，它构成了由生产过程驱动的业务管理中的知识核心。

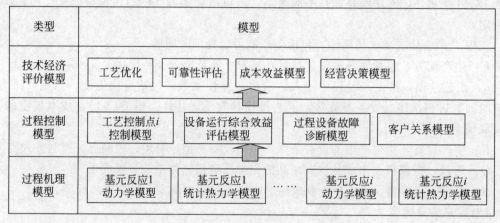

图 3.16 多层次、阶梯状模型结构

在这一知识体系中，同一层级以及不同层级间的知识相互交叉融合，互为约束条件或决策对象，有很强的耦合性，而且生产控制领域内的知识又常常表现为过程本身的流体力学、热力学、反应动力学等模型体系，是生产控制与经营决策的约束条件。可以看到化工企业的三级知识体系综合了显性知识与隐性知识，其中各种形式的数学表达式、边界条件和算法描述是建立知识模型的难点，用传统的知识定义方法难以解决，需要依据模型特点和知识表现特性进行分类，然后建立相应的表达模式。

3.9.6 知识学习

基于化学工业知识模型体系的特点，知识学习可通过知识模型建立、知识模型连接、知识模型重构三个步骤完成。图 3.17 是模型建立、连接与优化重构的逻辑过程。

(1) 知识模型建立

综合应用过程模拟技术与数据挖掘技术，建立机理模型或统计模型，以及多模型融合下的关联规则。降低模型的非结构化程度是知识模型建立的关键，这对解决化工企业经营决策和生产控制中诸如复杂控制策略、过程扰动、设备可靠性以及技术经济评价等难题有重要意义。

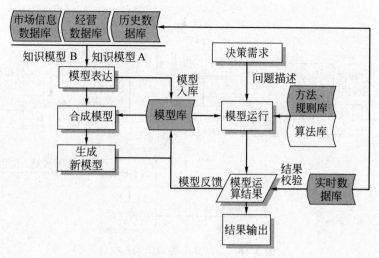

图 3.17　知识模型建立、连接与优化重构

(2) 知识模型连接

由模型(3-1)～(3-8)形成了化工企业"全厂模拟"(Full Scale Simulation)的实时动态模拟和决策模型。面对具体的企业或生产过程，需要从决策目标、生产工艺和控制要求出发形成特定应用下的知识模型连接。

(3) 知识模型重构

当企业经营环境、装置运行特性、产品品种发生变化，会导致模型边界条件甚至模型形式改变，需要对模型进行重构。模型重构有别于模型建立，是在基础模型上的模型继承和优化，原有模型与其对象描述被完整记录，作为决策过程中的支持性策略，同样也有助于决策的风险性评估。

3.9.7　知识发布

知识发布是知识管理的最终目标。面向业务过程和决策过程的知识发布必须结合各业务环节知识模型的特点。知识发布过程以模型类和模型框架为基础推演模型实例，并综合静态性知识、推理性知识、策略性知识形成最终决策的过程。

知识发布首先检索模型库，如形成匹配则输出结果，否则根据问题描述进行多模型连接，经过计算、推理和总结，形成新的策略或控制参数并输出。如仍没有理想的结果，则需要从静态数据出发，通过过程模拟或数据挖掘等方法生成新的模型，新模型在多模型综合下实现知识发布，知识模型在发布过程中通过反馈进一步优化。图 3.18 是企业业务流程中的知识发布模式。

知识发布过程还需考虑到以下因素：

① 知识发布基于 Internet/Intranet 实时地为业务流和决策流提供支持，因此目标评价过程与信息反馈时间是很重要的因素。

② 知识模型提炼与发布常常需要分析全部实时数据，因此评价过程在海量实时数据的基础上进行，算法需要有很好的收敛性。

③ 模型运算的目标是提供最优决策，但往往由于实际情况的复杂性，模型与实际存在一定差异，因此除最优决策外还应提供次优可选方案，并对多方案的风险进行评估。

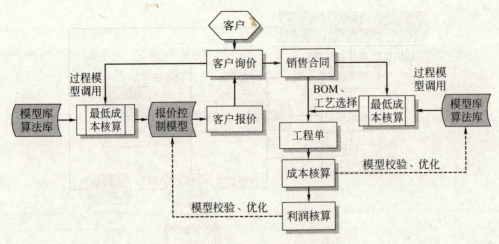

图 3.18　面向业务的知识发布模式

④ 知识发布应面对多层次对象需求，经营决策、市场经营、生产控制、技术开发、售后服务和财务管理等。

3.10　现代集成制造系统(CIMS)

现代企业管理和企业信息化建设有两个基本认识要点：

① 企业在生产经营中所进行的市场分析预测、产品研发、生产控制、经营管理、市场营销等一切活动都是一个不可分割的整体；

② 企业整个生产经营从本质上看是一个数据采集、传递、加工处理的过程，最终产品也可看成是数据的物质表现形式。

在此认识基础上美国 J. Harrington 于 1973 年首次提出了计算机集成制造系统概念 (Computer Integrated Manufacturing System，CIMS)，并逐步发展为现代信息技术在工业生产领域的主要分支技术之一。CIMS 通俗的解释可以是"用计算机通过信息集成实现现代化的生产制造，以求得企业的总体效益"，CIMS 系统的目标、结构、组成、约束、优化和实现等方面均体现了系统总体性和一致性。

3.10.1　CIMS 的应用目标及构成

企业实施 CIMS 的目标体现在以下方面：

① 通过工程设计自动化提高产品研制和生产能力，以缩短产品工艺研究与工程设计周期，从而提高企业市场反应速度，满足客户需求；

② 通过生产控制自动化和柔性制造，提高产品质量与品种灵活性，提高设备利用率，缩短工艺重组周期；

③ 解决生产中的"瓶颈"问题，实现均衡生产、动态优化，降低资金占用。

CIMS 是企业在已有的自动化和信息化基础上通过硬件集成和软件集成实现的，它的技术支持主要是数据库技术和网络技术。硬件集成是将企业中的计算机和控制系统联结起来，使其达到信息互通。软件集成是 CIMS 的关键要点，特别是企业资源计划(ERP)与控制系统的集成,是实现在线优化控制和优化调度的基础。CIMS可以划分为四个功能系统和两个支撑系统,即工程设计自动化系统、管理信息系统、制造自动化系统、质量保证系统以及计算机网络系统和数据库系统。CIMS组成结构如图3.19所示。

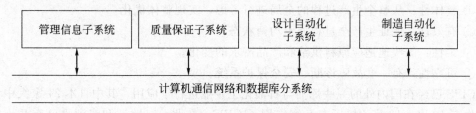

图3.19 CIMS构成框图

(1) 四个功能系统

① 管理信息系统,以 MRP Ⅱ 或 ERP 为核心,包括预测、经营决策、生产计划、生产技术、销售、供应、财务、成本、设备、人力资源等信息管理功能。

② 产品设计与制造工程自动化系统,即 CAD、CAPP 和 CAM 系统。

③ 制造自动化或柔性制造系统,是 CIMS 信息流和物料流的结合点,由数控机床、测量机、运输器具、立体仓库、多级分布式控制系统等设备及相应的支持系统组成。根据产品工艺技术、加工指令,完成对产品的生产调度及制造。

④ 质量保证系统,包括质量决策、质量检测、质量评价,以及生产加工过程中的质量控制与跟踪功能,实现从产品设计、制造、检验到售后服务全过程的质量监控。

(2) 两个辅助系统

① 计算机网络系统,即企业内部局域网络,支持 CIMS 各子系统的开放型网络通信。采用标准协议,可以实现异机互联、异构局域网和多种网络的互联,支持资源共享、分布处理、分布数据库和适时控制。云计算平台因为克服了网络部署的瓶颈,以其经济性和开发性正成为新的网络系统标准。

② 数据库系统是支持 CIMS 各系统数据共享和信息集成的核心,覆盖了企业全部的数据信息,CIMS 数据库在逻辑上是统一的,在物理上是分布式的。

3.10.2 计算机集成过程系统(CIPS)

化学工业的 CIMS 也称为计算机集成过程系统(Computer Integrated Process System, CIPS),化学工业生产过程与离散制造相比,在其信息集成过程中必然面对如下的需求背景。

① 生产方式上,化学工业生产过程及产品相对稳定,生产周期长,设备种类不多,更换周期长,有极强的结构化特征;

② 优化生产方面,化学工业往往以现有过程为着眼点,通过优化调度和操作等手段使过程在安全、平稳的条件下进行;

③ 信息化技术应用方面,化学工业涉及多种化学物质的化学与物理变化过程,温度、压力和流量等工艺监测数据有无规律的波动性,因此从大量的数据中剔除不可靠数据,只提取有用信息是操作运行和质量控制的第一步,也是信息化的关键着眼点;

④ 运行和控制机制方面,流程工业往往过程机理复杂,以现有技术所能采集的信息尚不完备,外扰众多,且有显著的时变性,因此需要用各种模型方法进行优化;

⑤ 对故障等突发事件的处理方面，由于连续生产过程各单元具有强相关性，加上过程机理复杂和信息不完备，故障预测和处理是整个过程自动化中极其重要的任务。

根据上述流程工业生产过程的具体特点，CIPS 具有以下四个特点：
① 整体性：从整个生产过程的全局进行考虑，实现整体优化。
② 有效性：保证生产全过程处于均衡状态。
③ 柔性：能快速适应原料供给和产品需求的变化。
④ 可靠性：有一套故障诊断、安全保护系统。

CIPS 已经在国内外的一些炼油与石油化工企业进行了应用。其中日本 24 家大中型炼油厂中有 19 家，13 家乙烯厂有 8 家应用了 CIPS；在北美、欧洲和澳洲也已有几十家大型炼油厂实施了 CIPS，在我国 CIPS 也正在稳步推进。

图 3.20 是 IBM 公司实施的某化工企业的 CIPS 系统结构图。

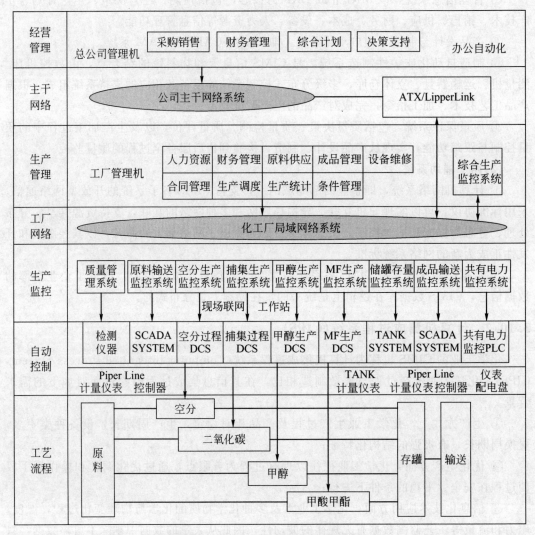

图 3.20　某化工企业 CIPS 系统结构图

上图中生产监控和自动控制层构成生产自动化系统，工厂网络及主干网络支撑起生产管理及经营决策层，这两层构成全厂的经营管理系统，最下层为装置及物流层。

3.10.3 CIPS 的主要功能

CIPS 系统功能涵盖控制层、调度层、管理层、决策层，实现企业全过程优化。
① 企业决策：制定企业长远发展规划、技术改造计划、年度综合计划等。
② 客户订单处理：包括接收用户订单、发货、票据、结算等主要功能。
③ 供货计划：基于客户订单、生产能力、运输规划等信息，分析企业交货周期，为销售部门签订合同提供依据。
④ 计算机集成过程运行：作为 CIPS 平台，从各个部门接收信息及指令，经在线模拟器分析计算后，向各功能系统发出指令，同时收集系统运行状况等信息。
⑤ 过程优化与控制：实现对生产装置的自动控制，并保证生产装置在最佳工况下运行。
⑥ 过程监控：供操作人员和管理人员监测和了解过程运行状况，用各种形象、直观的图表显示系统运行数据、发展趋势及某些统计信息。
⑦ 质量控制：通过各种统计分析对产品质量及系统质量控制能力进行评价。
⑧ 设备维护：根据生产设备状况确定设备保养计划和维修方案。

3.10.4 CIPS 的关键技术

(1) 严格在线模拟技术

在化工生产过程中，一方面生产管理、工艺、控制及操作都有特定的投入产出模型、稳态工艺模型、过程动态模型和直观操作模型，另一方面它们又各自从特定的渠道获取信息，并独立地以某种方法和工具完成相应工作，这就难以保证得到各模型间完全相容的结果，做到真正的全局优化。因此，根据化工生产过程的模型化、信息间接性和不完备性的特点，一个有效的一体化严格在线模拟系统(ROM)是 CIPS 实现全局化信息集成的关键。基于云计算的严格在线模拟系统如图 3.21 所示。

	严格的在线模拟系统		→ 模型应用
云端 PaaS	模型&算法工具包	数字仿真器	模型校正 what-if研究 瓶颈分析 过程评估 原料评估 HAZOP 在线优化 过程及装置 技术培训 维护
	OPC历史数据	经营数据	环境数据
本地	数据采集及校正系统		
	生产实时数据		
	生产控制系统(OPC)		

图 3.21　严格在线模拟系统

ROM 系统把工厂实时数据与经营目标关联，通过动态过程模拟技术，改变了以前只是以数据和指令进行交互的递阶控制方式，使管理、工艺和操作人员能在一个统一的框架及相容的信息条件下进行工作，可以对内外部环境变化及时做出协调一致的反应，始终保证生产过程运行在稳定、协调和最优的水平上。Aspentech 公司的 Hysys 系统支持典型的 ROM 功能要求。

(2) 生产过程实时监控系统

为满足化工生产过程"安、稳、长、优、满"的运行要求，一个有效的实时监控系统是 CIPS 中的基本组成部分。实时监控系统结构如图 3.22 所示。

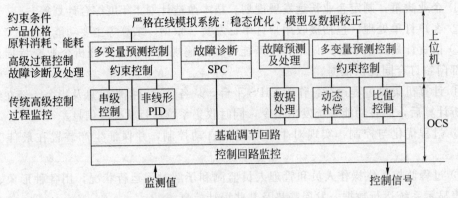

图 3.22　实时监控系统结构

系统中的优化控制功能包括稳态优化、高级过程控制、传统高级控制和基础调节控制等几个部分。传统高级控制和基础调节控制通常以对过程进行平稳控制为目标；而以预测控制为代表的高级控制则基于显式模型及优化算法完成动态优化目标；稳态优化是在系统内外各种条件下对整个系统进行全局优化，确定各子系统最优稳态工作点。

(3) 信息集成结构

基于化工过程数据间接性、冗余性和不确定性的特点，一个从冗余的不可靠的测量数据逐步浓缩、提炼出高质量信息的信息集成系统与实时监控系统有着同样的重要性。图 3.23 是 CIPS 的信息集成结构图。

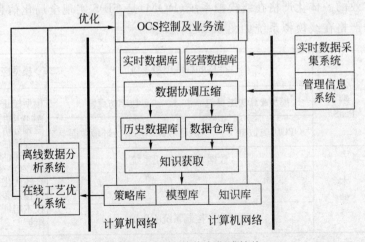

图 3.23　CIPS 的信息集成结构

其中实时数据库中的数据由过程测量值经过滤和处理而来，具有动态性和冗余性特点。由于外部干扰等复杂因素这些实时数据往往不能满足要求，数据处理任务则根据参数的动态特性对系统的某些静态信息进行提取，并根据各参数间的内在关系对它们进行相应协调处理，最终获得能正确反映系统运行状况的高质量综合信息。另外信息处理还根据系统运行状况，将优化及故障等工作点的动态数据进行处理与存储，供技术人员进行分析研究。

3.10.5 建设 CIPS 的基本步骤

资料表明，DCS 系统在 CIPS 中的投资达 70% 左右，而效益却仅为 15%，与此相反，ROM 仅需总投资的 20%，而效益却有 80% 之大。这充分说明了综合集成在连续化工生产过程中的重要意义，也反过来说明了 CIPS 建设的现实性和巨大的经济性。化工企业建设 CIPS 可以大致按以下步骤实施：

① 建立将企业管理、财务、采购及销售等功能充分集成的管理信息系统；
② 完善 DCS 控制系统，对关键及瓶颈工段实施高级控制；
③ 建立整个企业的 ROM 系统；
④ 建立整个企业的故障预测、诊断及处理系统；
⑤ 综合集成企业生产过程中的计划管理、生产调度、运行操作、过程控制及质量保证、经营决策等诸多功能，以实现生产过程安全、平稳和优化。

3.11 办公自动化系统(OA)

3.11.1 办公自动化的定义

20 世纪 70 年代中后期，由于企业管理精细化程度提高，导致办公业务量剧增，降低了企业效率。在此情况下，办公自动化(Office Automation，OA)系统应运而生。OA 系统利用现代信息技术，特别是网络、计算机以及各种外围设备，以各种媒体形式传输信息和处理信息，达到提高工作效率的目的。OA 与 MIS、DSS 相比较少应用管理模型，强调自动化办公设备的使用。OA 的知识领域覆盖了行为科学、管理科学、社会学、系统工程学等学科，体现了多学科的交叉性，是企业管理现代化的标志之一。OA 有如下特点：

① 面向非结构化的办公业务需求；
② 工作对象是事务处理；
③ 强调即席的工作方式。

3.11.2 OA 的基本功能和支撑技术

为满足办公业务处理的需要，OA 具有以下的基本功能：完善的文字处理功能、较强的数据处理功能、语音处理功能、图像处理功能、通信功能等。图 3.24 是一个基本的 OA 系统结构图。

办公自动化的支撑技术有：计算机技术、通信技术、自动化技术、软件技术、数据库技术等。

其中的硬件系统包括计算机、网络、通信线路和终端设备。终端设备专门负责信息采集和发送，如打字机、显示器、绘图仪等。OA 软件包括系统支撑软件、OA 通用软件和 OA 专用软件。其中系统支撑软件是维护计算机运行和管理计算机资源的软件，如 Windows 操作系统，OA 通用软件是指可以商品化大众化的办公应用软件，如 Word、Excel、Notes 等。OA 专用软件是指面向特定单位有针对性地开发的办公应用软件。

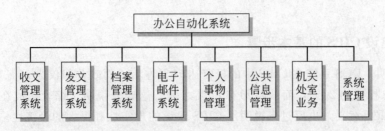

图 3.24　办公自动化结构示意

OA 系统的关键应用技术包括以下几种。

① 基于工作流的建模技术：工作流（Workflow）就是按规定执行的业务过程的全部或部分，表现为参与者对文件或任务按照要求采取行动，并保证信息在参与者之间传递。工作流技术的应用领域常为文档管理、电子邮件和基于作业流程的应用等。工作流模式管理适用于企业办公业务。

② 系统安全技术：办公自动化系统必须要有极高的安全性，为了保证办公自动化系统的安全，除了建立企业健全的管理制度外，还包括有多层防范体系的网络安全和应用安全。

③ 系统集成技术：通过系统集成技术实现 OA 系统与 DSS、ERP 等应用程序有效结合。OA 系统一般通过后台数据库与 ERP 等系统进行连接，OA 系统承担公文流转任务，而流转结束后的执行、查询、统计等功能则由 ERP 等其他系统完成。

④ 工作流程的动态管理技术：包括工作流程的可配置技术、工作流程的监控技术和工作流程的串接技术，其核心是根据特定的工作要求，自动地动态设定作业模式和作业流程，并可对作业全过程的信息进行追溯。

3.11.3　实例：一套典型的化学工业企业办公自动化系统

> 某大型石油化工企业，随着业务规模日益扩大，迫切需要各类信息资源能在整个集团内高效率传达，并在 DCS、ERP 之外，加强对非结构化信息的管理和控制，同时实现和结构化信息的有效集成。为此该企业实施了办公自动化系统。
>
> 办公自动化的核心是公文处理自动化，公文处理主要有收文管理、发文管理、档案管理三个部分，加上相应的流转过程及个人事物等辅助功能组成。
>
> ① 收文处理：收文系统负责管理文件收取，功能包括公文录入、拟办、批示、分发、传阅、承办和协办、催办和督办、归档、查询、监控、统计等。
>
> ② 发文处理：发文处理采用消息传递和工作流技术，用户设定了公文处理流程后 OA 系统会自动按流程分发并流转文件。系统可以实现的作业类型包括代上级草拟发文、自行发文、签报、简报、传阅、简函等。实现的功能包括文稿输入登记、送审、审稿、会签、核稿、签发、成文、打印、加盖电子印章、封发、内发、自动编号、自动归档、查询和通过报表的形式对处理文件进行分类统计。
>
> ③ 档案管理系统：收、发文系统处理完毕的文件自动转入档案管理系统进行归档、立卷处理。
>
> ④ 个人事物处理系统：实现个人日常事物的安排、管理，如个人名片管理、工作日程安排、重大事情提醒等。

⑤ 系统管理：根据办公自动化系统使用部门和人员变化等情况进行用户管理和流程结点设置。

⑥ 公共信息管理：实现包括会议、车辆、规章制度、法律法规等公共信息的收集、发布和管理。

⑦ 机关各处室业务：主要是针对机关各处室本身的业务的管理，实现与各个业务系统的集合，如生产处的工艺月报、调度计划、机动工程处的检修计划、工程计划的管理等。

⑧ 电子邮件系统：电子邮件信箱是 OA 系统的门户，利用电子邮件系统可完成对公文及其他类型文件的传送、接受和下载等功能。

企业实施办公自动化的经验表明：在 CIPS 环境下的化工企业办公自动化系统，不是孤立的，在其设计与实施中，要从整体和集成的角度去考虑，特别应融入知识体系，将信息处理、业务流程和知识管理融为一体，将现有的"决策支持系统"推进到更高级的"决策智能管理"。

3.12 电子商务(EC)

3.12.1 电子商务的定义

电子商务有多种不同的表述，较通行的定义是国际商会于 1997 年 11 月在巴黎举行的世界电子商务会议上(The World Business Agenda for Electronic Commerce)，专家们对电子商务概念给出的阐述：电子商务(Electronic Commerce，EC)是指整个贸易过程中各阶段的贸易活动的电子化。即交易各方以电子交易方式而不是通过当面交换或直接面谈方式进行的任何形式的商业交易。电子商务是一种多技术集合体，包括交换数据(如电子数据交换、电子邮件)、获得数据(共享数据库、电子公告牌)以及自动捕获数据(条形码)等。电子商务的业务过程包括：信息交换、售前售后服务(提供产品和服务的细节、产品使用技术指南、回答顾客意见)、交付、电子支付(使用电子资金转账、信用卡、电子支票、电子现金)、运输(包括商品的发送管理和运输跟踪，以及可以电子化传送的产品的实际发送)、组建虚拟企业(组建一个物理上不存在的企业，集中一批独立的中小公司的权限，提供比任何单独公司多得多的产品和服务)、公司和贸易伙伴可以共同拥有和运营共享的商业方法等。

3.12.2 电子商务的发展历程

传统商业中信息处理和信息传递主要通过手工方式完成，随着信息量剧增，用手工方式处理商业往来业务，效率低下且容易出错，需要一种更便捷、更快速的方式来替代。20世纪 70 年代美国银行家协会提出了无纸金融信息传递的行业标准，美国运输数据协调委员会(TDCC)也发表了第一个 EDI 标准，开始了美国商务信息的电子交换，形式从最初的电话、电报，发展到电子邮件。其后联合国在 20 世纪 80 年代公布了 EDI 运作标准 UN/EDIFACT(United Nations Rules for Electronic Data Interchange for Administration,

Commerce and Transport），并于 1990 年由国际标准化组织正式接受为国际标准 IDO9735。随着这一系列 EDI 标准推出，人们开始通过网络进行诸如产品交换、订购等活动，基于 EDI 的电子商务活动也得到广泛认可并推广。

进入 20 世纪 90 年代后，互联网技术推动了电子商务发展，使其成为一种崭新的商业模式，对商业渠道、商业价值进行了重新定义，并完成高效整合。目前电子商务可提供网上交易服务和全过程管理服务，具有广告宣传、咨询洽谈、网上定购、网上支付、电子账户、服务传递、物流、意见反馈、交易管理等各项功能。21 世纪以来，基于移动智能终端的电子商务也得到了飞速发展，至今电子商务交易额已占社会总交易额 20% 以上。

3.12.3　八种电子商务模型

目前有八种电子商务模式，每一种模式都有其独特的运营方式、价值创造过程和盈利方式。

① 内容提供者：以互联网为平台向用户提供内容服务，如新闻、数字产品和服务等。如美国 AccuWeather 公司经营着世界上最大的商业气象服务，它通过网站等媒介向公众公布准确而实用的气象信息。

② 直接面向用户：无需任何中介，直接向用户提供产品或者服务。如美国 Dell 公司通过"网上直销"的电子商务新模式完成计算机定制、结算等业务，并通过物流将装配好的计算机直接发送给用户。这种模式现在已衍生出企业对企业(B2B)、企业对消费者(B2C)、个人对消费者(C2C)、线上对线下(O2O)，以及门店在线(O2P)等多种模式。

③ 全程服务提供者：在一个领域内直接为用户提供全程服务。如 Prudential Advisor 公司，它是为金融领域提供全程服务的一家公司，其目标是整合、利用来自于各个方面的资源，为证券公司提供全方位和全领域服务，包括现金管理、投资、财务咨询、研究、历史执行信息收集分析、中介商、互助资金等金融服务。

④ 中介服务提供者：通过集中信息把"买家"和"卖家"集合起来进行交易。目前在互联网上有很多这种类型的网站，不管是对企业还是对顾客，他们都是一种中介——链接买家和卖家的中介机构，如搜房网、携程网等。

⑤ 共享基础设施：通过共享公共的信息基础设施，把行业内的多家企业联合起来进行合作。如通用、福特、克莱斯勒三大汽车公司巨头联合建立的 Covisint 电子市场的采购共同体，通过此平台企业获得了对供应商的议价优势。

⑥ 价值网集成：通过收集、合成和分配信息，协调价值网内的各项活动。如日本的 7/11(Seven-Eleven)建立了强大信息系统来整合价值链各个环节，但是它自己却不专有价值链中包括仓库、制造商和门店等任何环节，企业完全通过信息平台来管理现代物流和市场经营，最终集成并提升价值链。

⑦ 虚拟社区：如同建设一个市场，将里面的基础设施建设好，接受不同的商户入住，他们可以来自不同的行业，各自做不同的事情，各自为不同的客户提供服务，如京东、淘宝网等。

⑧ 整体企业：把企业的各种信息系统进行合并，为用户提供一个企业级的信息平台，实现企业信息化和企业电子商务。

3.12.4　电子商务平台功能

电子商务平台主要有三个 portal(门户)，即 Information Portal、Exchange Portal 和

Business Portal。Information Portal 为客户提供产品、业务介绍、售后服务咨询，以及新产品推荐，发布促销信息等。Exchange Portal 客户和供应商在网上下订单，并进行订单查询及追踪。Exchange Portal 提供结算、物流以及售后服务等功能。

电子商务平台采用工作流管理方式，具有强烈的个性化服务特色。支持货到付款、信用额度付款、网上支付、预付款等多种付款方式。另外电子商务的高效率也是重要优势之一，目前网上订单到完成交互的完整交易时间可以缩短到 0 个工作日。

电子商务平台可以根据客户基本信息库和渠道管理者设置的业务规则，自动地把系统中与客户最相关的内容分发给客户。系统利用现有的资源，并通过与其他资源的互换整合，实现销售、订单和供应链的统一管理，既保护了投资者利益，又有效地控制了运作成本。电子商务平台的功能遵循以下原则：

① 以客户服务为中心；
② 持续的业务创新能力；
③ 集中的业务资源和管理；
④ 多样化的业务通道和分布能力。

电子商务平台包括以下几大功能模块。

① 会员服务中心：提供电子交易的会员注册、定制信息服务、角色定制服务以及会员的账单管理。
② 信息服务中心：包含产品或服务信息的接收和发布两个层面。接收上级信息源的产品信息、查询行业信息、动态行业分析数据等，并将信息向客户发布。
③ 交易服务中心：由销售订单业务、交易结算业务、交易状态查询、物流追踪等组成，这是电子商务平台的核心业务流程，严格按照分级管理，照顾各用户级应得的利益。
④ 分析服务中心：所有的交易记录、产品信息、行业数据信息均可按各种组合进行分析统计，并生成报表。目前，交易信息的大数据技术正在迅速发展。
⑤ 后台管理中心：用户权限设置。
⑥ 帮助中心：系统帮助中心包括文字信息帮助、在线电子助手等。

3.12.5 化工行业电子商务主要应用模式

目前化工行业实施电子商务的主要方式是：企业网站、第三方交易平台和国际联合体。

(1) 企业网站

由于化学产品大部分是标准化产品，产品质量规格数据完善，产品交易量大，物流以一对多、多对多、多对一等各种形式进行，所以，大中型化工企业在开展电子商务时，往往第一步是建立起自己的企业门户网站。这种门户网站除了提供产品目录、发布信息之外，还具有网上在线订货、实现安全交易等功能。例如，德国拜尔公司通过自己的 BayerOne 网站与客户开展业务往来，除订货外，还可以完成发货跟踪、查询原料安全数据单(MSDS)、化学证明(COAS)、购买历史记录等采购过程。Dow 化学公司有 My Account @ Dow，伊斯曼化学有 www.eastman.com 等。我国各大石化公司也建立了自己的电子商务门户网站，均可为客户提供交易服务功能。

(2) 第三方交易平台(又称独立电子商务交易网站)

全世界已涌现 60 多个专门做化工产品交易的网站，还有进一步增加的趋势。除了部分网站有大型石化制造公司注入资金外，基本上是自负盈亏的独立运营商。化工产品第三方交易平台有四种类型：

① 交易厅型（主要是商品交易平台），如 CheMatch、ChemConnect 和 e-Chemicals 等；

② 目录型（主要提供产品及服务信息清单），如 ChemNet、ChemExpo、PlasticsNet、i2ichemicals 和 yet2.com 等；

③ 支持电子采购、拍卖和电子销售的经纪人型，如 Chemdex、SciQuest 等；

④ 社区型（是垂直行业网络的一部分，提供信息、新闻和独立咨询业务），如 Chemical Online。

(3) 国际联合体

从 1999 年以来，一些主要的传统化学/石化制造商就在酝酿如何面对电子商务浪潮的挑战，办法之一就是联合起来共同创造电子市场。

Envera：由 Ethyl 公司牵头组织 22 家公司共创的联合体。这是为所有成员设计的全球性真正意义上的 B2B 交易市场，与全球金融机构、物流公司和其他参与者相连接，从跨国石油公司到客户、供应商，包括分销商、零售商等均可通过这个网站获得信息指南并进行交易联络等，因此它们自称是"B4B"（Business For Business）。

Omnexus：由 5 家大型石化公司发起的联合体网站，目标是为塑料模注制品商提供产品及服务。

本章具体要求

1. 了解化工企业管理信息化的历史和未来发展趋势。
2. 了解化工企业各业务环节信息系统的功能架构、特点和技术基础。
3. 了解电子商务的概念、基本形式及化工行业的电商类型。

● **思考题**

3-1 管理信息系统的构成与主要特点是什么？

3-2 物料需求计划的处理逻辑是什么？

3-3 产品数据管理的基本概念及其在化工企业中的应用。

3-4 CIMS 在化学工业中如何进行结构分级？

3-5 客户关系管理应用的主要作用有哪些？

3-6 决策支持系统的构成和主要特点是什么？

3-7 计算机集成质量管理系统有哪些功能？

3-8 化学工业企业知识管理涵盖哪些方面的内容？

3-9 知识库系统的基本结构与运行机制是什么？

3-10 办公自动化包含哪些功能？

3-11 化工行业电子商务主要应用模式有哪些？电子商务的主要功能有哪些？

第 4 章

企业资源计划系统

> **本章内容提示**
> 1. 企业资源计划(ERP)的基本概念及理论基础
> 2. 化学工业企业的计划体系
> 3. 化工企业 ERP 的功能体系

企业信息化建设进入高级阶段的标志之一是建设企业核心的业务管理和应用系统,企业资源计划系统(Enterprise Resources Planning,ERP)是其中最有代表性的。ERP 是一种科学管理思想的计算机实现,它通常由产品研发和设计、作业控制、生产计划、原材料采购、市场营销、销售业务、库存、财务和人事等方面的相应模块组成,采取集成优化的方式进行管理。

4.1 企业资源计划（ERP）理论的形成

供应链(Supply Chain)是 ERP 的理论基础。理解 ERP 首先要理解供应链和信息集成。

4.1.1 供应链

任何制造过程都由客户或市场需求发起,经购进原料,加工制造,再以商品的形式销售给客户,并提供售后服务。物料从供方开始,沿着原材料、在制品、半成品、成品、商品等环节向需方移动,同时还伴随着信息流动,这就构成了供应链。供应链上的每个环节都存在"需方"与"供方"的对应关系,因此信息也分需求信息和供给信息,其中前者从"需方"向"供方"流动,如预测、销售合同、生产计划、物料需求计划、生产指令、采购订单等,而由"需求"引发的供给信息则同物料一起沿着供应链从"供方"流向"需方",如收货入库单、完工报告、可供销售量、提货发运单等。供应链的原理如图 4.1 所示。

供应链中的物料都有价值,因此供应链也是资金链。一般而言物料在供应链的移动是价值或附加值不断增值的过程,因此供应链也有增值链(Value-added Chain)的含义。ERP 从供应链管理出发,着眼于供应链上物料的增值过程。

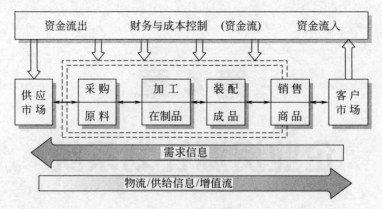

图 4.1　供应链原理

4.1.2　ERP 概念

ERP 是由美国著名的计算机技术咨询和评估集团 Garter Group Inc. 提出的，它将企业的业务流程看作是一个紧密连接的供应链系统，并划分成几个协同作业的支持子系统，如财务、市场营销、生产制造、质量控制、服务、工程技术等。ERP 最初只是一种基于企业内部"供应链"的管理思想，随着应用的深入，"供应链"思想从企业内部发展到了全产业链甚至跨行业。ERP 管理范围亦相应地由企业内部拓展到整个产业链范围，对象包括原料供应、生产加工、物流配送、产品流通以及最终消费者，因此 ERP 不再只是一个管理思想。对 ERP 的概念可以从管理思想、软件产品和管理系统三个层次理解：

① ERP 是一整套关于企业管理的体系标准，是在制造资源计划 MRPⅡ基础上进一步发展而成的面向供应链的管理思想；

② ERP 综合应用了计算机技术、关系数据库、面向对象技术、图形用户界面、第四代语言(4GL)、网络通讯等信息技术成果，是以 ERP 管理思想为灵魂的软件产品；

③ ERP 是将企业管理理念、业务流程、企业组织与人力资源、数据采集分析、信息技术整合为一体的企业资源管理系统。

ERP 的概念层次可如图 4.2 所示。理解"企业资源计划"(ERP)，首先要明确什么是"企业资源"。简单地说，"企业资源"是指支持企业业务运作和战略运作的事物，也就是常说的"人"、"财"、"物"。据此可以认为，ERP 是一个有效地组织、计划和实施企业"人"、"财"、"物"管理的系统，它依靠信息技术和手段保证信息的集成性、实时性和统一性。

理解化工行业 ERP 概念还必须认识到以下几点。

(1) MRP 是 ERP 的核心功能

化学工业企业的生产经营活动普遍围绕着产品开展，化工企业的物料需求计划 MRP 是从产品工艺定额出发，实现原料信息的集成，并反映工序、设备和加工周期等指标。

(2) MRPⅡ是 ERP 的重要组成部分

MRP 解决了企业物料供需信息集成，但没有说明企业经营效益。MRPⅡ则清晰地反映出企业"物料计划"体系带来的效益，实现物料信息与资金信息集成。

(3) ERP 是一个高度集成的信息系统

ERP 继承 MRPⅡ，涵盖企业制造、供销和财务三大业务领域，同时对其外延进行了

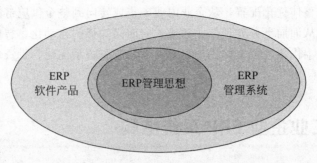

图 4.2　ERP 概念层次

扩展,增加了人力资源、智能商务、质量管理、知识管理等环节。因此从信息集成的角度来看,从 MRP 到 MRP Ⅱ 再到 ERP,揭示了化工企业信息集成在不断地扩展和深化。

4.1.3　ERP 的管理思想

ERP 管理思想的核心是实现对整个供应链和企业内部业务流程的有效管理,主要体现在以下方面。

(1)对整个供应链进行管理的思想

企业的生产经营与供应链的各个参与者都有紧密联系,企业必须将供应商、设备制造商、分销商和客户纳入一个衔接紧密的价值链中,这样才能合理、有效地安排企业的经营活动,满足企业利用一切有益资源进行生产经营的需求,以期进一步提高效率并赢得市场竞争优势。图 4.3 反应了供应链资金与信息流动的结构。

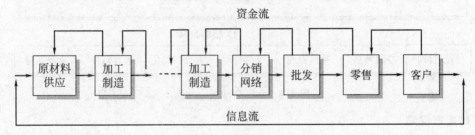

图 4.3　企业价值链

(2)精益生产、同步工程和敏捷制造的思想

ERP 支持混合型化工生产组织形式,其管理思想体现在两个方面:一是"精益生产",即企业将客户、销售商、供应商等纳入生产体系内形成利益共享的合作关系;二是"敏捷制造",企业依据任务要求,组织由特定研发单位、生产单元、供应商和销售渠道组成的短期或一次性的供应链,形成"虚拟工厂",运用"同步工程"(Simultaneous Engineering,SE),用最短时间完成产品开发、生产及销售,保证产品的高质量、多样化和灵活性。

(3)事先计划和事中控制的思想

ERP 的计划体系包括:主生产计划、物料需求计划、能力计划、采购计划、销售执行计划、利润计划、财务预算和人力资源计划等,这些计划的制定和执行监控功能完全集成到供应链管理之中,形成计划制定、监控和考核的封闭系统。

(4)追求整体最优化管理思想

互联网信息的共享性和交互性改变了企业运营的商业环境,企业必须从只注重内部资源转向到内外资源整体优化配置,从企业内业务集成转向到整个供应链的业务协同。企业信息化平台也随之从面向事务处理的业务模式向面向知识的自动化、智能化模式发展,实现供应链优化、成本优化、资本优化、客户关系和股东关系优化、投资增值、人员设备及资源优化等。

4.2 化学工业企业 ERP 系统结构

4.2.1 化工企业基本业务划分

化学工业企业属于流程型行业,是由物料流、能量流、信息流、人工流、资金流等联结起来的众多组元的集合,其结构具有多层次、多尺度和不确定性的特点。对流程型企业来说,保证工艺流程稳定、满负荷生产是降低产品消耗、降低成本的前提和关键,也是企业安全生产、环境保护的需要,因此生产计划、调度、实时监控具有十分重要的地位。化工企业可以将其核心业务划分成四个大的部分:生产运行、生产保障、经营管理以及基于上述三项业务基础之上的行政与辅助决策,如图4.4所示。

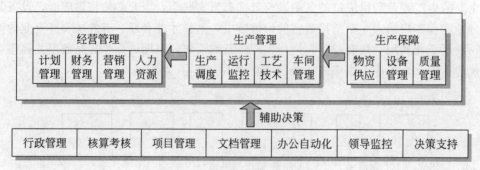

图4.4 化工企业核心业务

(1) 生产保障

生产保障是保证生产正常稳定运行的业务与管理体系,是化工企业核心的管理环节之一,包括物资供应、设备管理和质量管理等。

① 物资供应管理
- 物资需求与采购供应
- 物资仓储与配送

② 设备管理
- 设备台账管理,包括设备、功能位置、故障树、技术参数等
- 设备工艺管理,包括运行分析、能力评估、技术改造更新等
- 预防性维修管理,包括大、中、小修管理、定期点检、日常维护等
- 故障检修管理,包括异动监控、故障诊断、标准维修作业、故障消除等
- 维修资源管理,包括工装工具、技术工种、服务承包商等

③ 质量管理
- 质量认证体系
- 质量标准管理,包括质量计划、质量标准等

- 质量监控，全流程的质量检验与反馈、质量追溯等

(2) 生产运行
- 生产调度管理，包括生产计划、生产调度、作业计划
- 能力平衡与排产
- 工艺控制点实时信息
- 生产综合动态信息管理与分析评估
- 生产工艺技术管理
- 能源综合管理
- 天然气、水、电、汽计量与调配
- 健康、安全、环境监督管理
- 车间作业信息

(3) 经营管理
- 财务管理
- 企业综合计划管理
- 营销管理，包括市场业务管理、客户资源管理（CRM）

(4) 行政与辅助决策
- 党、政、工、团业务
- 人力资源管理及 KPI 考核
- 项目管理，包括科技发展项目与工程建设项目
- 文件档案管理
- 科学决策

4.2.2 化工企业的 ERP 核心技术

化学工业企业实施 ERP 包含硬件技术和软件技术两大部分。硬件技术是传统意义上的过程系统技术，如过程分析（过程建模与模拟）、过程综合和过程控制，包括从设计、运行到控制各个环节的技术，通过物流、能量流和信息流，将反应、分离、传递、能量转换等单元设备联结起来。软件技术系统则是指生产计划调度、企业管理、经营决策、市场营销等方面的技术，通过上述物流、能量流、信息流及人工流、资金流，将单元操作过程和采购、运输、销售、财务、人事等各种管理过程联结起来，如图 4.5 所示。

从化学工业信息化技术结构来看，化学工业企业的经营决策活动主要体现在生产运行、市场营销和经营决策三个层面，因此化学工业企业实施 ERP 需充分利用现代信息技术，落实对整个供应链进行科学管理的思想理念，重点是以下几个方面。

① 基于 Internet，建立虚拟企业（Virtual Cooperation）实现产、供、销过程的数字化模拟，达成决策的科学性。

② 建立在实时信息分析优化基础上的，柔性和可重构的过程系统。

③ 在信息化基础上建立敏捷的、并行的组织管理与技术支持机构，确定新型的化学工业管理形态。

化学工业企业的业务流程、信息加工、决策支持和数据构造等方面都有自身显著的特点，构建化学工业 ERP 系统架构必须结合其特点，并综合管理科学、化学工艺学、化学工程学、计算机应用科学等学科领域的相关知识，列举若干难点如下。

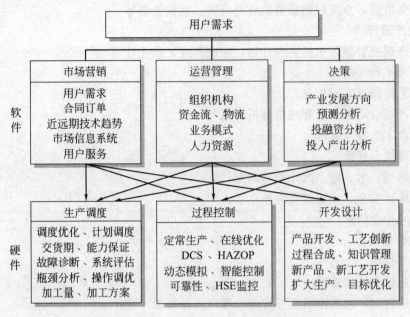

图 4.5 化学工业企业信息化技术结构图

(1) 特定对象的知识表达模式与统一的信息平台

化学工业企业 ERP 系统涵盖设计、运行、管理、营销、投资等业务环节,不同的领域遵循着不同的规律与法则。ERP 系统建立知识模型时不仅要将它们集成形成统一的业务支撑平台,也应体现其业务特异性。

(2) 多目标评价模型

化工企业的评价模型不仅仅是关注某几个具体的经济指标的优劣,更应当建立起综合自然资源、环境保护和可持续发展等全方位的评价模型。

(3) 基于供应链的资源综合优化模型

化工企业确定生产经营战略应突破企业自身的局限,积极融入到供应链全面的竞争与整合中,ERP 的信息综合范围势必跨企业,跨行业。

(4) 超复杂物系的 BOM 结构

化工行业中,化学反应、分离过程、质量规格、副产品等多种因素使其 BOM(工艺定额)结构与其他行业相比变得更加复杂,解决好 BOM 结构是 ERP 实施的基础,事关成本核算与工艺优化。

(5) 面向 Internet 在线评价的动态模型

Internet 实现了企业快捷的信息传递,是企业参与全球化市场的桥梁,但信息获知仅仅是第一步,更重要的是准确的信息甄别与正确的决策。建设 ERP 系统需建立能动态反映企业资源与市场需求的平衡关系模型。

(6) 建立制造过程与决策的数字化桥梁——过程模拟

化学生产遵循典型的连续性过程规律,ERP 系统应建立起基于反应动力学、热力学、传递过程等化学工程基本理论的过程模拟模型,作为过程控制优化和决策支持的基础。

(7) 过程系统可靠性经济评价模型

化工企业的实践证明,生产装置运行可靠性显著影响着企业生产经营效益,如何从装置运行的实时数据中挖掘信息,建立关联装置运行状态与企业经营效益的经济评价模型是

ERP 提供决策支持的重要依据。

(8) 物料平衡与能量平衡模型

化工生产的质量守恒有着不同于其他行业的特点,物料衡算时经常以某一组分或某一基团的含量为技术进行,如在磷酸盐工业中常用 P_2O_5 含量表征原料、在制品和成品量。能量平衡模型是化工企业特有的模型,生产的高能耗特点使能量成为制约生产能力的关键因素,因此在供货能力评价模型中能量模型必不可少。

4.2.3 化工企业的 ERP 系统基本结构

化学工业企业构造 ERP 系统,应充分研究企业自身的特点,选配合适的功能结构,在满足业务需要的同时,还应充分体现 ERP 系统面向供应链全程的信息集成性,这是 ERP 与传统管理系统的主要区别,为此应做到以下几点:

① 信息必须规范化,有统一的名称、明确的定义和标准的格式,信息之间的关系也必须明确定义;

② 信息处理必须规范化,同时要保证信息的及时性、准确性和完整性;

③ 信息集成要面向供应链所有环节,涵盖历史的、当前的和未来预期的全部信息;

④ 为各种信息建立统一的数据库,为所有人员共享,又有使用权限和安全保密措施。

ERP 系统的信息集成不是简单的数量叠加,它将推动企业管理水平和人员素质发生根本性变化,化工企业 ERP 系统的基本结构如图 4.6 所示。

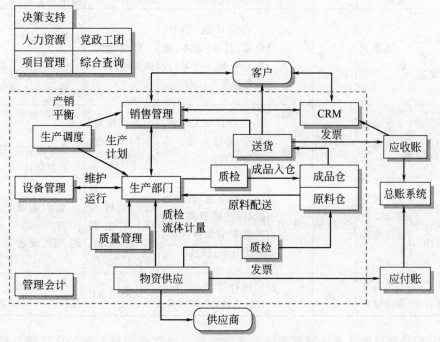

图 4.6 化工企业的 ERP 系统基本结构

一般而言,化工企业的 ERP 系统应包括以下子系统:

系统控制	营销管理	产品管理	工艺管理
设备管理	生产计划	物料需求计划	能力需求计划
资金需求计划	车间作业管理	质量管理	计量管理

采购管理	库存管理	成本管理	应收账
应付账	固定资产管理	总账管理	人力资源管理
工资管理	实时数据接口	决策支持等	

4.3 ERP 计划层次

化工企业，特别是重化工企业，计划是驱动企业业务最重要的体系。一般而言，ERP 有五个计划层次，即经营规划、销售与运作规划（生产规划）、主生产计划、物料需求计划、车间作业控制（或生产作业控制），见表 4.1。

表 4.1 ERP 计划层次

阶段性质	计划层次 ERP	对应习惯叫法	计划期	计划时段	主要计划内容	主要编制依据	能力计划	编制主持人
宏观计划	经营规划	五年计划、长远规划	3~5年	年	产品开发、销售收入、利润、经营方针、基建技改措施	市场分析、市场预测、技术发展	关键原料、资金、能源、技术等资源	董事会、最高领导
宏观计划	销售与运作规划	年度大纲	1~3年	月	产品计划（品种、质量、数量、成本、价格），平衡月产量，控制库存量及应收款	经营规划、销售预测	资源需求计划（设备产能、工时、流动资金、关键材料）	企业最高领导
宏观计划	主生产计划 MPS	集中由厂级部门制定，计划期根据生产周期确定，计划近细远粗	3~18周	近期：周、日 远期：月、季	生产计划（品种、数量、进度），独立需求型物料计划	生产规划、合同、预测、售后服务	粗能力计划 关键设备 关键材料	生产主管
微观计划	物料需求计划 MRP	集中由厂级部门制定，计划期根据生产周期确定，计划近细远粗	3~18周	周、日	原料定额（自制半成品、外购原料）、相关需求型物料计划、确定订单优先级	主生产计划、物料清单、工艺路线、提前期、库存信息	能力需求计划设备产能、线性规划	主生产计划员
微观计划	生产作业控制	车间作业计划	1周	日	执行计划、确定工序优先级、调度、结算	MRP、CRP	投入/产出控制	车间计划调度员

ERP 的计划层次体现计划管理由宏观到微观、由战略到战术的深化过程，对市场需求预测成分较重的阶段计划内容较粗，计划跨度也较长，一旦进入需求比较具体的阶段计划内容就比较详细，跨度也较短。制定计划必须符合客观实际，必须是可行的，任何一个计划层次都包括需求计划和能力计划两个方面，要回答以下三个问题：

① 需求量多少？生产什么？生产多少？何时完成？

② 供给量多少？企业分时段能提供多少资源量？包括原料、能耗、工时、产能、资金等。

③ 需求与供给是否平衡？有无矛盾？如何协调？

换句话说，每一个层次都要处理好需求与供给的矛盾，做到计划既可行又不偏离经营目标。一般而言，上一层计划是下一层计划的依据，下层计划要符合上层计划的要求，企业遵循一个统一的计划，是 ERP 计划管理最基本的要求。

4.3.1 经营规划

化工企业制定计划从长远规划开始，这个战略规划层次在 ERP 系统中称为经营规划。经营规划立足于企业长远发展，确定企业的经营目标和策略，主要内容包括：

① 技术发展方向，产品、市场定位、地域分布、用户；
② 装置能力规划、技术改造、企业基本建设或扩建；
③ 销售收入与利润、资金筹措、资金利润率；
④ 员工培训及职工队伍建设。

企业经营目标通常是以金额来表达，这是企业的总体目标，是 ERP 系统其他各层计划的依据，其他各层次的计划是对经营规划进一步具体细化。

4.3.2 销售与运作规划

销售与运作规划是 ERP 系统的第二个计划层次，是为了实现企业经营规划而制定的产品生产及销售大纲，内容包括：

① 把经营规划中用货币表达的目标转换为用产品产量来表达；
② 制定合理的年计划、月计划，以便均衡地利用资源保证生产稳定；特别是化肥、农药等农资产品需协调好季节性需求与平稳生产之间的矛盾；
③ 制定资金筹措计划，控制应收账款规模及产成品库存量；
④ 作为编制主生产计划（MPS）的依据。

制定销售与运作规划要根据市场需求信息，同时考虑生产能力和资金等情况，销售与运作规划与各计划层次之间的关系如图 4.7 所示。

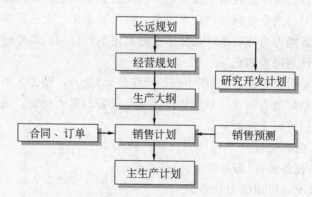

图 4.7　销售与运作规划与各计划层次之间的关系

与销售及运作规划同时制定的能力计划是资源需求计划（Resource Requirement Planning，RRP）。资源需求计划所指的资源是关键资源，如关键设备负荷、受市场供应能力或供应商生产能力限制的关键原材料、资金等。ERP 是分时段的计划，计算资源需求必须与生产规划采用一致的时间段，如月份，不能按全年简单计算。只有供应与需求平衡后的销售与运作规划才能作为制定下一个计划层次的依据。

4.3.3 主生产计划

主生产计划(MPS)在 ERP 系统中是一个重要的计划层次,它根据销售合同和市场预测,把销售与运作规划中的产品系列具体为产品品种、规格、数量等信息,使之成为展开 MRP 与 CRP 运算的主要依据,生产计划必须满足销售计划要求的交货期,并保有一定的应对市场变化的产能余量,同时主生产计划又能向销售部门提供生产进度和库存信息,以此作为同客户洽商的依据。图 4.8 反映了主生产计划的作用。

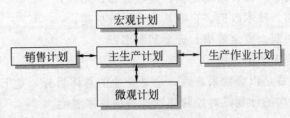

图 4.8　主生产计划的作用

化工行业由于生产的连续性,销售规划不一定与生产计划完全一致。例如,农药、化肥行业的销售规划要反映季节性需求,而生产计划则要考虑生产的均衡性、稳定性。同时对于多数基础化工原料的生产企业,实行的是以产定销、产销平衡的计划原则。化工企业强调主生产计划的重要意义还在于,化工企业的经济效益在相当程度上依赖于生产是否满负荷,所以生产计划往往成为企业经营管理的核心和基础。

4.3.4 能力需求计划

以装置型为主要特点的化工企业,生产能力是由生产流程中若干个核心设备决定的。生产能力不仅仅取决于设备大小、个数,更重要的是取决于生产工艺的控制、催化剂的活性、设备的负荷能力、生产监控的手段等,所以化工企业的生产能力难以在短期内通过技术改造、新生产线上马或企业间的协作来提高。因此制定化工企业需求计划不能忽略能力约束。事实上,装置能力与外购条件是化工企业制定生产计划的必要的边界条件。能力需求计划往往与生产计划同步制定。

能力需求计划的对象是设备(工作中心、操作单元)能力,随工艺条件、设备完好率等因素影响而变化,制定能力需求计划应依据各单元设备的最大负荷、系统综合能力、产品质量标准等要求,回答以下问题:

① 生产什么?何时交付?
② 工艺流程?设备负荷(即需用能力)是多少?
③ 装置设备状况,可用能力是多少?
④ 分时段的能力需求情况如何?

图 4.9 是能力计划逻辑图。能力计划平衡能力供需关系,审核、调整并最终输出可行的生产计划,但由于化工企业生产经营的复杂性,处理能力供给与需求的矛盾还是要靠计划人员的分析与判断,而流程模拟对确定能力瓶颈,寻找解决办法有重要的指导意义。

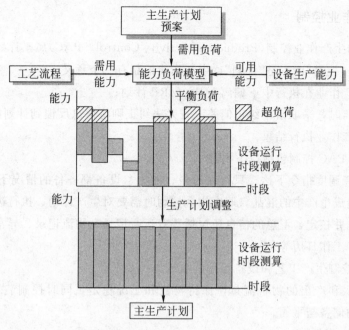

图 4.9　能力计划逻辑流程

4.3.5　物料需求计划

化工产品由原辅材料经化学或物理加工过程制得。如果把企业全部产品生产所需的原料、辅料、半成品汇合起来数量会很大，一种原料可能会用在几种产品上，不同产品对同一个物料的需用量不同，产品及原料有不同的有效含量、质量标准，原料的供给方式多样，包括管线输送、露天堆场、固定仓储等，计量方法各不相同，供应商也存在差异。要使原料既能满足生产要求又不过量占用库存资金，还要按成本最低原则安排合理的生产批量，靠手工是不可能进行如此大量数据运算的，这也是手工管理难以解决物料短缺和库存量过大的症结所在。化学工业企业编制 MRP 除说明每种物料的需求量外，还要说明原料、在制品、半成品、成品的物料平衡关系，其中能量平衡关系也是不可少的，化工企业能量消耗常以多种方式表示，包括电、煤、蒸汽、循环水等。而物料需求计划（MRP）是主生产计划 MPS 的展开，它根据 MPS、工艺定额（BOM）和物料库存量自动计算出企业需要采购的原料量和中间品生产量。MRP 还按产品完工的先后顺序计算出全部中间品和采购原料的需求时间，并提出采购计划。MRP 的输入信息和处理问题见表 4.2。

表 4.2　MRP 处理的问题与所需信息

处理的问题	需要信息
1. 生产什么？生产多少？何时交货？	1. 产品品种、规格、数量、交货期
2. 要用到什么原料？	2. 准确的 BOM
3. 已有多少原料库存？	3. 准确的库存信息
• 原料已定货量？到货时间？	• 下达订单跟踪信息
• 原料已分配量？	• 配套领料单、提货单
4. 还缺什么？	4. 批量规则、安全库存、成品率
5. 下达订单的开始日期？	5. 提前期

4.3.6 生产作业控制

化学工业的生产作业控制(Production Activity Control,PAC)属于计划执行层次,因此对车间作业是"控制"而不是"计划"。生产作业控制有三个意义:

① 控制生产作业在执行中不偏离 MPS/MRP 计划;

② 出现偏离时,采取措施纠正偏差。若无法纠正则将信息反馈到计划层;

③ 报告生产作业执行结果。

具体说来,PAC 控制包括以下内容。

① 控制生产调度指令下达。只有在原料、能力、设备都齐备的情况下才下达生产调度指令,以免造成生产中的混乱。调度指令控制时需要对生产计划、执行进度、在产情况等系列报表汇总并核定,汇总的信息还包括装置运行记录、物流记录、异常警示、工艺指标、能力计划、工作日历等。

② 按标准控制生产工艺和设备运行参数等。

③ 控制投入和产出的物料流量,保持物流和工况稳定,同时控制装置能力、原料、半成品、成品的储备与平衡。

④ 控制质量与成本。

4.4 销售管理

销售管理的主要功能是为客户提供产品与服务,从而实现资金转化并获取利润,销售过程的信息处理流程如图 4.10 所示。

销售管理的主要功能如下。

① 进行市场销售预测。销售预测是企业制定销售计划和生产计划的重要依据。

② 编制销售计划。依市场预测、客户意向和企业生产情况,制定销售计划,计划内容包括销售品种、销售数量和销售价格等。

③ 制定针对客户的合理价格政策,建立长期稳定的销售渠道。

④ 根据客户需求及公司制度签订销售合同,合同签订时需参考生产计划、可供货周期、客户信誉等情况。

⑤ 按销售订单的交货期要求组织生产,销售预测、销售计划、销售合同和提货进度要求是主生产计划的需求来源。

⑥ 按合同规定发货并向客户催收销售货款,控制应收款规模。

⑦ 向客户提供服务,包括售前、售中和售后服务。

⑧ 进行销售与市场分析。

销售管理子系统与库存、成本、应收账管理和生产等子系统有紧密联系。概要地说,销售产品从成品库存中发出,销售成本及利润由成本会计核算,应收账款由应收账管理来结算,销售订单(合同)为生产提供各类产品的计划数据。销售管理子系统与其他子系统的关系如图 4.11 所示。

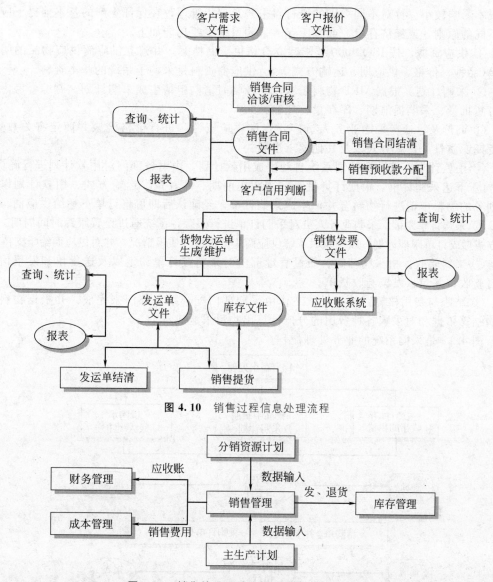

图 4.10 销售过程信息处理流程

图 4.11 销售管理子系统与其他子系统的关系

4.5 采购管理

  采购是企业经营中非常重要的业务类型,任何企业的生产与服务过程都离不开物资采购。石油、化工行业原材料成本占销售收入的 50%～80%,即使是占用最少原材料费用的制药行业其原料成本也占了近 30%,由此可见采购管理在化工企业管理中的分量。当然更重要的还包括采购业务必须适时、适量、适质与适价。降低材料成本与提高采购作业质量是企业重要的管理目标。
  一般化工企业按对生产影响程度将原材料分为大宗原料和普通原料,大宗原料种类少需要量大,对产品质量、成本影响显著。普通原料种类繁多,需要量小波动幅度大,对产品成本影响较小。针对不同类别的原材料采购及存货管理，在保证生产的基本前提下应采用不同的原则，或经济存量、或零库存。采购系统主要功能如下。

① 供应资源。按 ISO 9000 要求建立合格供应商档案，并建立供应商供应物品的明细清单（品种、价格、供应期、运输方式等）。供应商资料是采购子系统的基本资料。

② 采购计划。根据 MRP 物料需求计划及临时请购申请生成采购计划，并综合考虑物料订货批量、采购提前期、库存量、运输方式。

③ 询价及洽谈。采购业务人员广泛咨询供应资源，进行价格洽谈并商定有关数量、交货期、质量、付款方式以及其他要求事项。

④ 用款计划。按采购计划系统自动生成用款计划，由财务部门对用款计划进行确认。

⑤ 下达采购订单。根据订货批量、采购提前期、库存量、运输方式、用款计划以及计划外的物料申请进行物料合并，生成采购订单，经确认后即可将订单下达给供应商。

⑥ 采购订单跟催。采购业务人员对采购订单进行跟踪，系统通过设置跟踪时间周期、跟踪方式形成订单跟催计划，以便及时了解供应商生产进度及质量情况，并对供应商给予支持。

⑦ 来料验收。由采购部门、质量管理部门对来料按订单约定以及送货单和发票信息进行验收，并录入发票与收货单。

⑧ 结账与费用核算。结帐付款工作由采购部门配合财务部门来完成，并根据物料的采购结算单据和对采购各种费用的分摊计算出物料采购成本。

图 4.12 是采购系统的业务处理流程。

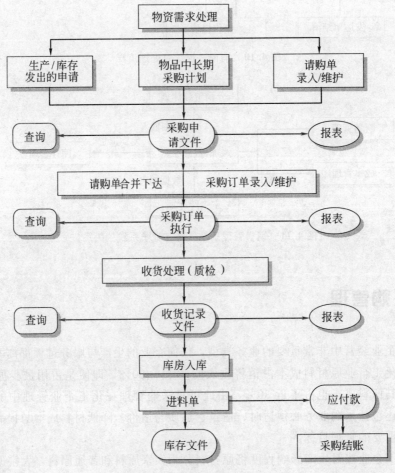

图 4.12 采购系统业务流程

采购子系统与物料需求计划、库存、应付账管理、成本管理等子系统有密切关系。由MRP、库存等需求产生采购需求信息，采购物料收货检验后入库，物料的采购成本计算和账款结算工作由成本与应付账子系统完成。图4.13显示了各系统之间的关系。

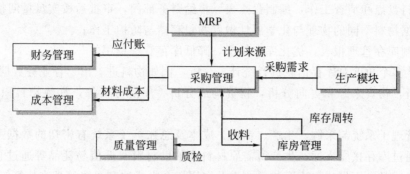

图 4.13 采购子系统与其他子系统的关系

4.6 库存管理

库存管理是企业物资管理的基本业务之一，是为了维持销售、稳定生产、平衡物流及资金使用，对计划、仓储和流通等环节进行的管理，包括物资接收、发放、仓储管理等业务。不同的物资类别有不同的库存管理策略，化工企业有如下几种库存分类方法：

① 按物资成型状态，分为原材料库存、半成品库存和产品库存；
② 按物资流通金额大小及对生产经营的影响程度，分为大宗物资与辅助物资；
③ 按库存物资形成原因，可分为安全库存、储备库存、在途库存和正常周转库存；
④ 按物品需求的相关性可分为独立需求库存与相关需求库存。

图4.14为库存业务流程图。

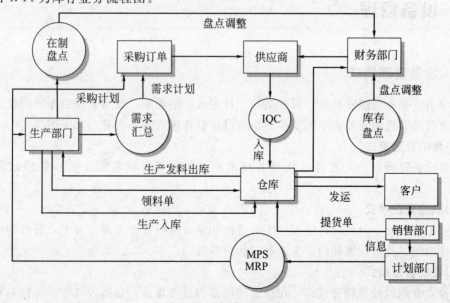

图 4.14 库存业务流程

库存管理系统的主要功能为：

① 对仓库的日常库存操作，如入库、出库、调拨等业务处理进行管理，并编制有关出、入单据，同时凭单记录库存账目；

② 物料盘点和清查工作，编制盘点表，报给财务部门，审批后按实盘量调整库存；

③ 根据物料不同的物理与化学属性做好物料存储与防护工作；

④ 编制库存管理报表，优化库存结构，降低库存管理费用。

系统从多个角度对库存信息进行统计、分析，例如物料进、出、存业务数据分析，资金占用分析，物资来源和去向分析，物资构成分析、库龄分析等，杜绝物料积压与短缺现象。

库存管理子系统与采购、生产、销售、成本及总账等子系统有密切的数据关联关系：采购物料通过库存接受入库；生产所需原材料和辅助材料、低值易耗品等通过仓库发放；销售产品由成品仓库发货；库存物料成本及占用资金由成本和总账管理来核算等。库存管理子系统与其他业务子系统的关系如图4.15所示。

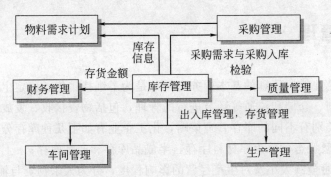

图4.15 库存管理子系统与其他业务子系统的关系

4.7 设备管理

4.7.1 设备管理模式

化学工业企业受经营规模、资产结构、技术水平的影响，设备管理有不同的模式，并随着企业管理思想的发展而不断变革。企业设备管理模式基本可分为以下四类。

(1)集中管理模式

设置设备管理部门，重点承担设备技术和维护管理，设备固定资产管理归属财务部门。

(2)职能管理模式

按照工艺设计、设备设计选型、工艺监控和设备运行管理等环节分类，管理职能分别划归设计部门、技术职能部门、生产部门和财务部门。

(3)现场管理模式

不设立专职的设备管理机构，在设备使用部门设管理员，负责设备生产运行、日常保养、检修等。

(4)外包服务模式

企业不设置维修维护部门及岗位，与社会专业化维修企业合作，通过第三方服务完成设备维修和定期点检。

目前，化工企业普遍存在着单纯强调技术管理的趋向，一味向设备要效益，造成设备长周期满（超）负荷运转，设备磨损得不到有效弥补，长期来看将给企业带来安全隐患。实现化工企业设备最优配置与管理是企业重要的管理目标，而实施基于知识的集成化设备管理则是一个重要途径。通过此途径，可以解决基于工艺参数、流程监控、过程控制、设备运行的能力平衡问题，建立工艺可靠性与设备可靠性评价相结合的评价体系，把设备管理全流程业务作为知识产生和发布对象，实现设备最佳运行状态。

4.7.2 基于知识的集成化设备管理系统模型

设备管理不是独立于生产管理、市场运营和企业决策之外单单作为技术或资产管理而存在的，它是由市场和生产过程协同并共同驱动的企业决策流的重要组成部分。设备管理有以下任务：

① 根据工艺参数和设备运行状况对设备进行优化配置；
② 根据设备状况对工艺参数进行合理的优化调整；
③ 根据设备运行的历史数据形成设备可靠性评价以及工艺可靠性评价体系；
④ 结合企业内外部设备资源情况，为工艺制定、设备配置优化、生产计划和能力平衡提供决策支持；
⑤ 设备资产管理及设备更新决策。

化工企业集成设备管理系统功能划分如图 4.16 所示，其最大的特点是设备静态管理与动态运行管理以及工艺参数管理集成一体。

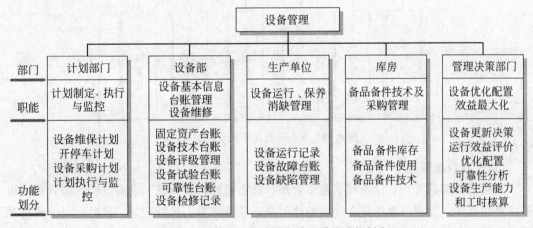

图 4.16 化工企业集成设备管理系统功能划分

实施化工企业设备管理系统，需要把握化工设备的能力构成和运行基本规律，把握设备产能是制定企业生产和销售计划刚性条件这一基本特征，平衡市场需求和装置产能，保证生产运行的稳定性、均衡性、满负荷率。当设备装置出现故障或工艺指标出现非正常偏差时，需快速完成故障定位、评估和分类，并提出适当的解决方案，将这一过程从单纯的经验判断、仪器监测，发展到基于智能化、程序化的自动化过程，是提高生产经营效益的有效方法，也是设备知识管理的关键任务。流程动态模拟是这一领域典型的技术应用，其知识模型涵盖设备机械性能、工艺参数、操作规范、润滑保养、生产能力、维护成本、效益评价等。图 4.17 是化工企业设备管理知识逻辑图。

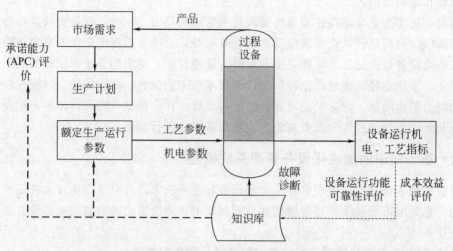

图 4.17　化工企业设备管理知识逻辑图

4.7.3　主要的功能及子系统描述

设备管理系统分为六个模块，如图 4.18 所示。

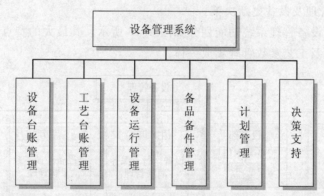

图 4.18　设备管理子系统功能结构

(1)设备台账管理

包括设备编码管理、设备技术台账管理、设备检修台账管理、设备试验台账管理、设备可靠性台账。设备可靠性是在设备检修记录、故障记录、运行记录、试验记录等数据基础上进行综合统计的可靠性计算过程。

(2)工艺管理

功能包括：工艺流程管理台账、工艺点的技术管理、日常工艺技术记录台账、工艺综合查询统计、工艺可靠性管理等。

(3)设备运行管理

功能包括：设备运行管理、设备故障台账、设备检修记录、设备缺陷、消缺管理、设备异动记录等。

(4) 设备备件管理模块

功能包括设备备品备件管理、备件技术资料管理、备品备件采购及库存管理、备品备件计划以及综合查询统计等。

(5) 计划管理

根据设备处理计划(报废处理、维修处理、更新处理、改造处理)以及设备备件计划，结合市场信息进行统计，产生未来预算方案，最终生成采购执行计划。实时跟踪日常开支和预算执行结果，以期达到有效的预算控制目的。

(6) 决策支持

① 对设备产量和运行时间、停车维修时间等数据进行统计核算，动态修正产能能力，保证生产计划的正确性和可行性。

② 根据设备平均故障周期等技术参数以及资金计划制定设备零备件库存定额标准，保证设备备件、零件采购计划合理性，避免库存积压。

③ 计算设备可靠性和工艺可靠性，对企业工艺流程以及设备组合进行优化配置。

4.8 财务管理

无论在 MRPⅡ或是在 ERP 中，财务管理始终是核心模块之一。会计和财务管理的对象是资金流，是运营效果和效率的衡量和表现。因而财务信息系统一直是企业实施 ERP 关注的重点，并随着企业外部经营环境和内部管理模式的不断变化，对财务管理功能提出了更高的要求，体现在：

① 对全球市场信息的快速反馈；
② 在降低各类经营成本和缩短产品进入市场的周期间寻求平衡；
③ 提高对企业内部其他部门和外部组织的财务管理水平；
④ 提供更丰富的战略性财务信息；
⑤ 更强的财务分析和决策支持能力。

ERP 中的会计和财务模块主要用于业务完成后财务信息收集和反映会计数据，系统的结构是面向任务和职能的，图 4.19 是财务管理系统结构图。

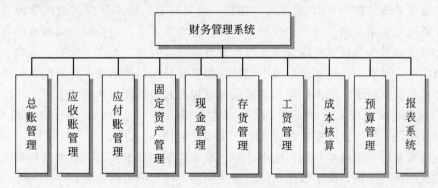

图 4.19 财务管理系统结构

财务系统的核心功能包括：

① 支持日常会计业务处理，分析财务预算与实际情况的差异并做出必要调整；

② 支持企业集团内不同类型企业的财务报表合并；

③ 按预算和成本计划，对费用和成本进行管控；

④ 现金管理模块与应收账款模块、应付账款模块和总账模块集成运行，并提供与银行的数据接口，支持多币种和自动银行对账功能；

⑤ 固定资产管理，系统能支持各种资产的折旧、重估、清理的会计处理和财务报表，为企业确定有利的资产管理策略提供服务；

⑥ 利用财务分析模块，对财务数据进行建模分析。例如，利用在线数据分析处理工具（OLAP）进行多种角度数据建模，将销售数据分别按照地区、产品类和销售员进行比较，并对影响销售的各因素，如价格进行敏感性建模分析，从而得到科学的决策。

随着企业全球化程度增加，以及电子商务等多样化经营形式出现，财务管理子系统完成了从事后财会信息反映，到基于财务管理的信息处理，再到多层次、在线、全球化财务管理支持的转变。这些转变主要体现在：

① 吸收国际上先进企业的财务管理经验，改善企业会计核算和财务管理业务流程；

② 财务系统不仅在财务内部各模块充分集成，与供应链和生产制造等系统也达到了无缝集成，从而加强了资金流的全局管理和控制；

③ 强调面向业务流程的财务信息的收集、分析和控制，使财务系统能支持重组后的业务流程，并做到对业务活动的成本控制；

④ 全面地提供财务管理信息，为各业务层级的管理需要提供服务；

⑤ 支持企业的全球化经营。为分布在世界各地的分支结构提供一个统一的会计核算和财务管理平台，同时也能支持各国的财务法规和报表要求。如提供多币种会计处理能力，支持各币种间的转换，支持多国会计实体的财务报表合并等。

总之，正是在适应企业全面信息化管理和开展电子商务的应用过程中，财务信息管理系统也得到了不断的发展和完善，实现了更好地服务于企业管理的目标。

4.9 成本管理

成本管理系统是整个 ERP 实现闭环控制的重要环节，成本管理系统以管理会计理论为基础，系统地运用预测、计划、控制、核算、分析等方法，对构成产品成本的各种因素及影响产品成本的各个环节实施管理。成本管理系统与财务、生产、库存、采购、销售等系统全面集成，准确、快速地进行成本（费用）归集及分配，提高成本计算的及时性和正确性。同时通过成本预测、成本计划和定额成本管理有效地提高成本管理水平。

ERP 系统将成本分为标准成本、实际成本与模拟成本三类。成本计算支持品种法、分步法、分批法，化工企业根据管理要求常采用前两种方法。

成本管理系统是由成本预测、成本计划、成本控制、成本核算、成本分析和成本考核等环节构成的闭环系统，满足事前预测、事中控制、事后分析的需要。

(1) 成本预测

采用市场价格，按企业运营实绩，模拟进行成本计算，掌握成本变化趋势，实现事中控制。化工企业建立基于实时数据的动态流程模拟可以实现成本预测。

(2)成本核算

按会计期或成本考核期对产品成本进行汇总核算,输出各考核对象的成本核算结果或其他统计资料,达到成本控制的目的。

(3)成本分析

调用实时数据和历史数据,分析产品产量、生产工艺、设备状况、原料供应、质量变动等因素对成本的影响,分析原料、能耗等经济指标与定额的差异,分析技术指标对生产成本的影响等。

图 4.20 是成本管理系统流程图,其主要功能包括:

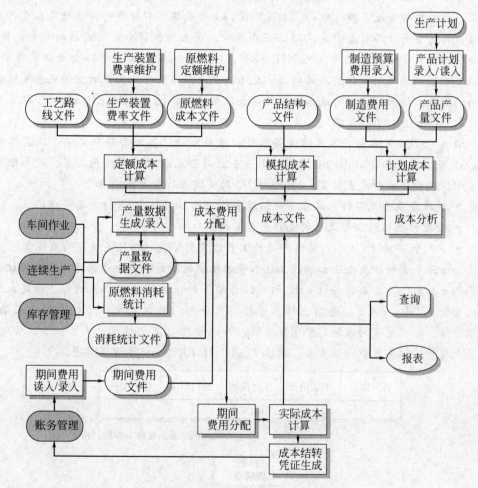

图 4.20 成本管理系统流程

① 分析并制定成本计划和考核计划;
② 按产品成本核算或按部门成本核算;
③ 支持内部结算价格、计划价格、加权平均价格等多种核算价格体系;
④ 多种成本类型:定额成本、实际成本、计划成本、模拟成本、冻结成本等;
⑤ 提供多种成本分摊方法分摊成本费用;
⑥ 与生产实时系统、财务系统连接,进行成本模拟与预测;
⑦ 计算成本差异;

⑧ 提供盈亏平衡分析和保本分析;
⑨ 多角度成本分析查询和报表。

4.10 案例分析

案例 1　香港某工程塑胶企业基于 ERP 的知识管理

香港某工程塑胶原料公司是一家在香港上市的集团公司,有多家研究机构及生产工厂,营销网络遍及亚洲、欧洲、北美地区,主要从事工程塑料的特性研究、生产与销售。目前公司产品有上千类,13 万多个品种。企业为赢得全球范围内的竞争优势,实施了四川大学化工学院开发的 NH.ERP 系统,系统设计立足于将企业制造能力、制造成本、制造周期等信息实时动态地反馈给企业分布在全球各地的营销代表及服务网络,实现广域网环境下的成本效益评估和决策支持。为此 NH.ERP 系统采取了多生产配方(Multi BOM)策略。

Multi BOM 策略是对不同的设备参数、原料来源、能力负荷制定多个工艺路径(BOM)及工艺条件。Multi BOM 策略就是企业对不同状况下的生产工艺、能力配置甚至组织机构重构的前置预案。Multi BOM 的关键点,也是难点在于:

- 获取企业十几万种产品在多种环境条件下的 BOM,并进行分类整理;
- 合理的数据组织形式下的支撑平台架构;
- 广域网环境下(WAN)通过高效的工艺搜索引擎获取指定条件下的最优工艺。

上述三个方面涉及企业如何建立技术管理机制的问题,是企业信息化建设的核心任务之一。为此,企业在实施 ERP 的同时启动了知识管理工程,将销售、研发、生产、质检、PMC、供应、售后、信息等所有业务部门纳入其中,形成由知识采集、知识存储、知识发布构成的完整闭环系统。知识管理对象包括客户关系、组织管理、产品与原料、设备更新等多方面。图 4.21 是 NH.ERP 知识管理逻辑图。

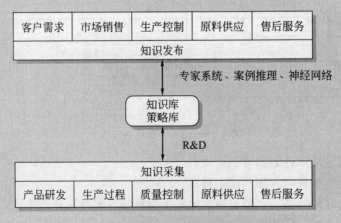

图 4.21　NH.ERP 知识管理逻辑

NH.ERP 知识存储包括基础库、知识库、策略库三层结构,信息的综合程度逐级增加,如图 4.22 所示。

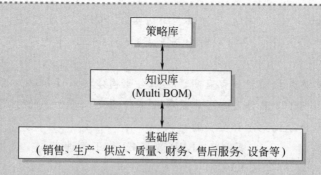

图 4.22 NH.ERP 知识存储结构

基础库：基础库是企业日常业务记录和实时数据记录，包括销售、生产、设备、质量、供应、财务、售后等业务数据。基础库是 NH.ERP 系统进行统计分析及建立业务模型的基础数据源，系统保留原有数据构成，不进行任何数据加工，也不废弃任何一条记录。

知识库：知识库即工艺 BOM 表，是知识成果的具体表达。NH.ERP 的 BOM 表分别由产品主档、配方表、工艺表、设备表、质量表、安全控制信息表构成。为提高检索效率，按访问和更新的频率把 BOM 分为标准 BOM(Standard BOM)、备用 BOM(Standby BOM)、储备 BOM(Storage BOM)，并赋予不同的优先级。

策略库：从计算机技术理解策略库属于数据仓库的概念，存储特定条件下的解决方案。NH.ERP 策略库的重点是提供一定条件下的最优生产方案——最优化 BOM。

企业知识管理遍布日常业务的各个环节，需要随时随地收集、获取、发布，效率非常重要，因此问题表述机制、推理机制以及知识及时呈送机制对于知识发布而言无疑非常重要。NH.ERP 要求定量描述问题，如产品需求量，质量指标值范围，送货期，原料、半成品的库存可供数量，设备负荷量等。在问题定量描述基础上系统分别按策略库、知识库、基础库的顺序进行结果搜索，如图 4.23 所示。

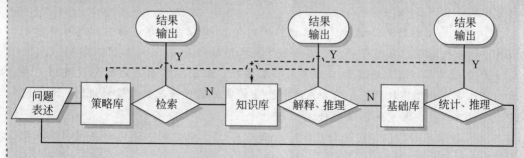

图 4.23 NH.ERP 知识发布逻辑

NH.ERP 通过智能化搜索引擎、关键因素匹配、案例检索、统计模型分析以及人工神经网络等方法检索一定约束条件下的最优化解决方案。

$$\text{Opt BOM} = F(P、F、T、E、Q、S)$$
$$\text{s.t. } f(P、F、T、E、Q、S) = 0 \quad \text{（过程描述方程）}$$
$$h(P、F、T、E、Q、S) = 0 \quad \text{（等式约束方程）}$$
$$g(P、F、T、E、Q、S) \geq 0 \quad \text{（不等式约束方程）}$$

NH.ERP 的智能化搜索引擎可以在千万级记录数的基础数据中高效率检索生成新的知识结构体。由图 4.23 可以看出 NH.ERP 的知识发布过程也是知识发现、学习的过程。

企业成功实施知识管理工程表明，化工企业构建技术性知识为核心的知识管理体系，可以用以小批量多品种策略逐步改善化工行业大批量生产的方式，这对提高企业竞争能力，参与全球化竞争有重要的意义。

案例 2　ERP 变革 CJ 化工管理

CJ 化工有限公司包括 EVCM 厂、AVCM 厂、PVC 厂、公用工程厂、热电厂、维护厂，年产 23 万吨具有世界先进水平的 PVC 树脂。CJ 公司的 ERP 系统主要包括：生产管理、库存管理、采购管理、销售管理、账务管理、应收管理、应付管理、固定资产、人事管理、工资管理、设备管理、备品及备件管理、质量管理等。

(1) 项目组织

为保证项目顺利进行，CJ 化工组成了项目实施小组，其职责是对项目进行全面指导和管理，制定项目实施策略，协调部门矛盾和解决问题，批准项目计划并对之进行检查，合理分配项目资源，控制项目实施成本。

(2) 项目实施

ERP 项目实施包括需求调研、数据准备、培训、系统部署、试运行及正式切换等过程。

① 需求调研。为了使 ERP 适合 CJ 企业实际情况，有必要对 CJ 企业运作进行全面调研，结合 ERP 管理要求提出业务流程重组方案，使企业工作流、物流、信息流合理和畅通。

② 数据准备。从 CJ 管理目标出发建立一套科学、统一、全面的数据体系，数据包括产品和各类物资的品牌、型号、规格、厂家、供应商、数量、价格等，还包括物料清单，客户、供应商信息，仓库信息，生产线信息，设备信息，部门、人员信息，财务信息等。

③ 培训。对最终用户进行计算机操作培训和 ERP 理念培训，并对信息系统维护人员进行系统管理、系统维护、数据备份等技术型培训。

④ 系统部署。在服务器和工作站上安装系统，配置操作员，为他们设定用户界面、登录密码和使用权限。并结合系统和企业的实际运作情况做好编码规则，录入货品、部门、人员、客户等基础资料。

⑤ 系统试运行阶段。按企业实际情况确定 ERP 上线时间，试运行期间系统在线操作和手工操作同步进行。

⑥ 系统切换。在试运行验证通过、各方面准备就绪后，把实际业务完全切换到 ERP 系统上，系统切换工作需制定周密的切换策略，确定合适的过渡期。

(3) CJ 化工的典型应用

1) 设备及备品备件管理

CJ 在系统实施前，设备管理人员对设备备件库存情况不清楚，而库房保管人员对于备件的用途也不清楚，设备管理与库房管理完全脱节，这在大修及检修时矛盾非常突出。针对这些问题，CJ 化工提出建立备品备件与关键设备之间对应编码的解决方案，使得设备管理人员能根据设备编码清楚地了解其所需备件种类、型号及库存数量和库房位置，并为大修计划的用料采购设定了提前期。

2）生产数据的控制和分析

由于 CJ 生产过程自动化控制程度达 98%，全部采用 DCS 系统控制，控制系统采用 Honeywell 和日本横河两套系统，CJ 化工对此为 Honeywell 及横河系统分别实施了两套网关软件，使得 ERP 软件可以实时查询和记录生产过程控制的重要参数和指标，满足了管理人员对生产系统实时监控的要求，也为分析生产状况提供了有力的数据依据。

3）销售发货在途处理

CJ 公司有多种销售方式，如一次合同分期发货，先发货后付款，先付款后发货及分批发货或集中结算等，为此销售系统建立了与财务系统的接口，使销售环节能及时了解客户付款及货物在途数量及金额，有力地保证了企业利益。

4）库存管理

库存系统提供了估价入库、先进先出、后进先出、计划单价及个别计价等多种材料核算方式，并为化工原料设置了批次管理及失效期管理项目，满足了企业对物料管理的特殊要求，也为成本核算和优化计划提供了数据保障。

(4) CJ 项目实施后管理的变革

① ERP 实施使 CJ 的组织机构发生了大的变化，由原来的金字塔管理向扁平式方式过渡，节省了人力。财务部只需 4 人便完成了全公司的财务核算管理，人力资源部也只需 2 人便完成了人员流动、考评及奖金控制管理。

② ERP 的成本管理可以使 CJ 公司领导和有关部门随时了解企业资金分布状态和流向，了解产品成本构成并加以控制，使成本核算的整个过程与生产过程同步。

③ CJ 公司根据市场情况和生产需要确定合理的储备量，按消耗定额及储备定额控制库存数量，既能保障连续生产所必需的原材料，又能使库存资金压缩到最低点。

④ 采购部门根据生产计划和物料需求计划制定中长期采购计划，通过建立"外部工厂"模式，降低采购成本。

⑤ 销售部门基于库存及生产计划进行准确的承诺能力评价，内容包括：计算累计可签约量，评估客户需求可否按时满足，调整或优化中长期销售计划和销售战略，根据市场情况合理调整产成品库存。

⑥ 统计部门共享网络数据，随时生成所需统计及分析数据和报表。

⑦ 车间管理人员可实时调度、监督各岗位、工段，管理整个生产流程的重要数据，保障安全高效的生产。

案例 3　精细化工企业基于 INTERNET 实现成本效益评估与在线决策

全球化市场竞争的背景下，企业通过改善产品质量、交货期和服务提高客户满意度，但产品品质与成本永远是一对矛盾，保证产品质量前提下的成本控制策略，成为企业增强竞争力的有效途径。某精细化工企业实施 ERP，把基于 Internet 进行成本效益评估实现在线决策置为重要目标，图 4.24 是系统的成本效益评估模型。

(1) 实时最优工艺搜索策略

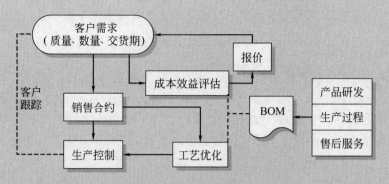

图 4.24 ERP 成本效益评估模型

该企业属小批量多品种非连续生产过程,生产控制遵循五个基本模型:配方模型、控制功能模型、过程模型、物理模型(设备模型)和程序控制模型,其中 BOM 是核心内容,BOM 包括品名、工艺、公式、设备与安全等相关信息。

企业研究机构在产品研发过程中即对不同的设备参数、原料来源、市场状况制定多工艺条件,以便对应不同的供货能力与加工周期。PMC 在实际生产中随客户需求或原料成本、供应的变化,调整相应工艺指标,实现最优成本。

(2)产品成本核算与效益评估模型

企业通过快速的市场反应、全方位的技术服务和富有竞争力的价格在市场竞争中赢得了不俗业绩,这些成绩的基础是建立了基于 Internet 的成本核算与效益评估模型,内容涉及技术、工程、组织、财务等多个层面。该模型的目标是在满足客户订货量、质量与交货期前提下寻求最优生产工艺,同时建立评估模型时还要考虑到以下因素:

① 基于 Internet 实时地为营销网络提供支持,要实现网络在线决策支持,效益评估与信息反馈速度是重要因素;

② 工艺优化除检索基础工艺表外,还需参考历史数据库;

③ 除最优工艺参数和配方外还应提供次优可选方案;

④ 满足多业务、多部门、多决策层次的用户需求;

⑤ 模型稳定可靠、简捷,运算过程智能化,无需用户交互。

综合以上各点,ERP 系统以产品制造成本最小化为目标函数,建立成本核算模型:

$$\text{Min} \quad U.cost = (\sum (M.qty * M.cost) * a / \sum M.qty + b) * c \quad (4-1)$$

$$\text{Cond} \quad QuaL = f(M.sort, B.faci, B.tech) \quad (4-2)$$

$$CYCL = f(P.qty, B.faci, B.tech, B.load) \quad (4-3)$$

$$P.qty \leq B.acqu \quad (4-4)$$

$$M.qty \leq M.acqu \quad (4-5)$$

$$(B.sort = 1, 2, 3 \cdots, N)$$

其中,U.cost:单位产品制造成本

P.qty:客户订单数量

M. qty：所选 BOM 原料的消耗数量

M. acqu：所选 BOM 原料的库存可供数量

M. cost：所选 BOM 原料的单位成本

M. sort：所选 BOM 原料种类

B. faci：所选 BOM 相关生产设备

B. tech：所选 BOM 工艺参数

B. load：所选 BOM 有效生产负荷

B. acqu：所选 BOM 的产品可制数量

B. sort：产品可选 BOM

a：生产损耗系数，由 R&D 提供，不同生产线 a 系数值不同

b：制造费用参数，由会计核算部门每一个会计期后进行校正

c：成本因子，根据系统测算与会计核算的成本差异进行调整

式(4-1)为单位产品成本计算式。计算中涉及的中间品、半成品、外协品均还原为基本的外购原料。原料的单位成本可选择标准成本、平均成本。

式(4-2)为产品质量函数。产品的质量受原料种类、原料来源、设备类型、工艺参数等因素影响，ERP 结合产品性能指标与一定的检测方式建立量化的产品质量体系，并在实验、生产、售后等数据的基础上建立统计模型。

式(4-3)为加工期(交货期)函数。它是相关过程设备、工艺参数、在制数量、订单要求的能力平衡函数。

式(4-4)、式(4-5)是约束条件，产品产量小于装置产量，消耗原料数量小于可供数量。

(3) 报价体系与生产制造

在 Internet 线上完成成本核算与效益评估，以最少的环节和最高的效率确定最低制造成本的生产工艺以及合理的产品报价，这综合反映出企业生产组织与市场需求之间的高度融合关系，给企业创造更大的空间与控制力，这就是在线决策支持。ERP 的报价体系是建立在产品成本与生产负荷精确计算的基础上，营销人员可以充分利用报价控制范围参与市场竞争，由此营销人员拥有了极大的运作空间和自主权，面对市场反映出很有竞争力的高效率和精准度。该企业通过 ERP 建立两套并行的价格监控机制。

① 最低售价控制：按实时的最低制造成本比较市场同类产品售价制定最低售价标准。

② 参考报价控制：按实时的最低制造成本、质量标准、产品组别等确定报价上下限范围与折扣，系统严格控制超过上下限范围的报价。

以最佳工艺路线进行生产制造，保证交货期和成本最低是合同签订后 ERP 必须有效控制实现的。ERP 生产控制以 BOM 为基础，制定生产计划与时间表(Production Planning & Scheduling)，实现严格的过程管理，质量监控(Quality Control)和过程控制(Process Control)是主要形式。

纵观企业实施 ERP 系统，体现了敏捷制造(AM)的生产组织特点，客户可以通过 Internet 对交货期及产品质量进行全程跟踪，企业各部门，包括营销、供应、研

> 发、生产、质检、售后、财务等协调一致，对每一张合约、每一个环节严控质量、严格成本核算、严保交货期，并随时根据设备负荷、原料及半制品供应等因素进行工艺优化，实现了生产资源合理调配，保证生产过程控制及时、平稳与准确。

本章具体要求

1. 掌握 ERP 的基本概念、理论基础和功能架构。
2. 掌握化工企业计划体系的内容、范围和相互关系。
3. 了解化工行业 ERP 的主要模块及其业务流程和功能特点。

● 思考题

4-1　ERP 的概念是什么？是一套软件还是一种管理理论？如果是理论，其理论核心是什么？

4-2　ERP 与 MRP II 有何异同？

4-3　化学工业企业的 ERP 系统基本结构是什么？

4-4　如何划分 ERP 的计划层次？它们的相互关系是什么？

4-5　销售管理的主要业务流程是什么？如何与其他业务相关联？

4-6　采购管理的主要业务流程是什么？按 ERP 基本理论如何制定采购计划？

4-7　库存的作用与分类是什么？库房的主要业务流程是什么？

4-8　车间管理有哪些基本功能？

4-9　财务管理系统的特点与作用是什么？

4-10　化工企业中应如何构建设备管理系统？

4-11　成本管理的基本内容有哪些？

第 5 章

化工过程信息化的数字化基础
——流程模拟

> **本章内容提示**
> 1. 化工流程模拟的发展历程
> 2. 化工流程模拟的基本方法
> 3. 化工流程模拟软件的用途与构成
> 4. 基于流程模拟的优化技术及应用

流程模拟（Flowsheeting Simulation）是随着计算机在化学工程领域得到广泛应用而产生的，它建立或者应用能够准确地描述特定化工过程的数学模型，在计算机上对该模型进行求解，并得到该过程的全部信息，如物流组成及状态，各单元设备状态变量等。数学模型主要由物料平衡、能量平衡和相平衡方程组成，因此，通俗地讲流程模拟的含义就是对流程用计算机进行严格的物料和能量衡算。本章将介绍流程模拟的基本概念、流程模拟的基本方法及优化技术等。

5.1 化工过程系统模拟进展

20 世纪 80 年代以来，借助于计算机技术的飞速发展，化工过程系统模拟取得了显著的进步，从分子行为到大型化工系统的模拟研究都十分活跃。仅就流程模拟而言，世界上就有十多种期刊报导相关研究成果，每个月所发表的论文有五十多篇。化工过程系统比较典型的模拟可分为三种层次：分子模拟、单元操作模拟以及流程模拟，下面分别对这三种模拟进行讨论。此外，由于模拟技术的发展与信息技术的进步密切相关，我们也将对这两者之间的关系作简单介绍。

5.1.1 分子模拟

所谓"分子模拟"就是根据分子模型应用统计力学的严格关系，从分子位置及运动的统计规律来计算所要求的宏观性质。这种分子模型包括所研究物质的详细原子描述和分子间作用力方程。计算的宏观性质可以包括热力学函数(如压力、自由能等)、传递性质(如扩散速率和黏度等)、分子的配置、介电和光学性质、表面性质等。

在以下应用领域，分子模拟技术已被证明不仅可以大大节省试验工作量，而且有的已成为实验不可或缺的手段。

(1)复杂系统的相行为

① 预测极端压力及温度条件下的流体相图；
② 电离系统的相图(如熔融盐类及胶体悬浮体系)；
③ 生物流体中的双元及高元缔合液的相行为(这在生物工程发展中十分重要)。

(2)微孔介质和相界面性质

① 在分子数量很少的系统中(如液滴、气泡、孔穴中的流体及凝胶粒子等)，无法用经典热力学来解释表面平衡现象，用分子模拟则可以预测催化剂颗粒、吸附剂、膜分离等微孔介质中的流体特性；
② 预测小液滴在表面曲率强烈影响下的液滴性质；
③ 模拟分子性质与表面活性之间的关系，以便找出更好的表面活性剂。

(3)研究蛋白质在溶液中的稳定性

由蛋白质的化学结构来预测其空间折叠结构，从而预测小团蛋白质在溶液中的稳定极限，这是当前一个很活跃的跨学科研究领域。

分子模拟的数值计算方法有蒙特卡洛(Monte Carlo)法和分子动力学法，如表 5.1 所示。

表 5.1　分子模拟数值计算方法

分子数 $N=100\sim10000$ 周期性边界条件 规定的分子间势能	
蒙特卡洛法	分子动力学法
设定 N,V,T ↓	设定 N,V,E ↓
产生随机运动 ↓	解牛顿力学方程 $F=m_i a_i$ ↓
以概率 $P\propto e^{-U/kT}$ 取样 ↓	$r_i(t),v_i(t)$ 等 ↓
取平均值 ↓	取平均值 ↓
得到平衡物性	得到平衡及非平衡物性

蒙特卡洛法便于程序化，而分子动力学法不便于编程计算，但能用于研究与时间有关的现象和传递物性，并可将分子运动用计算机图像来显示和观察。两种方法共同的特点是要求分子数足够大，而且模拟时间足够长。模拟步长往往小至毫微秒级，这无疑要求在速度和容量都很大的计算机上才能够完成计算。所以分子模拟是随着 20 世纪 80 年代巨型计算机应用的推广而发展起来的，目前的双核 PC 机已能完成一些非复杂体系的分子模拟。

5.1.2 单元操作过程模拟

(1) 基于速率方程的级分离模型

在单元操作过程模拟方面,20世纪80年代后突破性的进展是用基于传递速率方程的级分离模型取代了传统的相平衡级分离模型。基于相平衡级模型的分离过程模型为化学工程已服务了近100年,但是这种"理论塔板模型"有明显缺点,如多组分系统中不同组分的板效率差别很大时难以适用,并且有化学反应时板效率计算不准确。而基于传递速率方程的级分离模型有如下优点:

① 消除板效率概念引起的矛盾,直接计算实际塔板或填料高度;
② 使组分、温度、流量沿塔高的分布更加准确;
③ 因为是基于"三传"理论模型体系,所以适用于多组分非理想的系统分离计算;
④ 取消了"理论塔板"概念,适合于现场操作模拟,便于发现塔的操作失误。

两种模拟模型的对比如图5.1所示。美国Aspen技术公司已开发出了基于传递速率方程的级分离模型的商品化模拟软件Ratefrac。

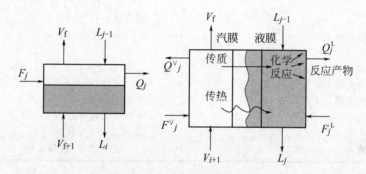

图5.1 两种分离级数学模型对比

(2) 固体-流体系统的模拟

固体过程模拟有以下特点:

① 需要计算固体参与下的相平衡及化学平衡;
② 需要用颗粒尺寸分布来描述固相的聚结状态;
③ 固体加工常遇到的复杂物体尚无法用其分子组成来描述,如煤、木材等。

正是由于上述复杂性,所以含固体的单元操作研究比气液体系落后很多,但目前这方面研究有了明显的进展,许多学者致力于固体加工单元操作的数学模拟。Aspen可实现一些固体物流加工过程的模拟。表5.2是俄罗斯新西伯利亚学派把催化反应器的研究方法用于研究结晶过程的思路,成果显著。高性能计算机应用后,单元操作模拟的研究热点与之前有所不同,粗略列于表5.3。

(3) 数学模型全部多解的寻求

单元操作的物料及热量衡算往往涉及代数及超越方程组,如果有一个以上非线性方程,则可能存在多个解。用一般的迭代方法,从一个初始估值出发只能找到一个解,而这个解未必就是最好的。为了找到全部解就要采用同伦拓展法,这方面的问题首先在解算复杂塔时会碰到。数学家们已开发出可以解决这类包含非线性方程的、超越方程组的同伦拓展法软件包Hompack和Consol,为化工过程数学模拟提供了方便。

表5.2　化学反应器及结晶器数学模型结构规模水平

化学反应器	规模尺寸	结晶器
原子-分子级	~10Å	晶核生成及成长
超分子级	~10^3Å	化学吸附
催化剂层单元	10^6~10^7Å	晶胚生成及结晶生长
催化剂层		结晶器中的单元
反应器		结晶器
反应装置组合		结晶装置组合

表5.3　单元操作模拟研究热点的变迁

高性能计算机应用前	高性能计算机应用后
平衡级分离过程模型	**基于速率方程的非平衡模型**
气-液传质过程	固-液传质过程
精馏、吸收	结晶、絮凝
液-液传质过程	气-固传质过程
萃取	变压吸附、干燥
传热过程	膜分离过程
相变化传热	多组分气体分离
搅拌混合	
气-固相分离过程	气-固相分离
旋风分离器	介质过滤分离
文氏洗涤器	液-固相分离
	移动颗粒过滤
固-固系统	固-固系统
固体破碎	烧结过程、粒料过程

5.1.3　流程模拟

(1) 稳态流程模拟

稳态流程模拟是工艺设计及过程分析的常规手段，这至今仍然是一个相当活跃的研究开发领域。稳态流程模拟有序贯模块法和联立方程法。

序贯模块法的代表软件有 Aspen Plus、ProⅡ，这种方法经过层层迭代收敛，很费机时。联立方程法的代表软件是 Speedup，其特点是单元操作模型方程、物性方程、流程拓扑方程以及设计要求都处于联立方程组的同一层次，都用一个通用的牛顿-拉夫森方法联立求解，不需多层迭代圈的迭代计算。不过，此法方程数目不可超过100，并要求有较好的初始值，通用性不如序贯模块法。目前这两种方法在工业应用领域正趋于融合。图5.2是序贯模块法与联立方程法的对比图。

(2) 动态流程模拟

动态流程模拟是由自动控制系统和计算机辅助操作(CAO)的需要发展起来的。根据应用领域不同，动态模拟系统分为用于设计和用于操作培训两类，前者不是实时系统，后者则是。

1) 设计用的动态流程模拟

设计用的动态流程模拟系统一般有单元操作动态模型库，这类软件系统通常既能处理

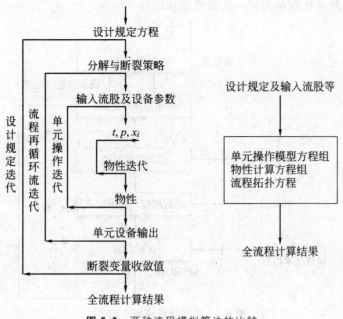

图 5.2　两种流程模拟算法的比较

动态模拟又能处理静态模拟。比较成功的有：英国剑桥大学的 Quaslin，英国帝国理工学院的 Speedup，AspenTech 公司的 Hysys，Invensys 公司的 Dynsim 等。

2）模拟培训用的动态模拟

培训用的动态模拟与设计型不同，首先要求对输入变量进行实时响应，因此不能容忍严格模型的迭代计算；其次计算的参数数量比设计型多，但精度要求比设计低，误差可在 5% 以内。

3）过程优化和先进控制的动态模拟

目前动态模拟软件系统已发展为数字化"全厂模拟"(Full Scale Simulation，FSS)，不仅用于培训，还可用来做自动控制、故障诊断、局部失效的离线实验等。动态模拟软件与控制系统建立接口，装置运行的工艺状态数据通过接口送到模拟软件中，由其进行优化计算，将优化后的结果再通过接口送回 DCS，调整装置进入优化生产状态。同时模拟计算还可对装置进行安全性评价，人为设定干扰和事故状态，完成故障诊断以及确定最佳的应对方案。

(3) 数据筛选与校正

化工企业的现场实测数据是监控工艺操作和经营管理的最基础信息，为了对生产过程进行过程模拟与优化，需要对现场数据进行校正，去粗取精，去伪存真。目前，物料及热量衡算是基本的校正方法，随机误差校正比较成熟，过失误差的侦破及消除也有长足进展。美国 Simulation Science 公司的 Datacon 是较优秀的数据校正软件。

(4) 在线过程模拟与优化

石油、化工行业基于动态流程模拟的在线过程模拟与优化也取得长足的进步，出现一批优秀的软件系统，如 AspenTech 公司 Aspen Dynamics，Invensys 公司用于在线模拟优化的 ROMeo 以及 Honeywell 公司的 Unisim Dynamic Option、Profit Optimizer 等，它们可以将设计、在线优化和操作员培训系统集成于一体。英国帝国理工学院用 Speedup 流程模拟软件进行实时优化控制实验,实验思路如图 5.3 所示。

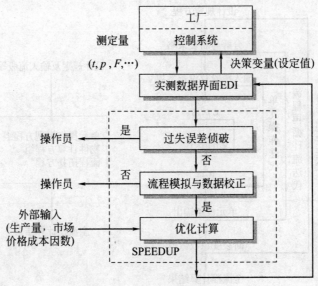

图 5.3　在线过程模拟与优化

如果发现现场数据有过失误差则不能用于优化计算,应当消除误差后再进入物料、热量衡算,依误差是否在允许范围之内判定过程处于稳态还是动态。如是动态则停止计算,要求操作员进行稳定操作。如果处于稳态则进行优化计算,优化值将被传送给控制系统。

5.1.4　计算机技术进步的影响

巨型机自 1976 年 Cray-1 出现以后一直持续发展,特别是高度平行的多处理机系统出现后,高速运算计算机更是飞速发展。该系统由成百上千台微处理器通过总线或开关网络等互联方式连接而成。美国 Thinking Machines 公司的并行处理系统可同时处理 65536 条数据项,每秒 10 亿条指令。进入 21 世纪以后,更高性能的巨型计算机系统继续推出,如美国的 Ascip 已达到每秒百万亿次,到 2008 年超级计算机的计算速度已超每秒千万亿次。

超级计算机提供了非凡的计算速度和能力,为化工过程模拟开辟了新领域。

① 巨型机在某些方面正取代常规化学实验室,如用分子模拟来设计新型材料、新染料或新农药,寻找新催化剂等。工程师开始在分子级水平上研究化学交互作用,以往这只是化学家和物理学家的领域。

② 用分子热力学方法计算并研究物系的热力学性质。

③ 模拟高分子材料加工过程的行为与特性。

④ 计算石油开采中的油田资源工程问题。

⑤ 大规模线性规划问题,如优化排产。

⑥ 流程模拟与优化。

5.2　流程模拟软件的用途

流程模拟软件是化工过程合成、分析和优化最有用的工具,甚至有人认为没有流程模拟软件就不可能进行化工过程优化设计。一个化工设计人员如果不了解流程模拟的基本原理，不会应用流程模拟软件，就无法从中获得对化工过程的深刻理解和工程判断能力，而这样的理解和能力是需要经过多年实践和总结才能达到的，流程模拟软件能帮助和训练设计人员使他们快速成长。具体讲，流程模拟软件有如下六种用途。

(1) 合成流程

有经验的设计人员常通过探试规则合成初始流程。不同的探试规则可生成几个不同的流程方案，要判别流程优劣还需要对几个方案进行全流程物料和能量衡算，以及单元设备计算才能得出结论。如果没有流程模拟软件，要在较短时间内完成如此繁复的工作非常困难，往往只能根据设计师的主观判断或减少方案比较才能做出决策，在多数情况下，这很难得到最优的流程。使用流程模拟软件可较好的解决这一问题。

(2) 工艺参数优化

由于石油化工系统大而复杂，其流程系统数学模型的方程数多、变量数也多，求解这样的模型非常困难。流程模拟软件通过交替使用模拟模型和优化模型可便捷地计算求得系统最优工艺参数。

(3) 消除瓶颈

由于原料、公用工程条件或产品数量、质量要求的变化，或由于原设计考虑不周等原因，可能使已建成的系统中有某一设备成为瓶颈。在新的条件下再进行流程模拟以及单元设备能力衡算可以合理提出消除瓶颈的方案。

(4) 研究一些具体的设计问题或操作问题

流程模拟软件可以认为是一个具有各种单元设备的实验装置，能得到在一定的物流输入和过程条件下的输出。例如可以用闪蒸模块来研究泵的进口是否会抽空，减压或调节阀后流体是否有汽化，也可利用精馏模块来研究进料组成变化对塔顶、塔底产品组成的影响以及怎样进行优化调节，通过这样的研究可为设计者和操作者提供可行的解决方案。

(5) 参数灵敏度分析

设计所采用的数学模型的参数和物性数据有可能不够精确，在实际生产中由于受到外界干扰操作可能偏离设计值。因此要设计一个可靠的、易控制的系统必须研究诸多不确定性因素对过程的影响，并预先制定应对措施，这就是参数灵敏度分析。流程模拟系统是进行参数灵敏度分析最有效、最精确的工具。

(6) 参数拟合

流程模拟软件的数据库都有很强的参数拟合功能，输入实验或生产数据并指定函数形式，模拟流程软件就能回归拟合出函数中的各种系数。

总之，在化工过程开发阶段用流程模拟软件评价和筛选各种生产路线和方案，可以减少甚至消除中试工作量，节省开发时间和经费。在过程设计阶段用流程模拟软件，可以有效地优化流程结构和工艺参数，提高系统设计水平。另外用流程模拟软件分析工厂实际运行数据，可以优化工艺参数，改进操作，降低成本或提高产量。

5.3 流程模拟的几种方法

图 5.4 表示一个含三个单元过程的简单流程系统。

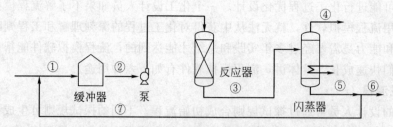

图 5.4　简单流程系统示意

进料流①与循环物流⑦在缓冲罐混合后经泵进入反应器，其反应式如下：

$$A \rightarrow P$$
$$A \rightarrow S$$

产品 P 的气液平衡常数比原料 A 和副产品 S 大得多，因此通过一级闪蒸就能达到较高的分离度。闪蒸塔塔顶主要是产品 P，塔釜主要是 A 和 S。为了使副产品 S 不在系统内累积，需从系统中排放部分釜液物流⑥。即使描述这样一个简单的子系统也包含了许多线性和非线性方程，因此化工流程模拟就是求解这些线性和非线性方程的过程，而不同的解法就形成了不同的模拟计算方法。

5.3.1　序贯模块法

序贯模块法的基本思路如下。

① 对每一类单元设备或设备组合，都可根据其数学模型以及求解算法来编制一个子程序，这种子程序就称为模块。序贯模块法中所有模块都是核算型的，即给定输入流值和单元设备参数值来计算所有的输出流股值。分析图 5.4 流程，需建立或调用的模块是混合、反应、闪蒸和分流。

② 将流程用一个框图来表示，图中的节点是单元模块，流股（物流、能流）是连接节点的边，图 5.4 所示流程的框图见图 5.5。

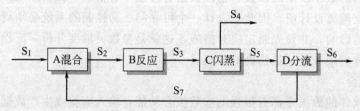

图 5.5　简单流程的单元模块框图

③ 寻找一个适当的顺序，依次计算组成流程的各个单元模块。若流程中有循环物流，则必须对循环物流进行"切断"，假设循环物流的初值，再依次进行迭代计算，直到收敛。图 5.5 所示框图进行计算时需切断的流股是 S_7，进行计算的顺序是 A、B、C、D。

由此可知，序贯模块法的基本原理就是将大系统分解成若干块小系统，这种算法在运算时严格按信息流动方向进行，与过程实际进行的方向和步骤一致，因而直观，容易掌握，特别是用计算机进行模拟计算时，该方法是使用得最多的流程模拟计算法。

但是应该充分认识到，迭代计算严重影响其计算效率，通常用序贯模块法进行化工过程计算时，要进行三个基本层次的迭代收敛运算：物性计算、单元设备计算和系统环路迭代，尤其对多环路系统，要进行多环的逐层收敛，计算量很大。此外，序贯模块法由于有些设计规定不能直接作用于单元模块的输入,也不能直接在系统水平的收敛中处理,因此必须通过一个控制模块用一个附加的迭代环路(控制环路)来反复处理模拟过程,直到满足设计规定,因此严重影响了计算效率。

5.3.2 联立方程法

为了克服序贯模块法计算效率低的缺点提出了联立方程法。与序贯模块法相比,该法以一次收敛来代替逐层收敛过程,因而改善了全局收敛性质。

已经提到,化工过程常需要用若干线性与非线性方程来描述,若将全部方程放在一起就构成了一组大型非线性方程组。如果不考虑每一个方程或方程组的具体物理意义和具体功能,将它们联立求解,那么模拟计算问题就是一个与流程结构无关的纯数学求解问题。这种方法就是联立方程法。

具体地说,就是将描述过程的全部方程式,即物料平衡方程、能量平衡方程、相平衡方程、化学反应计量方程、反应速率和化学平衡方程、热物理性质估算方程、物性估算、质量、热量及动量传递方程集合在一起,建立起一个大型非线性方程组,然后分析其自由度,选定设计变量,使方程组的自由度数值为零,再采用一定的数学方法来求解该非线性的方程组。有关如何求解这种大型的、特殊的方程组同样有许多专论,在此不展开讨论。

从上面分析可以看出,联立方程法可一次同时求解所有的方程,对变量不加任何区别,任何变量都可以作为独立变量,具有很大的灵活性。这种变量选择的灵活性还使得设计型计算和操作型计算在难度上和处理上没有区别,因此设计问题和操作问题的差别在于独立变量的选择。如果将进料和设备参数取为独立变量,那就是操作问题,如果将产品流股变量或其他序贯模块法的非独立变量取为独立变量,那就是设计问题。所以联立方程法进行设计型计算比序贯模块法具有显著的优越性。

此外,由于联立方程组中各变量之间、各方程之间彼此地位同等,因而使联立方程法特别适用于控制和优化问题。因为此时只需简单地添加若干说明方程,然后纳入联立方程组一起求解即可,从而省去了控制优化模块的相应的迭代环路计算。

联立方程法也有缺点,大型非线性方程组的快速和稳定的求解算法就是一个挑战:

① 对较大规模的化工过程,待解方程组的阶数可能成千上万,必须解决这样的高阶方程组的运算速度,计算机程序编制和调试的难度较大;

② 尽管联立方程法比序贯模块法求解速度快,但是有赖于较好的初值,这决定了它在计算机上的通用性不及序贯模块法;

③ 有些化工过程很难精确地写出其物理或化学模型的数学表达式。

5.3.3 联立模块法

如上所述,由于联立方程法特别适宜求解线性系统,而序贯模块法因各个模块求解时只涉及该模块的输入流股变量和设备参数,而使待解方程组的维数大大降低,且单元模块严格而通用,因此启发人们将两者结合成一种新的模拟方法:利用单元模块求系统的简化线性关系,然后将其联立求解,得到系统内各流股的值,如此反复进行,从而实现以一个线性系统去逐步近似实际非线性系统的目的,这种方法就称为联立模块法。显然,这种方法存在两个层次的计算:流程规模的联立求解和各单元模块的严格计算,整个模拟计算是在两个层次的交替计算中完成的,故又称为两层法。

必须注意，联立模块法的计算效率取决于过程线性化的质量，这主要包括两个因素：即构成线性模型所需的计算量和线性模型对实际过程的近似程度。这是两个互相联系而又互相矛盾的因素，如果要使模型线性化合理、逼真，从而达到减少迭代次数的目的，则构造线性模型的计算量就可能很大。相反，想减少构造线性模型的计算量，那么，线性近似效果就可能不够理想，甚至差别很大，从而造成迭代次数的增多。因此，联立模块法的线性化是这个方法成败的关键。

5.4 流程模拟软件的组成

流程模拟虽然有三种方法，但是至今为止得到广泛应用的是序贯模块法。序贯模块法软件由输入和输出模块、主控模块、单元模块库、物性数据库、算法子程序、单元设备价格估算模块等组成，其主要部分相互关系示于图5.6。

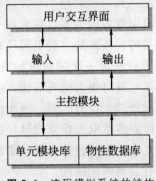

图 5.6 流程模拟系统的结构

5.4.1 输入和输出模块

输入模块主要输入如下的必要信息：
① 化工系统的结构信息，可用任何一种结构矩阵形式表示；
② 原料流信息，包括原料组分、温度、流率和压力等，以及原料组分必要的物性；
③ 单元模块的设计参数，如换热器的传热系数、精馏塔的塔板数和回流比等；
④ 其他信息，如费用信息、用户设定的计算次序表、计算精度等。

输出模块则将模拟计算得到的信息转换为容易阅读的格式输出，也可根据用户需要输出必要的过程信息。

5.4.2 主控模块

主控模块是流程模拟软件的核心，它按照模拟对象的要求，对模拟计算进行组织、调度和监督，具体任务如下。

1）检查输入数据，并将这些数据送至相应的单元模块，例如：
① 检查数据是否在允许的范围内，如精馏塔的塔板数不能超出程序允许的最大板数，反应器某组分的转化率应低于1；
② 输入的决策变量数是否和单元设备的自由度相等；

③ 流体编号是否重复使用，即一个流体编号是否重复出现在两个单元设备的输出物料中，或者某单元的物料流有无来源。

2) 决定计算次序。用户在输入表示流程的拓扑表后，执行程序就决定了流程的分割和计算顺序。所谓分割就是把整个流程分成可以独立运算的部分，各部分之间没有循环物流或其他反馈信息，如图 5.7 所示的流程可以分成三个部分，即 A 和 B，C、D、E、F、G、I、J 以及 H 三个部分。流程分割和排序的原理请参阅有关参考书。

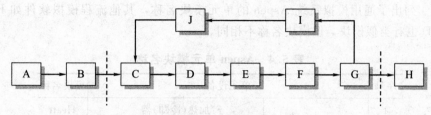

图 5.7 流程模块图

不管拓扑表输入的单元模块的顺序如何，执行程序都将自动分割流程，并按照 A、B、C、D、E、F、G、I、J、H 的顺序进行计算。

3) 向模块传递计算所需要的物流数据和模块参数，并储存单元模块产生的信息。

4) 判别循环物流或热流是否收敛，并根据用户的要求输出数据。例如塔器模块最少的输出信息量可以只有进出流股数据、冷凝器和再沸器负荷、逐板的温度以及气液相流率，根据要求也可输出逐板的气液相组成和各组分的气液平衡常数等数据。对于物流可以只输出组成、温度和压力，也可以要求输出焓、压缩因子、密度、比热容和黏度等状态变量。

5.4.3 物性数据库

物性数据库包括两个部分：物性数据和计算物性的子程序。一般通用流程模拟系统的物性数据库有多达几千个组分，物性数据包括相对分子质量、临界温度、临界压力、临界分子体积、临界压缩因子、偏心因子、溶解度参数、偶极矩、标准生成热和标准生成自由焓、标准沸点、标准沸点下的汽化热、零焓系数以及物性子程序所需要的各种系数，如安托尼常数、亨利常数、二元交互作用系数等。物性子程序用于估算单元模块计算和物流输出时所需的热力学性质和传递性质，如速率、活度、气液平衡常数、焓、熵、密度、黏度、导热系数、扩散系数、表面张力等。

物性数据库在流程模拟中扮演重要作用。虽然流程模拟软件的鲁棒性(Robustness)和正确性取决于数学模型的质量，但模拟结果精度却受制于物性数据的精度。因此在流程模拟中，物性计算占据了大量计算时间，像精馏、闪蒸等平衡级过程计算更是如此，可多达总机时的 80% 以上。因此物性数据库是否完整并能否快速而精确地向单元模块传递物性数据是评价流程模拟软件优劣的重要指标。现在 Aspen、Process 等流程模拟软件如还有强大的回归功能，使用者可根据生产或实验数据，再指定函数形式拟合计算物性数据。

5.4.4 算法子程序、成本估算和经济评价

算法子程序包括各种非线性方程组的数值解法、稀疏代数方程组解法、最优化算法、参数拟合、插值计算和各种迭代算法等。成本估算和经济评价工作可以独立进行，也可以和流程模拟软件连接在一起，进行投资、操作费用和经济分析。

5.4.5 单元操作模块库

化工过程包括反应、换热、压缩、闪蒸、精馏或吸收等单元,每一个单元过程都可用一个相应的模块来表达。模块模拟模型包括物料平衡、能量平衡、相平衡和速率方程,输入物流变量、设计变量,并从数据库取得物性数据后,求解这些方程就能得到输出物流变量和单元的状态变量。

表 5.4 列出了通用模拟系统 Aspen 的单元模块名称,其他流程模拟软件如 ProⅡ 和 ChemCAD 也有类似模块,但模块名称不相同。

表 5.4 Aspen 单元模块名称

序号	单元设备		模块名称
1	换热器	加热(冷却)器	Heatr
2		两股物料换热	Heatx
3		多股物料换热	MHeatx
4	闪蒸器	两相闪蒸	Flash2
5		三相闪蒸	Flash3
6	分离塔	精馏简捷计算,设计型	DSTWU
7		精馏简捷计算,操作型	Distl
8		精馏严格计算	RadFrac
9		精馏塔系严格计算	MultiFrac
10		吸收严格计算	Absorber
11		萃取严格计算	Extract
12	反应器	化学计量反应器	RStoic
13		规定产率反应器	RYield
14		化学平衡反应器	REquil
15		最小自由能平衡反应器	RGlbbs
16		连续搅拌釜反应器	RCSTR
17		活塞流反应器	RPlug
18		间歇反应器	RBatch
19	其他单元设备	混合器	Mixer
20		分割器	FSplit
21		分离器	Sep
22	动力单元设备	泵	Pump
23		单级压缩	Compr
24		多级压缩	MCompr

5.5 基于流程模拟的优化技术及应用

我们已经知道,流程模拟技术是综合热力学、化工单元操作、化学反应等基础科学,通过计算机技术,采用数学方法来严格描述化工过程的技术。它需要进行复杂的物料平衡、能量平衡、相平衡等工艺计算，并对组分进行平衡、物理分离、化学反应等计算。优化是指从全局着想，将所有生产操作成本、进料成本与产品的价值同时考虑，建立投入产出模型，找出少投入多产出的条件，其目的是使工厂取得最大的经济效益。基于生产过程的流程模拟，建立生产过程与企业经营决策的数学模型是过程模拟技术重要的应用。

5.5.1 生产装置在线模拟优化技术

流程模拟优化可分为离线模拟优化和在线模拟优化两种，离线模拟优化有一定的局限性，只能用于指导或培训。在线模拟优化一般与生产控制系统相连，为应对生产中操作条件的变化，可实时地找出最佳操作条件，动态调整生产控制参数，达到平稳生产的目的。在线模拟优化系统一般由三个层次组成，结构如图 5.8 所示。

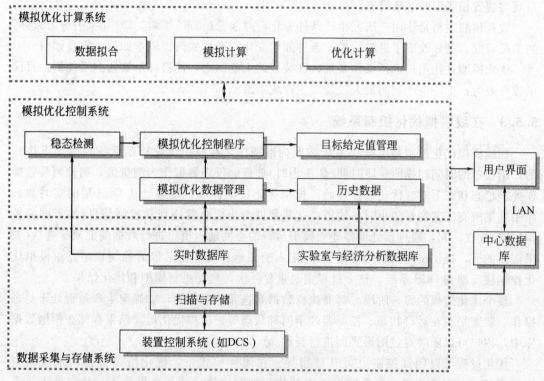

图 5.8 在线模拟优化系统

第一层为数据采集和存储系统，它由工艺控制仪表系统(DCS)和实时数据库或实验室及业务管理数据库系统组成。该系统为模拟优化作基础准备。

第二层为模拟优化控制系统，它由模拟优化控制程序、模拟优化数据管理系统、目标给定值管理系统、稳态检测系统和一个历史数据库组成。它负责 DCS 实时数据层与模拟优化计算层接口工作和优化结果自动控制工作。

第三层为模拟优化计算系统，它将建立模拟优化所需的各种工艺模型，然后进行模拟优化计算，得出装置操作的最佳操作条件，使工厂取得最佳的经济效益。

5.5.2 在线模拟优化计算

模拟优化计算系统是整个系统的核心，它具有五个主要模型：数据拟合模型、核算工况模型、基础工况模型、效益预测模型和优化模型。

数据拟合模型是对仪表测量出的流量、温度及其他测量数据进行物料、能量和组分演算，检测出仪表测量值中误差较大的数据并加以剔除，对空缺仪表给出估计测量值，最后得出一组完全实现能量、质量和组分平衡的测量值，以保证送入下面模型的实时数据一致可靠。被拟合的数据通常是物流组成、温度、压力、流量、换热器负荷、反应器负荷等。

数据拟合运算出的结果加上其他实际数据一同送入到核算工况模型中。核算工况模型可确定满足质量要求、能量平衡的可调参数，如换热器的热传导系数、压缩机效率、负荷偏差、物流温度等。

将核算工况模型中确定的参数全部输入到基础工况模型。基础工况模型可为效益预测模型和优化模型提供可靠的起点和基准，它将核算工况模型确定的可调参数写入模型中，得到与装置相匹配的基础模型。

效益预测模型是让用户研究生产条件变化后对装置运行的影响，即"如果……怎么办"的工况研究。例如改变了进料后操作条件如何变化、产量如何、成本如何、效益如何？

优化模型是让用户选择操作参数，在装置约束范围内，使目标函数达到最佳值。目标函数一般为：工厂生产利润最大或装置生产成本最低。

5.5.3 在线模拟优化控制系统

在线模拟优化控制是由操作系统按照标准顺序，在模拟优化控制系统控制之下执行的，用很短的时间扫描前一段时间（如1小时）选择的仪表数据作为测量值，当检测装置操作处于稳态状态下时，优化过程开始。模拟优化数据管理系统需要从DCS层的实时数据库中采集所有工艺变量的小时平均值，这些数据与当前装置排列和控制信息（如不同的控制回路）放在一起，通过预处理器建立模型运行的必要输入值，进行数据高低限筛选后（如果需要的话，提供误差仪表的替代值），送入模型运算。优化结果的控制规定点由模拟优化控制层反馈到DCS系统。整个过程定时重复一次，自动更新模型和优化结果。

整个优化过程的每一阶段，都要执行数据筛选和状态检测，如确定生产是否处于稳态操作、装置是否在运行状态、控制器处于何种状态等。模拟优化运算结果存储在模型数据库中，用户可以随时通过图形界面进行查看。

优化过程可以闭环控制也可开环指导。在闭环模式下，优化给定值自动地反馈到DCS系统。如果有先进控制系统即可由其执行控制决策。在开环模式下，给定值不是自动执行，而是当作指导信息，由操作工和工艺工程师根据它决定调整控制参数的时间和方法。

5.5.4 在线模拟优化的优越性

在线模拟优化比离线模拟优化更具有优越性，它将实时装置数据与经济目标联系在一起，在工厂的装置控制系统与信息管理系统之间架起了一座桥梁，使企业的领导者能掌控全局，对于诸如进料改变、市场需求改变、客户要求改变等紧急情况，都可以从在线模拟优化中得到答案，从而采取有效和迅速的行动。

若在工厂的计算机里存有能完全反映现场装置操作情况的在线模拟优化模型，就可以随时调用模型，做出以下反应：

① 根据市场条件变化决定最佳产品结构；

② 计算最佳工艺参数，实现装置最优性能；
③ 进行"what if"的工况预测分析；
④ 找出工艺异常的工艺点位置和发生原因；
⑤ 快速优化工艺流程，适应操作条件的变化。

5.5.5 在线模拟优化技术的应用范围

在线模拟优化在企业的生产经营管理中可作为如下工具。
① 计划工具：作为企业级的生产经营决策手段，制定经济最优的生产方案。
② 生产工具：进行"瓶颈"分析和趋势分析，评估并监控装置性能。
③ 维护工具：对系统数据进行检查和监测，诊判数据误差，评估测量仪表状态。
④ 培训工具：在线培训操作工和技术人员，帮助他们理解装置运行状态的影响规律，掌握装置操作技术。
⑤ 控制和优化工具：对工艺控制参数进行优化，特别当市场需求、进料条件改变时依据装置的工艺约束、经济约束及其他环境约束条件，优化工艺，保证质量，提高生产效率。

5.5.6 在线模拟优化技术的发展

(1) 企业整体优化与信息

在线模拟优化技术可将化工企业的每套装置或联合装置都实现在线模拟优化，最终形成全企业的模拟优化，从而达到整体监控和整体优化。模型直接与 DCS 系统和 ERP 系统相连接，可成为企业计划系统和生产操作之间数据动态传递的沟通桥梁。只有将实时装置数据与经济目标联系在一起，企业的整体经济效益才能得到真实的体现。

(2) 企业级模拟优化

未来的模拟优化系统是将各个化工企业都实现模拟优化，最终实现企业级的模拟优化。这样，企业级领导根据全行业生产状况和市场需求，做出最佳生产经营决策方案及最经济的投入产出生产方案，对所有的业务提供决策支持策略。

5.6 以 Aspen Plus 软件模拟合成氨装置的甲醇洗流程

5.6.1 流程分析

以渣油汽化技术为合成氨提供原料的生产工艺比较复杂，中国某科技开发公司与美国 Aspen Tech 公司合作，用 Aspen Plus 软件对某渣油汽化作原料的合成氨装置建立了全流程模型，并进行全流程模拟。

(1) 甲醇洗物系组成

渣油在汽化炉中部份氧化、裂解后，生成气以干基计的主要成分是 H_2 和 CO，前者供制 NH_3 用，后者变换成 CO_2 用于制尿素。汽化炉的生成气经急冷和变换后组成见表 5.5。

表5.5 汽化炉生成气经急冷和变换后组成

组分	kmol/h	摩尔分率/%
H_2O	5.7	0.092
H_2	3861.4	62.136
N_2+AR	51.3	0.826
CO	76.4	1.229
CO_2	2176.9	35.030
H_2S	10.3	0.166
COS	0.5	0.008
CH_4	31.9	0.513
合计	6214.4	100.00

(2) 流程简述

在甲醇洗流程中,以甲醇作为溶剂除去原料气中的 CO_2、H_2S 和 COS(羰基硫),流程见图5.9。原料气 S1501 温度 40℃,压力 7840kPa 左右,在冷却器中冷却至 −9℃ 后入分离器,脱去含甲醇和水的凝液后,进入甲醇洗塔的底部。

甲醇洗塔分为两部分,下半部分以温度为 −11℃ 的甲醇吸收进料气中的 H_2S、COS 和一部分 CO_2,保证升往塔上半部分的气体中 H_2S 含量小于 10^{-6}。塔上部分为精洗段、主洗段和油洗段。在精洗段以新鲜甲醇吸收残留的 CO_2,保证去液氮洗工段的塔顶气体中 CO_2 含量低于 20×10^{-6}。精洗段底溶液抽到循环甲醇冷却器,冷却到 −40℃ 后进入主洗段,洗涤来自油洗段气体中的 CO_2,此后将溶剂再冷却至 −40℃ 送入油洗段,吸收自该塔下半部分上来的气体中的 CO_2。

甲醇洗塔底物料为含 CO_2 和 H_2S 的甲醇溶液,将其压力降至 2254kPa 送到 CO_2 汽提塔。CO_2 自塔顶出来经冷却后去制尿素,塔底物料送至 H_2S 提浓塔,从该塔上半段底部引出的甲醇液被加热到 −26.8℃ 后返回 CO_2 汽提塔。塔底物料送到甲醇再生塔,将 H_2S 脱除后送到制硫装置,再生后的甲醇作为新鲜洗涤剂使用。

5.6.2 流程模拟

模拟甲醇洗流程遇到的主要困难是气液平衡预测、物性计算和甲醇洗塔模拟。该物系含 H_2O、CH_3OH、CH_4、CO、CO_2、H_2S、H_2、N_2 和 AR 等,这是一个极性物系,一般烃类系统的状态方程和活度系数模型难以描述本系统的相行为和混合物性质。对这样一个有多个进料和多个出料的复杂塔,模拟难度比较大,经研究和模拟实践,总结出以下技术措施。

① 纯组分物性常数取自 Aspen Plus 物性数据库,该数据库包含了本系统全部组分。

② 以 Redlich-Kwong-Aspen 状态方程预测本体系气液平衡和混合物性质。该方程是 Aspen Tech 专家对 RK 方程作了适当修正后得到的,适用于含水、醇混合物的强极性体系。

③ 使用 Aspen Plus 的数据回归法 DRS 求取本物系 Redlich-Kwong-Aspen 方程中的二元交互参数。本物系包含 36 对二元系,收集除 H_2O-AR 和 H_2S-AR 外所有二元系的 53 套平衡数据,以 DRS 法求得本物系 34 套 RK-Aspen 方程的二元交互参数。

④ CO_2 在甲醇中的溶解热是很重要的数据,其正确与否对甲醇洗塔中段回流量的影

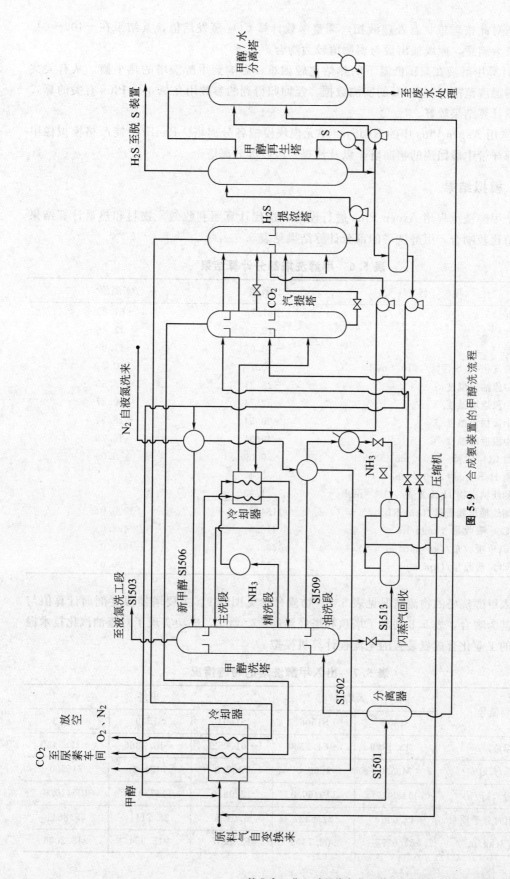

图 5.9 合成氨装置的甲醇洗流程

响很大。对此按理想状态处理液相，调整参数计算 CO_2 蒸发焓值，其结果在 $-100\sim0$℃ 范围内甚为满意，侧线抽出量与实测值较为吻合。

⑤ 计算甲醇液在高压低温下的热焓比较困难，影响到甲醇洗塔的热平衡。从有关文献中查得温度范围 $-75\sim0$℃ 的实测数据，经回归得到的参数用在 Aspen Plus 有关的算式中，热焓计算结果较好。

⑥ 选用 Aspen Plus 中的 RadFrac 单元模块模拟各分离塔。RadFrac 能严格模拟像甲醇洗塔那样带中段回流的精馏塔，以及汽提、吸收等分离塔。

5.6.3 模拟结果

整个甲醇洗流程用 Aspen Plus 进行模拟，迭代计算顺利收敛，物料和热量计算结果与实测值比较吻合，甲醇洗塔的部分计算结果见表 5.6。

表 5.6 甲醇洗塔部分计算结果

项 目	计算值	实测值
塔顶温度/℃	-61.25	-61.25
塔底温度/℃	-12.54	-12.46
侧线温度/℃	-13.03	-11.99
入油洗段气相 H_2S 含量 $/\times10^{-6}$ mol	0.7	0.7
精洗段中段抽出温度/℃	-28.37	-26.65
精洗段中段返塔温度/℃	-52.74	50.37
主洗段中段抽出温度/℃	-20.54	-18.31
主洗段中段返塔温度/℃	-49.91	-49.78
塔顶产物 CO_2 含量 $/\times10^{-6}$ mol	0.09	0.09
塔底产物 H_2S 含量 $/\times10^{-6}$ mol	3533.4	—
油洗段侧线抽出物 H_2S 含量 $/\times10^{-6}$ mol	1.03	—
油洗段侧线抽出物流量/(kmol/h)	3184.3	3300.0
精洗段 CO_2 吸收量/(kmol/h)	418.0	498.0
主洗段 CO_2 吸收量/(kmol/h)	663.0	648.0
油洗段 CO_2 吸收量/(kmol/h)	1105.0	1096.0

出入甲醇洗塔的物流情况见表 5.7，物流号参见图 5.9。主要塔器温度剖面计算值与实测值甚为吻合，表 5.8 列出了塔顶和塔底温度值。到此，成功实现了对渣油汽化技术提供原料的工业化合成氨装置的全流程计算机模拟。

表 5.7 出入甲醇洗塔的物流情况

物流号	入塔		出塔		
	S1502	S1506	S1503	S1509	S1513
温度/℃	-15.1999	-61.2500	-61.2525	-13.0366	-12.5430
压力/kPa	7465.0	9000.0	7402.0	7431.4	7465.0
流量/(kg/h)	111880.0	119460.0	12206.0	113730.0	105410.0
平均相对分子质量	17.6067	31.6327	3.0458	35.7141	35.8641
密度/(kg/m³)	64.6575	902.7309	12.1407	945.954	948.2006

续表

物流号		入塔		出塔		
		S1502	S1506	S1503	S1509	S1513
组成摩尔分数	H_2O	2.0622×10^{-4}	2.9194×10^{-2}	6.9483×10^{-8}	1.8240×10^{-2}	1.8195×10^{-2}
	H_2	0.6182	0.0	0.9605	1.2948×10^{-2}	1.3009×10^{-2}
	N_2	3.0508×10^{-3}	0.0	4.7786×10^{-3}	3.8665×10^{-5}	3.8459×10^{-5}
	O_2	7.5234×10^{-14}	0.0	1.1447×10^{-13}	3.1442×10^{-15}	3.1829×10^{-15}
	AR	5.1041×10^{-3}	0.0	8.0031×10^{-3}	5.7788×10^{-5}	6.0468×10^{-5}
	NE	0.0	0.0	0.0	0.0	0.0
	CO	1.2147×10^{-2}	0.0	1.9051×10^{-2}	1.3909×10^{-4}	1.3533×10^{-4}
	CO_2	0.3535	3.5760×10^{-12}	9.0000×10^{-8}	0.3613	0.3729
	H_2S	1.6346×10^{-3}	5.1652×10^{-7}	2.5071×10^{-8}	1.0327×10^{-6}	3.5334×10^{-3}
	COS	7.2558×10^{-5}	6.4952×10^{-7}	4.1698×10^{-8}	4.7104×10^{-7}	1.5714×10^{-4}
	CH_4	5.2165×10^{-3}	0.0	7.6008×10^{-3}	4.4042×10^{-4}	4.3742×10^{-4}
	CH_3OH	7.2897×10^{-4}	0.9708	9.2383×10^{-6}	0.6068	0.5914

表5.8 塔顶和塔底温度值

塔 名		塔顶		塔底	
		计算	实测	计算	实测
甲醇洗塔	温度/℃ 压力/kPa	−61.25 7402	−61.25 7402	−12.54 7465.00	−12.46 7465.00
H_2S提浓塔	温度/℃ 压力/kPa	−68.29 198.1	−67.62 198.1	−59.32 231.1	−55.29 231.1
甲醇再生塔	温度/℃ 压力/kPa	37.12 305.0	36.00 305.0	97.76 316.45	97.90 316.45
甲醇/水分离塔	温度/℃ 压力/kPa	97.21 322.65	97.79 322.65	140.55 366.50	140.35 366.50

以Aspen Plus对某渣油汽化作原料的合成氨装置建立了全流程模型,对棘手的甲醇洗工段模拟采取了一系列技术措施,最终模拟结果与工厂数据吻合。这项建模技术对合成氨生产操作和工艺改造收到了预期效果,对生产装置运行起了积极的指导作用。这项工作说明,借助Aspen Plus这样的模拟工具,配合必要的基础研究工作,由熟悉生产的工程师和专家合作,是取得具有实用价值的模拟成果之途径。

5.7 流程模拟技术在石油化工中的应用案例分析

本例利用大型流程模拟软件系统,分别对乙烯装置进行离线模拟优化和对合成氨装置进行在线模拟优化，分析探讨了离、在线模拟系统的功能特点差异，以及系统中数据校正模型、基础工况模型的开发技术及应用效果。

5.7.1 两种模型的功能及特点差异

离线模型及在线模型的总体结构如图 5.10 和图 5.11 所示。

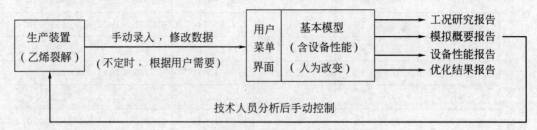

图 5.10 离线模型总体结构

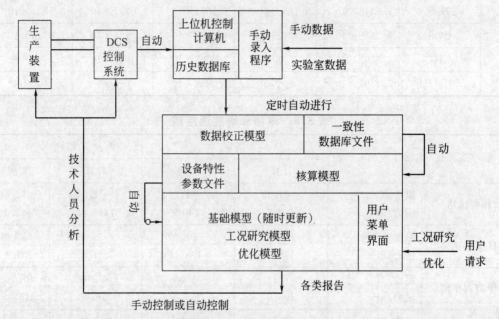

图 5.11 在线模型总体结构

从表 5.9 功能项一栏及图 5.10、图 5.11 中，我们可以看出离线模拟系统与在线模拟系统有着较大差异，突出表现在以下几个方面。

① 离线模拟系统不能自动读取装置的现场数据（只适合于无 DCS 控制装置），它的应用是根据装置现场用户的要求随时计算的。应用时可人为地调整模拟系统的结构和收敛性，人为因素多，灵活性大，故在真正的模拟核算之前，不必具有数据校正功能，但对最终用户的计算机模拟技术水平要求较高。而在线模拟系统自动化程度更高一些，它每小时一次自动读入现场数据进行运算，给出结果，用户不必干涉很多。

② 离线模拟系统仅有一个包含了设备性能的基础核心模型（见表 5.10 中的模型层次栏），设备特性参数在模型中以规定给出，不随应用时间而改变。而在线模拟系统则是在数据校正之后，首先通过大量的现场数据自动驱动核算模型，核算出设备当前的性能参数（如换热器的 U、压缩机的 EFF 等），然后将该性能参数自动带入下一个更高级模型——基础工

况模型(见表 5.10 中的模型层次栏,共包含了五个模型),由于该模型与生产装置现状相吻合,因而,在此模型基础上所做的工况研究、优化的计算结果能够指导生产操作。

表 5.9 乙烯、合成氨模拟系统基本构成一览表

项目		装置	乙烯装置离线模拟系统	合成氨装置在线模拟系统
模拟软件			Aspen Plus SPVRO(裂解炉专用模拟软件)	Datacon、 Pro/II
配件配置 操作系统			VAX4400 RAM32MB 硬盘 2CB VMS 操作系统	RSIC6000 RAM64MB 硬盘 4CB UNIX 操作系统
模型层次			基础模型	数据校正模型 核算工况模型 工况研究模型 基础工况模型 优化模型
数据输入			手动	DCS 自动
功能	数据校正		无	有
	核算		有(人为)	有(自动)
	预测性工况研究		有(人为)	有(请求式自动)
	优化		有(人为)	有(请求式自动)
模拟语言输入行数			3688 行	2285(Datacon 模型)+ 6490(Pro/II)=8775
单元操作模块			322 个	78(Datacon 模型)+136 (Pro/II)=214 个
物流个数			511	198
Fortran 模块			63	16
设计规定			29	11
断裂流股数			25	34
收敛模块			38	4

③ 离线模拟系统在应用时只需输入单元设备进口处的操作数据,不需要出口处的操作参数(尤其是换热器),并可以对不收敛的工况手动处理。而在线模拟系统由于每小时自动地读取一次现场 DCS 数据,且自动地驱动核算模型、自动建立或更新基础模型,所以它同时需要单元设备进口处、出口处的操作参数。因此就数据来看,在线模拟系统比离线模拟系统要求的数据量多,且数据的准确性高,使整个模拟系统具有良好的收敛性。

由于离线模拟系统是通用模拟软件的一般性应用,没有更多的特殊技术,而在线模拟系统则有其特定的开发技术,比自动化控制技术中的辅助决策更进了一步。此外,从表 5.10 中还可以看出,这两种模拟系统所涉及的流股数、单元模块数、断裂流股数、收敛模块数、设计变量数等各不相同,除断裂流股数外,离线系统均比在线系统大得多。以下着重介绍合成氨的在线模拟系统开发技术。

5.7.2 在线模型的开发技术

(1) 开发过程

化工装置专用模型的开发，整个过程可划分成六个阶段，分别是：

① 系统分析、确定开发目标；
② 系统信息、数据准备；
③ 建立基本模型；
④ 现场试用、调优；
⑤ 项目交接验收；
⑥ 运行维护并进一步优化。

在这六个阶段中，最为重要的是第②、③阶段，它们可占项目总时间的一半以上。

(2) 模型的内部结构

由于离线模型仅仅是由一个包含了设备性能设计规定的基础模型构成，故它的模型开发比较常规，根据所选的模拟语言规则，按模拟流程图单元设备顺序编写输入文件，然后经调试收敛后便可得到模拟结果。而在线模型是由五个层次模型构成，见图 5.12，而这五个层次模型都有各自独特的功能及目的。

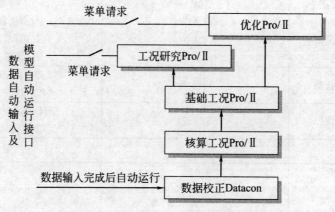

图 5.12　在线模拟系统各模型的开发层次

(3) 在线模型的掩码开发技术

在线模型的开发方式与常规的离线模型有所不同，首先是用数据校正软件 Datacon 建立数据校正模型单独写一个输入文件，而以软件 Pro/Ⅱ为平台的另外四个模型则合并写在一个整体的掩码模型文件中。该掩码文件，经一个名为 Megermsk 的实用程序，交替在核算工况、基础工况、工况研究和优化之间切换。在掩码文件中还可以将输入现场数据的地方仅用其位号名表示，而真正的数据值从相应的 DCS 数据文件、手动数据文件中读出，这使整个在线模型的输入变得高效、简捷且修改方便。

(4) 在线基础模型的自动更新

这是在线模拟系统的关键技术。离线模型建模时，将设备的操作特性作为定值写到输入文件中，若现场条件随时间改变后(如换热器结垢)，必须人为地去修改模型。若修改不及时必然造成模拟结果与现场不符，影响应用效果。而对于在线模型，由于基础模型前面有核算模型，而核算模型可核算出设备的性能参数，然后再放入基础模型中作为设备的特性规定，核算是按小时自动进行，因此在线的基础模型是随时间不断更新的，是时时刻刻与现场相符合的，故在此基础上所作的工况研究和优化将更具有科学性。例如基础工况中某换热器性能参数随时间是不断更新的，见表5.10。

表 5.10 合成氨装置中某一换热器的 U 值

换热器名称	核算模型运行日期	基础模型中的 U 值
114-C	93.4.19	512.3
114-C	93.9.27	498.4
114-C	94.6.30	477.8
114-C	94.11.4	476.4

5.7.3 模型应用

无论是离线还是在线过程模型，开发的基本要求是准确地再现装置运行情况和对各种工况研究进行预测性分析。在现场试运行验证模型基本达到要求后，便可以灵活地利用它来解决工艺生产中的各类问题。下面列举几个应用实例。

> 模型应用1　根据产品和原料的改变寻找最佳的操作条件。
>
> 某时期，乙烯产品畅销，售价良好，而丙烯产品却严重压库销售不佳。工艺部门提出提高炉出口温度5℃左右(目前848℃)，增加裂解深度，以保证多产乙烯，少产丙烯。而设备管理部门不同意，因为这将可能引起炉管结焦加速而烧穿炉管(允许承受的最高管壁温度为1062℃)，造成更大的损失。为了科学地决策，应用模型进行了模拟计算，见表5.11。
>
> 表 5.11　16t/h 轻烃进料共裂炉产品收率模拟计算一览表
>
> | 炉出口温度/℃ | 乙烯收率/wt% | 丙烯收率/wt% | 丁烯收率/wt% | 丁二烯收率/wt% | 45天后管壁最高温度/℃ |
> | --- | --- | --- | --- | --- | --- |
> | 847 | 37.72 | 10.09 | 0.52 | 3.23 | 1029.7 |
> | 848 | 37.83 | 9.97 | 0.51 | 3.23 | 1031.7 |
> | 849 | 38.05 | 9.74 | 0.49 | 3.21 | 1033.9 |
> | 850 | 38.16 | 9.62 | 0.48 | 3.21 | 1035.7 |
> | 851 | 38.27 | 9.50 | 0.47 | 3.20 | 1037.5 |
> | 852 | 38.38 | 9.38 | 0.46 | 3.19 | 1039.3 |
> | 853 | 38.47 | 9.27 | 0.45 | 3.18 | 1041.0 |
> | 854 | 38.57 | 9.15 | 0.44 | 3.18 | 1042.3 |
> | 855 | 38.67 | 9.03 | 0.43 | 3.17 | 1046.6 |
>
> 从表5.11所列出的模拟计算结果可以看出炉出口温度上调5℃至853℃时，45天后管壁最大温度为1041℃，比允许的1062℃还低21℃，由此可见，只要严格控制，就不会出现提前烧穿炉管的事故。依据上述分析，将炉出口温度由848℃提到852℃增加了4℃，初步计算在调整生产后的2个半月时间里，为该厂增加经济效益87.3万元。

模型应用2　最优化计算

合成氨装置三个最优化目标确定为最小能耗、最大效益、最大产量。在设备约束条件下，对装置进行效益最高的优化计算，调整合成塔的出口温度控制在490℃，模拟优化后获得纯利润为105.2元/h。

模型应用3　设备的运行监视

根据数据校正软件Datacon计算的结果，提出了仪表维护、检修计划，坏位号清单见表5.12。

表5.12　软件Datacon计算后的坏位号清单

序号	物流	参数	单位	位号	标准偏差	测量值	计算值
1	1060	组成	摩尔分数	1015-N2	2.32889E-03	0.0399	7.47180E-0
2	4007	流量	km^3/h	FRC63	0.4920	16.4000	12.278
3	3005	温度	℃	TR134	1.6667	331.0000	313.352
4	3048	温度	℃	TR98	1.6667	279.0000	259.542
5	3042	温度	℃	TR44	1.6667	4.4000	−3.783

连续使用ROM(Rigorous on Line Modeling)，根据时间序列的数据对合成氨装置27台换热器性能进行评价和动态监视，大修中提出了清洗方案，检修投资降低了4%。

本章具体要求

1. 了解化工流程模拟的基本概念和主要内容。
2. 了解流程模拟的基本原理和方法。
3. 掌握化工流程模拟软件的基本结构及应用目标。
4. 掌握基于流程模拟优化技术的基本原理及应用。

● 思考题

5-1　流程模拟有哪几种方法？

5-2　过程系统模拟的三种层次各有什么特点？

5-3　流程模拟有哪些用途？

第 6 章

数据库技术基础

> **本章内容提示**
> 1. 数据库技术的基本概念和数据库应用架构
> 2. 数据库应用开发步骤
> 3. 数据库建模方法——ER 图
> 4. ER 图—关系模型—数据库设计的转换

6.1 数据库技术概述

企业信息化从某种意义上讲，就是一个信息采集、加工和发布的过程，化学工业的设计研发、过程控制和生产经营都离不开对大量生产实时数据和业务数据的分析与利用。而数据采集、传输、存储和处理始终是信息技术发展的主线之一，实现数据的结构化存储与检索，为信息使用者及时、准确地提供相关信息，满足各种不同的应用要求，因此有必要掌握一定的数据库技术应用基础。

6.1.1 数据库系统应用示例

首先通过化学工业的几个数据库系统应用典型示例，建立对数据库技术的感性认识。

(1) 设备管理系统

设备管理是化学工业企业重要的管理内容，在设备管理系统中，典型信息内容包括：

① 设备信息：设备编号、设备名称、型号、类型、启用日期、使用年限、设备原值、折旧期、折旧方法、设备现值、使用单位、工艺参数、备品备件等信息；

② 制造信息：设备编号、设计单位、设计人员、制造单位、制造日期等信息；

③ 运行台账：记录班组、记录时间、记录人、操控记录、备注事项等信息；

④ 维修保养信息：任务编号、设备编号、维保日期、维保单位、大小修类型、消除故障、耗费工时、耗用备件等信息。

设备管理系统典型的操作包括设备档案、技术资料、资产、运行及维保等相关信息的登记、存储和检索等，支持用户以多种条件和方式，统计分析设备状况、运行效能、经济性以及风险与可操作性等。

(2) 化工过程 DCS 系统

化工生产过程的 DCS 控制系统包括组态数据、实时数据、安全信息、报警信息、历史数据等相关信息的管理。典型信息内容包括：

① 组态信息：工艺控制参数、I/O 管理参数、预处理机制、滚动存储参数、补偿机制、进程管理机制、操作权限、存储及备份条件等；

② 实时数据：位号、单位、量程、时序变量、过程变量、操作过程及变量等；

③ 安全信息：化学品种类、化学性质、安全风险类型、预制措施等；

④ 报警信息：报警类型、报警条件、响应操作、文本信息、音频信息等；

⑤ 历史信息：存储介质、存储周期、时序变量、过程变量、操作变量、报警信息等。

DCS 系统的典型操作包括根据工艺设备、硬件环境、控制要求等条件进行 DCS 组态配置，按不同作业类型所要求的响应速度和数据大小，决定数据存取策略。通过数据源接口读写通信设备寄存器的现场值，并按预处理机制对原始数据进行处理，如数据转化等，对异常状况或波动产生报警信息，并按预设安全策略决定是否采取应急措施。DCS 还支持对历史数据进行多种介质的外存储，历史数据可检索、统计、分析，并支持对控制进行优化。

(3) 电子商务系统

电子商务购物由于商品种类齐全、价格实惠、配送便利，已经成为人们重要的生活方式，数据库技术是电子商务取得成功的重要技术基础。其业务系统的数据项包括：

① 商品信息：商品名称、单价、进货数量、供应商、商品类型、物流中心储备等；

② 供应商信息：供应商编号、名称、类型、所属地区、供应商品、信誉等；

③ 顾客信息：顾客编号、顾客姓名、类型、所属地区、建档期、交易历史等；

④ 销售信息：订单号、网店、销售日期、顾客、商品、数量、单价、折扣、总价、配送方式、结算方式、交易状态等；

⑤ 结算信息：订单号、结算日期、顾客、结算方式、结算金额、供应商、物流企业等。

电子商务业务系统的主要功能包括支持顾客购买并记录信息，优化商品结构，分析商品各地区出货情况，优化物流配送、进货商品结构和促销宣传。

(4) 流程模拟软件系统

流程模拟软件有强大的稳态和动态模拟功能，完备的数据库系统是其重要的技术组成。流程模拟软件数据库的主要信息内容包括：

① 模块信息：功能模块编号、模块名称、适用单元设备、模拟模型表达、接口类别等；

② 模型信息：基础工况模型、工况研究模型、核算工况模型、数据校正模型、适用算法、物性数据接口等；

③ 算法信息：算法名称、类别、输入参数、边界条件、解算方法、输出结果等；

④ 物性信息：物资名称、相对分子质量、临界温度、临界压力、溶解度参数、标准生成热和标准生成自由焓等；

⑤ 工艺信息：单元设备、操作类型、工艺节点、节点时间、实测数据等；

⑥ 模拟结果信息：任务号、单元设备类型、模拟模型、节点时间、实测数据、模拟结果数据等。

模拟软件系统典型的操作包括选择单元设备类型、配置物性参数、输入工艺条件和实测数据、选择模拟模型和算法，进行模拟计算并存储结果，分析模拟的正确性。

(5) 化工企业 CIPS 系统

CIPS 系统是化学工业基于数据库技术的应用集成。系统中包括以下数据项目：
① 工艺指标：设备、工艺控制点、温度、压力、流量、反应物、产物等；
② 实时数据：工位点、采集时间、检测指标、检测值等；
③ 经营实绩：销售收入、销售成本、制造成本、期间费用、利润及税费等；
④ 计划 & 决策：计划期、产品、数量、价格、金额、质量标准等；
⑤ 知识体系：模型规则库、约束边界、限制条件、语义及词典等。

CIPS 系统从化工过程建模开始，集成先进控制、过程优化、安全评估、调度排产、市场运营、计划 & 决策、知识管理等全业务领域，数据是贯穿其间的主轴，也是基础。

6.1.2 数据库系统的作用

数据库是许多数据的集合，数据库管理系统(DataBase Management System，DBMS)是管理这些数据集合的计算机软件系统，也称为数据库系统。数据库系统的主要功能包括定义数据库架构、管理大量数据、控制多用户访问以及执行数据库操作等。

(1) 数据库定义功能

为存储大量数据，需要定义数据库和数据库中的各种架构，例如数据表、视图、索引等对象，并且还可以对这些数据库和数据库架构进行修改和删除。

(2) 管理大量数据

数据库技术支持管理大量数据，在服务器阵列技术支持下，数据库产品可满足多达 10TB 在线数据的应用要求。10TB 是一个很大的存储量，约为 5 万亿～6 万亿个汉字的记录量，对化工企业而言，则相当于：
- 企业设备管理系统中，10 亿套设备资料或 50 亿条设备运行记录；
- 复杂设备单元的 DCS 系统中，可以存储 20 年以上的历史数据；
- 电子商务业务系统中，大约可以存储 40 亿笔商品交易信息；
- 流程模拟软件系统，可导入企业至少 5 年的实时工艺数据；
- CIPS 系统中，大约可以存储化工企业 10 亿笔各类业务记录，支撑企业 10 年以上的信息管理需求。

(3) 数据查询功能

数据库系统提供了可以查询数据库中数据的查询语言，这种语言也可以称为数据操纵语言(Data Manipulation Language，DML)，使用该语言可以在数据库中执行数据更新、查询操作，例如，按条件检索数据，或插入、编辑、删除数据等。

(4) 控制多用户的访问

对于存储大量数据的数据库应用系统来说，会有各种需求的用户。控制多用户的访问包括两层含义，第一层含义是不同用户只能使用适合自己需要的数据和执行被允许执行的操作，第二层含义是不同用户操作互不影响。

6.1.3 常见的数据库系统

当前,在数据库市场上群雄逐鹿,供应商都希望有一个功能强大、操作方便、运行稳定、价格低廉的数据库系统。Oracle、Microsoft SQL Server、Microsoft Access、Visual FoxPro、Sybase、Informix 等产品凭借自己特有的功能,在数据库市场上占据了一席之地。

(1) Oracle

Oracle 是第一个商品化的关系型数据库管理系统,广泛应用于电信、电力、金融、政府及大量的制造业企业。作为一个通用的数据库系统,Oracle 具有完备的数据管理功能,包括存储大量数据、定义和操纵数据、并发控制、安全性控制、完整性控制、故障恢复与高级语言接口等。Oracle 支持各种分布式功能,支持 Internet 处理。Oracle 使用 PL/SQL 语言执行各种操作,具有可开放性、可移植性、可伸缩性等功能,并在集群技术、高可用性、商业智能、安全性、系统管理等方面都领跑业界。

(2) Microsoft SQL Server

Microsoft SQL Server 是一种典型的具有客户机/服务器体系架构的关系型数据库管理系统,它使用 Transact-SQL 语句在服务器和客户机之间传送请求和回应,Microsoft SQL Server 与 WindowsNT 完全集成,调用了 NT 的许多核心功能,同时也可以在许多操作系统上运行,具有可靠性、可伸缩性、可用性、管理性强等特点,为用户提供完整的数据库解决方案。SQL Server Express 版是免费的,可以再分发(受制于协议),是独立软件供应商、服务器用户、非专业开发人员、Web 应用程序开发人员、网站主机和创建客户端应用程序的编程爱好者的理想选择。SQL Server Express 可以无缝升级到更高的 SQL Server 版本。

(3) Microsoft Access

Microsoft Access 是一个面向对象的、事件驱动的关系型数据库管理系统。不同于 Oracle 和 SQL Server,Access 是桌面型的数据库,能有效管理的数据量级相对较小,但仍然支持数据库管理系统的主要功能,包括存储信息的数据表、显示人机交互界面的窗体、检索数据的查询、信息输出的报表、提高数据库应用效率的宏和功能强大的模块工具等。同时 Access 应用简单,无需编写任何代码,通过直观的可视化操作就可以完成大多数的数据管理任务。另外 Microsoft Access 作为 Office 组件之一,可以与 Word、Excel 等办公软件进行数据交换和共享。

(4) 实时数据库

化工装置运行中有大量测量数据需要采集和存储,而且接口访问复杂,一般的关系数据库难以满足其存储速度和容量要求。20 世纪 80 年代中期诞生了以工业监控为目标的实时数据库,其采集速度和响应速度可达到毫秒级,并采用压缩技术和二次过滤技术,使存储的数据得到最有效压缩,从而节省硬盘空间。90 年代以来,由于计算机控制技术以及以太网技术在化学工业中被广泛应用,实时数据库得到巨大发展。目前化学工业领域常用的实时数据库有:OSIsoft 公司的 PI 系统、Aspen 公司的 InfoPlus、Honeywell 公司的 PHD(Process History Database)等。由于 Honeywell 占化工行业 DCS 很大市场份额,因此 PHD 在化工行业使用比较广泛。PHD 内核使用的是 Oracle 关系数据库。

6.1.4 数据库应用程序的开发过程

开发数据库应用程序包括生命周期法和原型化法。生命周期法把信息系统开发从初始到结束划分成若干个任务阶段，然后按照一定的准则按部就班地完成。原型化法的基本思想是：并非所有的需求都能预先明确地定义，反复修改是必要的、不可避免的。数据库应用程序开发包括调查研究、系统分析、系统设计、系统实施、系统评价五个阶段。

① 开发信息系统的目的是为了在业务原型基础上经过分析和设计，构建一个基于信息技术的应用系统。因此在对系统进行设计之前，必须对现有业务模式进行全面调查研究，明确任务目标、设计边界和业务清单等。

② 系统分析是信息系统开发工作中的一个重要阶段，此阶段开发人员对业务系统进行目标分析和需求分析，分析内容包括：功能需求、环境需求、安全保密要求、用户界面需求、资源使用需求和开发费用与开发进度要求等，进而设计出信息系统的逻辑模型，完成系统分析说明书。

③ 系统设计又称为物理设计，是根据信息系统的逻辑模型来建立物理模型，解决基本业务流程、组织结构、模块划分和功能分配等系统如何工作的问题，继而完成系统相关设计。设计主要内容包括系统总体结构设计、数据库设计、输入/输出设计、界面设计、计算机系统设计、数据通讯网络设计等，并完成系统设计说明书。

④ 系统实施工作包括确定系统实施的领导、程序的编制、人员培训、系统调试和部署等。同时此阶段将依据系统设计，完成用户组织机构、人员和设备设施的相应准备，并完成对象业务系统的工作流程及方式的变革。

⑤ 系统评价阶段包括系统维护和评价两方面内容。信息系统是一个复杂的大系统，由于系统内外环境的变化、各种人为的、机器的影响等，要求系统能够适应这种变化并且不断完善，这就需要系统的维护。当系统完成并运行之后，应该对系统是否达到设计的目标及程度进行评价。

6.1.5 数据库系统架构

数据库系统架构指数据库系统中数据存储、管理和使用的规范形式，包括数据存储架构、数据视图管理架构和数据库应用架构。

(1) 数据存储架构

在数据库系统中，有两种描述形式表示数据，即物理数据描述和逻辑数据描述。它们之间的转换通过数据库管理系统来实现。数据存储架构就是指数据库中物理数据和逻辑数据的表示形式以及它们之间关系映射方式的说明。图6.1反映了它们之间的关系。

1) 物理数据描述

物理数据描述指数据在存储设备上的存储方式，物理数据是实际存放在存储设备上的数据，这些数据也可以称为物理记录。在图6.1的左边，物理记录包括0081、0082、0083、0084和0085等对象所对应的二进制数据值。

2) 逻辑数据描述

逻辑数据描述指用户或程序员用来操作的数据形式，逻辑数据是一种抽象的概念，是对客观世界的反映和记录，这些数据也可以称为逻辑记录。在图6.1中的左边，逻辑记录包括标识号为0081、0082、0083、0084和0085的实体。

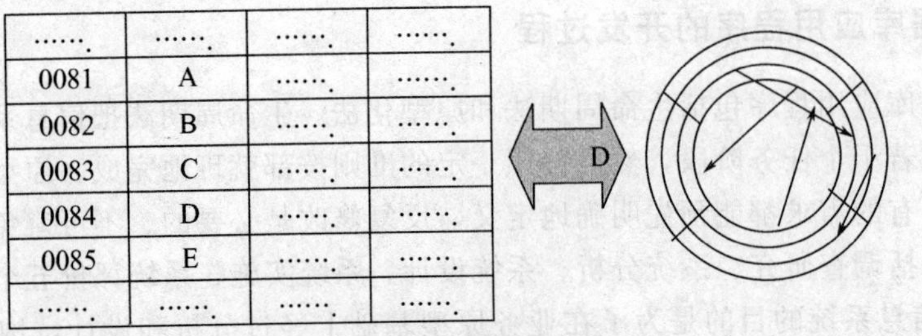

图 6.1 物理数据和逻辑数据关系示意

逻辑数据包含了两个层次，一个是对客观对象的描述，另一个是对数据库管理系统中数据的描述。在对客观对象的描述中，使用的术语如下：

① 实体(Entity)：以实体来描述客观存在的对象，实体既可以是具体的、有形的对象，也可以是抽象的、无形的对象。例如，一个设备是一个有形对象，一次设备设计则是一个无形的对象。

② 实体集(Entities)：特性完全相同的同类实体的集合称为实体集。例如，一个企业所有的设备是一个实体集，该企业的所有设备设计过程也是一个实体集。

③ 属性(Attribute)：实体的特性称为属性。每一个属性都有一个值域，这些值域可以是整数类型、浮点数类型、字符类型、日期类型等。例如，实体设备的属性包括设备名、设备类型、设备编号、启用日期、使用期限、设备原值、设计者等，这些属性对应的值域分别是字符类型、字符类型、字符类型、日期类型、整数类型、浮点数类型、字符类型等。

④ 标识属性(Identifier)：能够唯一地标识每一个实体的属性或属性集。例如，设备的设备号是实体设备的标识属性，设备设计实体的标识属性包括设计员编号和设备号两个属性。

以上逻辑数据最终要通过数据库管理系统转换成物理数据，在数据库管理系统中描述逻辑数据的术语如下：

① 记录(Record)：数据项的集合称为记录，一条记录表示一个具体的实体。例如，记录(二氧化碳吸收塔，塔器，07-01-0302，1992.08.05，15，180000.00)表示某台设备"二氧化碳吸收塔"，设备类型为"塔器"，编号"07-01-0302"，1992年8月5日启用，使用期限15年，设备原值180000.00元。

② 关系(Relation)：也称为数据表(Table)，在关系型数据库系统中，同一类记录所在的集合称为关系。关系是用来描述实体集的，它包括了一个实体集的所有记录。例如，所有的设备可以组成一个 Equipment 关系，在关系数据库中就是一个 Equipment 数据表。

③ 数据项(Data Item)：也称为字段(Field)，是标记实体属性的可以命名的最小信息单元，数据项的命名一般采用属性的描述性名称。这些名称由数据库系统设计人员以中文或字母命名，如本书定义设备名称、设备类型、设备号、启用日期、使用年限、设备原值和设计者等属性的数据项名称分别为 Name、Type、Serial number、Use date、Time limit、Value 和 Designer。

④ 键码(Key)：也称主键(Primary Key)，对应于标识属性。在关系型数据库系统中，能够唯一地标识关系中每一条记录的数据项或数据项集的称为关系的键码。例如，关系 Equipment 中 Serial number 数据项是 Equipment 关系中每一条记录的键码。

逻辑数据和物理数据术语的对应关系如图 6.2 所示。在该图中,客观实体(设备)经过两层逻辑数据的描述,最后成为实际存储的物理数据。

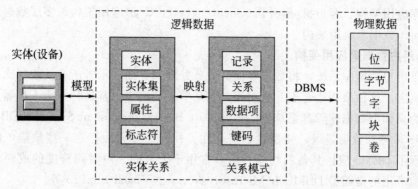

图 6.2　逻辑数据和物理数据术语的对应关系示意

(2) 数据视图管理架构

数据在存储过程的不同阶段有不同的表现形式,这种数据的不同表现形式也可以称为数据视图(Data View)。数据视图就是从某个角度看到的数据特性,如可以从工艺、设备、安全、质量等不同角度分析设备运行数据。数据视图管理架构指在数据库系统中如何使用数据视图来定义和管理各种逻辑数据和物理数据。

目前,数据视图管理架构使用三模式方法:外模式、内模式和概念模式。外模式是随着事务环境和用户需求而变化的数据呈现视图,即用户交互界面;内模式是数据在计算机存储和检索的模式,也称为物理数据视图;概念模式是提供数据含义和相互关系的数据视图。图 6.3 是三模式方法的示意图。良好的用户视图可以满足数据库用户在各类场景下,对数据多种应用模式的要求。物理视图作为信息化时代数据资源的基本形式,优秀的设计能够满足长期、多样、多变,甚至是一些未知形式的要求。因此,数据库内模式设计人员应当对对象专业领域以及信息技术都有深刻的理解和认识。

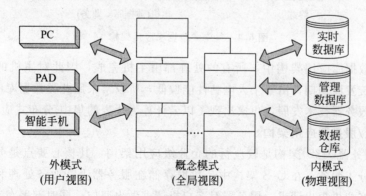

图 6.3　数据视图管理架构示意

(3) 数据库应用架构

在一个数据库应用系统中,包括数据存储层、业务处理层和界面表示层等三个层次。数据存储层完成数据操作,一般由数据库系统来完成。业务处理层是数据库应用系统处理与用户紧密相关的各种业务操作,这一层次的工作通常使用某种程序设计语言编程来完成。界面表示层是数据库应用系统提供给用户提出请求和接收响应的可视化操作界面。

数据库应用架构是指数据库应用系统中数据存储层、业务处理层、界面表示层以及网络通讯之间的布局和分布。数据库系统应用架构归为五类，即单用户数据库应用架构、集中式数据库应用架构、客户机/服务器(Client/Server，C/S)应用架构、多层数据库应用架构和 Internet 数据库应用架构。

(1)单用户数据库应用架构

基于单用户数据库系统，将数据存储、业务处理和界面表示等所有功能层次都部署在一个计算机上，这种架构适合于互联网用户和某些移动用户。常运行在个人机器上的数据库系统称为桌面型数据库管理系统(Desktop Data Base Management System，DBMS)。桌面型 DBMS 虽然在数据量级、完整性、安全性、并发性等方面存在一些缺陷，但是已经基本上实现了 DBMS 应该具备的功能，所以常用于个人的、短时间跨度的或简单的数据管理。当前常用的桌面型 DBMS 有 Microsoft Access、Visual FoxPro 等。

(2)集中式数据库应用架构

集中式数据库应用架构是一种主机和终端结合的系统，这种结构是将操作系统、应用程序、数据库系统等数据和资源都部署在作为核心的主机上，而终端只作为主机的输入输出设备，承担用户交互任务。在这种应用架构中，数据存储层和业务处理层都放在主机上，只有界面表示层放在终端上，如图 6.4 所示。

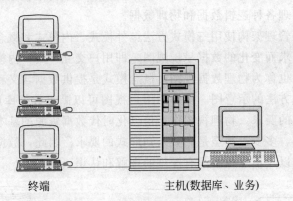

终端　　　　　　　主机(数据库、业务)

图 6.4　集中式数据库应用架构

在集中式数据库应用架构中，所有的处理都由主机完成，因此对主机的性能要求很高。数据库系统发展初期，由于个人电脑性能偏低，所以常采用此类数据库应用架构。目前随着网络和服务器技术发展，再次出现了以云计算为代表的集中-分布式应用架构。

(3)客户机/服务器应用架构

客户机/服务器(C/S)架构是较流行的企业级应用架构，其核心要点是分别部署服务功能，以实现分工服务。在 C/S 架构中，数据存储在服务器上，业务处理和界面表示则在客户机上，客户机提出请求，服务器对客户机请求做出回应，同时部署在客户机上的应用程序借助于本地计算资源可以实现较复杂的逻辑处理。客户机/服务器应用架构如图 6.5 所示。化工过程控制系统(如 DCS 系统)是典型的客户机/服务器架构。

在客户机/服务器应用架构中，客户机负责管理用户界面、接收用户数据、处理应用逻辑、生成数据库服务请求，然后将这些请求发送给服务器，并且接收服务器返回的结果。服务器则接收客户机的请求，处理请求后返回结果给客户机。这种架构的好处是整个系统具有较好的性能，可以几个 CPU 并行地处理应用需求，还可降低数据传输量。

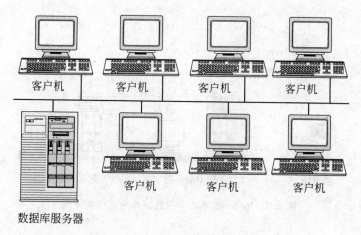

图 6.5 客户机/服务器应用架构示意

(4) 多层数据库应用架构

多层数据库应用架构的结构更加复杂,有多层、多个数据库服务器或应用服务器。数据放在数据库服务器上,业务处理层在应用服务器上实现,简单的业务处理和界面表示放在客户机上。多层数据库应用架构的数据安全性比 CS 架构更好。如图 6.6 所示的多层数据库应用架构中,包含了两个数据库服务器和一个应用服务器。银行业务系统、电子商务系统通常为多层数据库应用架构。

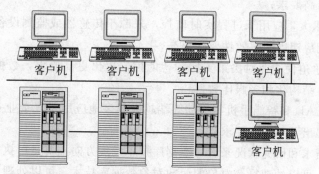

图 6.6 多层数据库应用架构示意

(5) Internet 数据库应用架构

为适应互联网应用模式和操作特性的需求,数据库应用架构也随之发展,出现了 Internet 数据库应用架构,也称为浏览器/服务器(B/S)应用架构。

C/S 架构系统的业务处理在客户机上完成,因此每个客户机上都有一个客户端软件,当客户端程序修改后就必须在所有客户机上进行升级,为了解决这种不方便,于是出现了 B/S 数据应用架构:应用程序在服务器上执行,客户端则将浏览器作为前端运行环境,承担界面展示功能,如图 6.7 所示。

浏览器/服务器应用架构的核心是 Web 服务器,它负责接收浏览器的超文本传输协议(Hyper Text Transfer Protocol,HTTP)数据请求,然后根据任务请求到数据库服务器获取相关的数据,并把结果翻译成超文本标记语言(Hyper Text Markup Language,HTML)文件传送给提出请求的浏览器。企业网站、办公自动化(OA)系统一般为 B/S 架

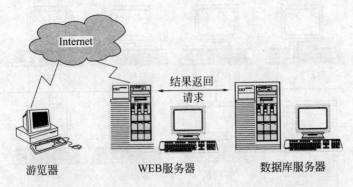

图 6.7　Internet 环境下的数据库应用架构示意

构,现在企业管理信息系统也采用此类架构。

6.1.6　数据库技术发展趋势

一些新的应用需求对数据库技术提出了挑战,主要表现在以下几个方面:

① 由于企业产业链延长,技术复杂度增加,数据库系统常常需要面对多变的异构信息集成环境;

② 全球化条件下,企业应用需要支持协同工程和工作流管理,这对复杂环境下的数据一致性提出了更高要求;

③ 物联网技术大量应用于过程实时监控,来源于传感器或监测设备的实时和动态数据量剧增,且对响应速度和时效性要求很高;

④ 激烈的竞争迫使企业对决策支持和智能控制提出更高要求,数据库业务将面对更多的半结构化、非结构化和多媒体数据;

⑤ 笔记本、PAD 和智能手机等移动终端越来越多地应用于复杂业务处理,对数据的分布式处理架构提出了更高的要求。

从目前应用需求和研究状况来看,数据库技术发展方向主要是可执行分布式处理的分布式数据库技术、可以处理复杂对象的面向对象数据库技术、可以处理多媒体海量数据的多媒体数据库技术、可以对数据库中数据进行多维和历史分析的数据仓库技术、可以支持复杂事务和协调处理的工作流数据库技术,这种发展趋势如图 6.8 所示。

图 6.8　数据库技术发展趋势

(1) 分布式处理和分布式数据库

网络环境下的应用如只依靠单个服务器已难以满足要求,而是需要在远程调用多台服务器提供服务,这种使用不同位置的计算机来满足用户需要的计算方式称为分布式处理。例如 Google 将分布式数据库应用于 Web 索引、Google Earth、Google Finance 等,这些应用对数据库的并发业务、数据量和响应速度都提出了严格要求,分布式处理和分布式数据库是云计算的基本架构模式,其结构如图 6.9 所示。

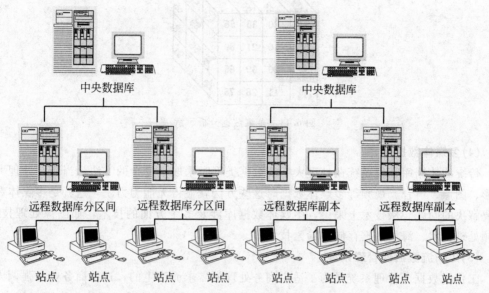

图 6.9 分布式中央数据库示意

(2) 面向对象数据库

在实际应用中,对数据库的要求越来越高。不仅要存储和检索结构化的数字和字符信息,还要能存储和检索各种复杂对象,如图形、图像等信息。传统的 DBMS 不能很好地处理这种基于复杂对象的应用需求。如图 6.10 所示的面向对象数据库,存储对象不仅仅有简单数据类型对象,而且有非常复杂的数据类型对象,例如,ID 号为 COBD5 的对象,其属性类型分别是 Person、Tree、Document、Map,它们由复杂的二进制类型组成。

ID	Person	Tree	Document	Map
AOBC9				
COBD5	👤	🌲	📄	🗺
FOAA8				

图 6.10 面向对象数据库示意

(3) 数据仓库数据库

数据仓库是面向主题的数据集合,是为企业各层级决策制定过程提供支持的所有类型数据的集合。数据仓库可以理解为一个大数据库,从多个角度组织和存储企业所有业务数据。数据仓库的使用也是一个数据分析处理过程,主要是使用在线分析处理(On Line Analysis Processing,OLAP)工具进行多维数据分析。多维数据分析如图 6.11 所示。数据仓库有面向主题、集成性、稳定性和时变性等特点。

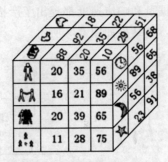

图 6.11　多维数据分析示意

(4)多媒体数据库

传统的数据库管理系统在处理大字节数据类型时采取了复杂的方法,当需要处理大量图形、图像、声音、视频等多媒体数据时这些方法就显得无能为力了,这就是多媒体数据库要解决的问题。从技术上来讲,多媒体数据库涉及多个方面的技术,如图像处理技术、视频处理技术、海量数据存储和检索技术等。

(5)工作流数据库管理系统

工作流数据库管理系统是为了适应商务处理的需求而产生的,这些商务业务强调人员协调性,包括业务请求、何人何时做何事以及汇报工作完成情况、评价工作满意程度等。工作流数据库管理系统包括诸如活动、控制流、输入、输出、数据流、条件等概念,工作流数据库管理系统是在数据库基础上完成的,它对传统数据库技术提出了一些特殊的要求,例如长流程事务支持、多活动进程协调以及对共享数据库的访问等。

6.2　库建模——ER 图

现实世界由被称为实体的基本对象和这些对象之间的联系组成,建立数据库模型需要研究上述相关对象实体的信息内容与相互联系,然后把信息转换为结构化数据,存入到数据库管理系统中。实体联系(Entity Relationship,ER)图是建立数据模型的有效方法。ER 图是一种语义模型,使用图形模型方法,将对象实体和实体之间的联系映射到概念模型中,并进而转换为关联模型,形成数据库结构设计。

6.2.1　ER 图的基本概念

使用 ER 图建立数据库模型,主要概念包括实体集、联系集以及它们的属性。

(1)实体和实体集

在 ER 图中,把准备模型化的对象体系看成是由实体组成的,实体可以是无形事件也可以是有形物体,如设备、设计院、工厂、操作人员等可视的客观对象,以及设计、制造、维护、工艺等抽象的无形事件。对每一个实体,都有一组特征值可以唯一地标识实体,例如,设备编号07-01-0302唯一地标识了某化工厂脱碳工序使用了由该厂化机分厂设计制造的"二氧化碳吸收塔"。

实体集是具有相同类型和相同特征(或属性)的实体集合,例如,化机分厂制造的所有设备的集合可以被定义成实体集 equipments,所有的设计师集合可以被定义成实体集 designers。组成实体集的各个实体称作实体集的成员或实例。因此,可以说,每台设备都是实体集 equipments 的成员或实例,而每个设计师都是实体集 designers 的成员或实例。

不同的实体集之间可以相交,也可以不相交。例如,可以定义化工厂所有的员工组成了实体集 employees,而所有的人组成了实体集 persons。那么,一个 persons 中的实体可以是实体集 employees 中的一个实体,但不是实体集 designers 中的实体,也可以既是实体集 employees 中的实体,又是实体集 designers 中的实体,当然也可以两者都不是。

(2)实体集中的属性

实体集通过一组属性来描述,属性是实体集中每一个成员共同的描述性特性,对于每一个属性而言,实体集中的每一个实例都有自己的属性值。实体集 equipments 包括名称(name)、类型(type)、设备编码(serial number)、启用日期(usedate)、使用年限(timelimit)和设备原值(value)等属性,实体集 designers 包括工作号(id)、姓名(name)和籍贯(birthplace)等属性。每一个属性都有一个允许的取值域,以及一定的数据类型。例如,属性 name 的域是一个指定长度的字符串的集合,属性 timelimit 的域是一个正整数的集合,属性 value 的域是一个浮点数的集合,而属性 usedate 的域是一个日期数据的集合。

一般而言,数据库包括了一系列实体集,每一个实体集中包括相同类型的实体。表 6.1 所示的数据库模型为实体集 equipments。表 6.2 所示的数据库模型为实体集 designers。

表 6.1 实体集 equipments

name	type	serial number	usedate	timelimit	value
二氧化碳吸收塔	塔器	07-01-0302	1992	15	180 000.00
换热器	换热设备	06-07-0602	1993	15	10 600.00
离心泵	泵	07-02-0303	1996	8	1 600.00
闸阀	阀	07-05-0303	1999	3	650.00

表 6.2 实体集 designers

id	name	birthplace
DS760915	杨大庆	北京
DS760921	刘慧	四川成都
DS760925	王海强	浙江杭州
DS760985	蒋仁言	广东广州
DS760990	左明健	上海

(3)属性的分类

在 ER 图中,属性可以分为简单属性和复合属性、单值属性和多值属性、NULL 属性和派生属性等。

所谓简单属性就是不能再划分为更小部分的属性,例如在实体集 equipments 中,属性 name、type、serialnumber、usedate、timelimit 和 value 等都可以看成是简单属性。复合属性是可以继续划分为更小部分的属性,例如,实体集 designers 中,属性 birth_place 可以被继续分解成包括国家(birth_country)、省份(birth_province)、城市(birth_city)、街道(birth_street)、邮编(birth_postcode)五个子属性。如果希望在某些时候访问整个复合属性,而在另外一些时候访问属性的一个组成部分,那么最好使用复合属性。如果复合属性的子属性对业务管理无实际意义,则应将复合属性转为简单属性使用,以使 ER 图更加清晰。例如,实体集 designers 则不宜使用 5 个子属性,而是应该使用包括这些信息的复合属性 birthplace。另复合属性可以是层次结构的,例如在复合属性 birthplaces 中,birth_street 子属性可以继续划分为 street_number、street_name 和 building_number 等孙属性。复合属性 birthplace 的层次结构如图 6.12 所示。

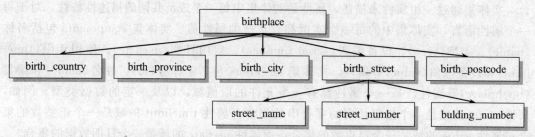

图 6.12 复合属性 birthplace 的层次结构示意

如果一个特定实体的某项属性只有一个单独的取值与其对应,则称该属性为单值属性。例如在实体集 equipments 中,对于一个特定的设备实体,属性 serial number 只有一个设备编号值。同样也有一些实体属性可能对应一组值,这种属性被称为多值属性,例如实体集 equipments 中有一个属性 designer,由于每个设备可以有多个设计者,因此属性 designer 就是一个多值属性。

如果实体集的某个特定属性允许没有值,这就是 NULL 属性的概念。NULL 值的含义是没有意义或丢失或不知道是否有意义。例如,如果实体集 designers 有一个表示设计者所属政党的属性 political party,如某个设计者没有加入任何党派时,设计者的 political party 属性值将是 NULL,表示该属性没有意义。

还有一种属性是派生属性。派生属性的取值可以从别的属性或实体中派生出来。例如,假设实体集 equipments 中属性 depreciation 表示设备折旧额,该属性的取值可以通过计算设备原值(value 值)、设备启用日期(usedate 值)、使用期限(timelimit 值)按一定的折旧算法得到。因此 depreciation 属性是派生属性,而属性 value、usedate 和 timelimit 则是基属性或存储属性。还有一种典型的派生属性,例如基于出生日期属性的年龄属性。假设实体集 designers 具有两个相关属性 birthday 和 age,分别表示设计者的出生日期和年龄,那么 age 属性的值可以通过 birthday 属性值和当前日期值相减计算得到。这时,age 属性是派生属性,而 birthday 属性是基属性。

除了上面提到的两个实体集 equipments 和 designers 之外,管理设备的数据库中还会包括其他实体集。例如,还需要记录使用部门的信息,使用部门由实体集 departments 表示,它包括属性 dep_id、dep_name、dep_duties 和 dep_phone 等。表 6.3 记录了使用部门信息的实体集 departments 的样式。

表 6.3　实体集 departments

dep_id	dep_name	dep_duties	dep_phone
7-01	工艺管理部	生产工艺制定及标准管理	2102309
7-02	质量管理部	质量标准制定、质量检测	2102324
7-03	人力资源部	人事编制、考核、奖惩	2102375
7-04	财务部	财务核算、资金管理	21023845
7-05	小苏打分厂	小苏打生产	2102323
7-06	联碱分厂	联碱工艺生产管理	2102332
7-07	动力分厂	电、蒸汽等动力供应、调配	2102359

6.2.2　联系集和联系集中的属性

(1) 联系集

所谓联系就是表示多个实体之间的相互关联。例如，可以将二氧化碳吸收塔与设计者相互关联。联系集是指同类联系的集合。前面，我们讨论了两个实体集 equipments 和 designers 之间确实存在着联系。现在，定义的联系集 equipdesign 表示设备和设计者之间的联系，这一联系如图 6.13 所示。为简单起见，图中只给出了两个实体集中的部分属性。

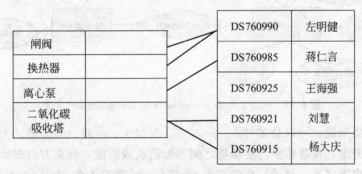

图 6.13　联系集 equipdesign

(2) 联系集中的角色

实体在联系中的作用称为角色。如图 6.13 中，蒋仁言对离心泵的角色是"设计"，而杨大庆对二氧化碳吸收塔的角色为"共同设计"。

(3) 联系集中的属性

就像实体集中的属性一样，联系集中也包含描述性属性，例如在实体集 equipments 和 designers 之间的联系集 equipdesign 中，可以包含属性 design_date，表示设计者设计设备的日期。这时，设备二氧化碳吸收塔对应的实体与设计者对应的实体之间的联系写作 equipdesign，可以使用{(design_date, 1990-08-05)}来描述，表示设计者于 1990 年 8 月 5 日设计设备二氧化碳吸收塔。

6.2.3　绘制 ER 图

(1) ER 图的图元

在 ER 图中，主要的图元包括：表示实体集的矩形、表示联系集的菱形、表示实体集或联系集中属性的椭圆形、表示多值属性的双椭圆形、表示派生属性的虚椭圆形、将属性连接到实体集或将实体集连接到联系集的线段等。这些图元的表示如图 6.14 所示。

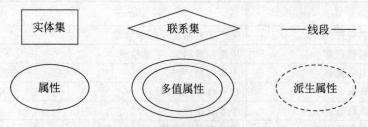

图 6.14　ER 图中的基本图元

(2) 绘制 ER 图

在图 6.15 中，包括了实体集 equipments 和 designers 以及连接这两个实体集的二元联系集 equipdesign。与实体集 equipments 相联系的属性包括 serial number、name、type、usedate、timelimit 和 value 六个属性，与实体集 designers 相联系的属性包括 id、name 和 birthplace。

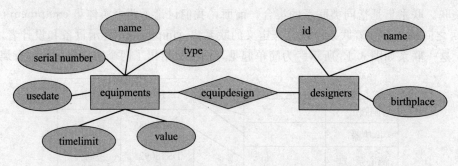

图 6.15　包含实体集 equipments 和 designers 的 ER 图

对于联系集来说，可以是多对多、一对多、多对一、一对一等类型。为了将这些类型的联系集区别开来，在联系集与实体集之间添加箭头或线段，箭头方向表示唯一的联系关系，线段表示多重联系。例如，从联系集 equipdesign 到实体集 equipments 之间的箭头表示从 equipments 到 designers 的联系集 equipdesign 只能是一对一或一对多的，而不能是多对一或多对多的。从联系集 equipdesign 到实体集 equipments 之间的线段表示从 equipments 到 designers 的联系集 equipdesign 只能是多对一或多对多的，而不能是一对一或一对多的。

图 6.15 中由于联系集和实体集之间都使用了线段，因此表示实体集 equipments 和 designers 之间的联系是多对多。

如果联系集 equipdesign 从 equipments 到 designers 是多对一的，那么从联系集 equipdesign 到实体集 designers 之间的连线应该是指向 designers 的箭头，如图 6.16 所示。

如果联系集 equipdesign 从 equipments 到 designers 是一对多的，那么从联系集 equipdesign 到实体集 equipments 之间的连线应该是箭头，箭头方向指向实体集 equipments，如图 6.17 所示。

如果联系集 equipdesign 从 designers 到 equipments 是一对一的，那么从联系集 equipdesign 到实体集 equipments 和 designers 之间的连线都应该是箭头，箭头方向分别指

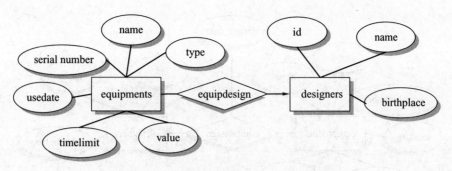

图 6.16 多对一的联系集 equipdesign

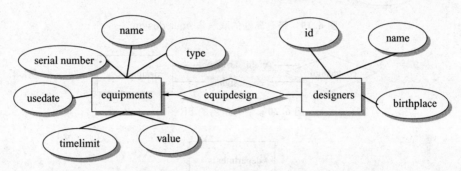

图 6.17 一对多的联系集 equipdesign

向实体集 equipments 和 designers，如图 6.18 所示。

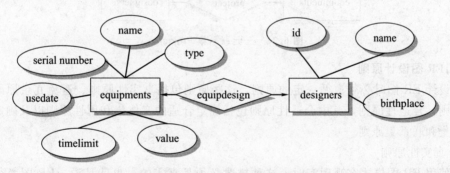

图 6.18 一对一的联系集 equipdesign

如果某些属性与联系集相联系，那么也要把这些属性与该联系集连接起来。例如，在如图 6.19 中，有一个属性 design_date 与联系集 equipdesign 相联系，该属性表示设计者开始设计的日期。

在 ER 图中，可以在连接表示联系集的菱形和表示实体集的矩形的线上添加标注来标识角色。在图 6.20 中，给出了实体集 designers 和联系集 co_design 之间的角色标识 main_designer 和 co_designer。角色 main_designer 和 co_designer 之间的关系是一对多，即这种联系表示一个设备只有一个主要设计者，可以有多个合作设计者。

非二元的联系集也可以在 ER 图中表示。图 6.21 是一个三元联系，实体集 equipments、designers 和 departments 通过联系集 projects 相互关联。从该图中可以看到，指向实体集 departments 的连线是箭头，而连接实体集 equipments 和 designers 的是线段，该图表示，在一个项目中，一个部门可以与多个设计者和设备开展技术合作。

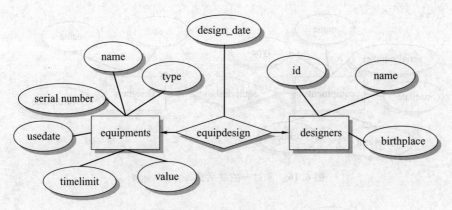

图 6.19 带有属性的联系集 equipdesign

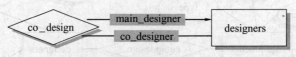

图 6.20 带有角色的 ER 图

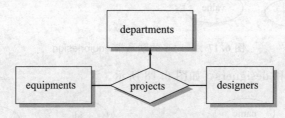

图 6.21 三元联系集 Projects

(3) ER 图设计原则

在设计 ER 图时必须遵循一定的原则,这些原则包括真实性原则、避免冗余原则、简单性原则、合适性原则,其中合适性原则包括确定合适的实体集和属性原则以及确定合适的实体集和联系集原则。

- 真实性原则

在使用 ER 图描述客观现实时,这种描述必须是真实的。也就是说,ER 图必须真实地反映客观世界状况,实体集属性以及实体集之间的联系均需遵循真实性原则。

- 避免冗余原则

避免冗余原则是数据库设计的一个基本的也是非常重要的原则,其核心就是对一个事物进行描述时只能出现在一个地方。

- 简单性原则

ER 图的简单性原则就是保证在设计 ER 图时,避免引入过多的元素,这些元素包括实体集、联系集和属性。

例如,由于设计者和所设计的设备之间存在着著作权关系,那么我们可以使用表示著作权的实体,建立设备和著作权、著作权和设计者之间的联系。由于一个设备和一个著作权是一一对应的,所以在实体集 equipments 和 copyrights 之间的联系集 represents 是一对一联系,从实体集 copyrights 到实体集 designers 之间的联系集 owns 是多对多联系,如图 6.22 所示。

图 6.22 具有多余实体集的复杂设计 ER 图

从技术的角度来看,图 6.22 所示的结构代表了客观现实,因为设备设计具有著作权,该著作权由设计者所有是完全有可能的。然而,copyrights 实体集在这里没有起到有效的作用,反而使联系复杂化,浪费了存储空间,如果没有该实体集,那么 ER 图可能会更加清晰地表示出这种客观现实。

6.3 关系模型

ER 图可以很好地描述所研究对象体系的全部信息和相互联系,一般用于原型需求分析阶段。而建立数据库模型最广泛的则是关系模型。关系模型有严格的理论体系,是许多数据库厂商推出的商品化数据库系统的理论基础。本节将继续介绍关系模型的概念和应用。

1970 年,IBM 的 E. F. Codd 博士首次提出了关系模型概念,奠定了数据库技术的理论基础。关系模型是一种以二维表形式表示实体数据和实体之间关系等信息的数据库模型,由于二维表在数学公式中一般称为关系,因此把这种模型称为关系模型。表 6.4 是一个关系的实例,其名称是 equipment。关系 equipment 包含了使用 ER 图定义的 equipments 实体集。为了简便起见,该关系只包含了 serial number、name、type、usedate、timelimit 和 value 六个属性,没有包括描述设备的实体 equipment 的其他特性。

表 6.4 关系实例:关系 equipment

serial number	name	type	usedate	timelimit	value
07-01-0302	二氧化碳吸收塔	塔器	1992.08.05	15	180 000.00
06-07-0602	换热器	换热设备	1993.03.06	15	10 600.00
07-02-0303	离心泵	泵	1996.02.01	8	1 600.00
07-05-0303	闸阀	阀	1999.10.03	3	650.00

关系模型的基本元素包括属性、模式、记录、属性类型、键码和外码等。下面介绍这些基本概念。

(1)属性

在二维表中,关系的第一行称为属性(attribute),它描述了属性所在列的含义。例如,在如图 6.23 所示的关系中,属性是 serial number(设备号)、name(设备名称)、type(设备类型)、usedate(启用日期)、timelimit(使用年限)和 value(设备原值)。从图 6.23 可以看到,关系 equipment 的属性与表 6.1 所示的实体集 equipments 中的属性相同。

(2)模式

关系名和关系的属性集称为关系的模式。一般地,模式的表示方式有两种:第一种表示方式是模式名加上圆括号括起来的属性集;第二种表示方式是使用模式名加上等号,然后是使用圆括号括起来的属性集。这两种表示形式如图 6.23 所示。为了统一，本书采用第一种表示方式。

```
模式的第一种表示方式：
    模式名(属性1，属性2，属性3，……，属性N)
    equipments(serial number, name, type, usedate,
              timelimit, value)
```

```
模式的第二种表示方式：
    模式名=(属性1，属性2，属性3，……，属性N)
    equipments=(serial number, name, type, usedate,
               timelimit, value)
```

图 6.23　模式的两种表示方式

(3) 记录

在关系模式中，除了第一行是标题栏之外，关系中的其他行称为记录。记录实际上就是关系中的数据，记录的各分量分别对应于关系中的各个属性。例如，在图 6.23 所示的 equipment 关系中，有 4 条记录，每一条记录有 6 个分量，这些分量分别对应于关系的 6 个属性，如 serial number、name、type、usedate、timelimit 和 value。

当需要表示关系中的一个记录时，一般是把一个记录的各个分量按照属性的标准排列顺序列表在一个圆括号内，分量之间用逗号分开。这样，上面示例中的记录可以表示如下：

(07-01-0302，二氧化碳吸收塔，塔器，1992.08.05，15，180000.00)

(4) 属性类型

在关系模型中，属性必须是某种基本数据类型，如整数型、浮点型、字符型等，不能是结构、集合、列表、数组等。一般地，把与关系中的每一个属性相关的特定数据类型称为属性类型或域，关系中任何记录的每一个属性都必须在相应的类型域中取值。

例如，表 6.4 关系 equipment 中记录的第一个属性是字符串，其长度为 10 个字节，当然可以根据功能扩充的要求扩展。第二个属性也是字符串，其长度应依据存放设备名称的最大长度设置，如设为 100 个字节。第三个属性在常量"塔"、"泵"、"阀"等中选取一个，数据类型仍为字符串。第四个属性是日期型。第五个属性必须是整数，按设备实际使用年限，可设计为整型数据。第六个属性最好是浮点型。

(5) 键码

如果某个属性或多个属性集合，其值在关系中的所有记录间都互不相同，也就是说可以使用该属性或属性集合来唯一确定关系中的记录，那么该属性或属性的集合称为关系中的键码。在关系 equipment 中，属性 serial number 在所有记录中都有着不同的值，因此属性 serial number 可以作为该关系的键码。

(6) 外码

外码也称为外键(Foreign Key)。当关系中的某个属性不是本关系的主键，或只是主键的一部分，却是另一个关系的主键时，称该属性是这个关系的外码。

6.4　从 ER 图到关系模型再到数据库设计的转换

ER 图设计出来之后，还需要把它们转换成相对应的关系模型，然后才可以在关系型数据库管理系统中存储。本节将继续介绍如何将 ER 图转换成对应的关系模型以及数据库结构设计，转换过程如图 6.24 所示。

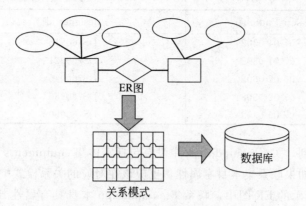

图 6.24　ER 图转换成关系模型的过程示意

6.4.1　ER 图转换为关系模式

从本质上讲，ER 图与关系模式是一致的，但是从 ER 图转换到关系模式并不是简单直接的转换。ER 图转换为关系模式包括以下内容。

(1) 实体集到关系模式的转换

首先研究实体集到关系模式的转换情况，以图 6.15 所示的 ER 图为例。该图包括了两个实体集，即实体集 equipments 和 designers。

实体集 equipments 的属性是 serial number、name、type、usedate、timelimit 和 value，这些属性都是原子属性，可以直接转换成关系模式。其转换后的关系模式是：

equipment(serial number, name, ptype, usedate, timelimit, value)

实体集 designers 的属性是 id、name 和 birthplace。属性 birthplace 是一个复合类型，由表示国家信息的 country 和描述城市信息的 city 组成，不能直接转换，需要把属性 birthplace 分解成两个属性 country 和 city，这时得到的关系模式是：

designer(id, name, country, city)

(2) 联系集到关系模式的转换

一般地，ER 图中的联系集也可以直接转换成关系。只是在转换之前，需要确定联系集的属性，其属性来自两个方面：

① 该联系集涉及的每个实体集的键码属性或属性集；

② 该联系集本身自有的属性。

上述属性需要体现在对应的关系中。例如，在图 6.15 中，包含了联系集 equipdesign，该联系把实体集 equipments 和实体集 designers 联系在一起。该联系转变成的关系名是 equipdesign，由于联系本身没有属性，所以关系中的属性包括实体集 equipments 的键码 serial number 和实体集 designers 的键码 id。关系模式 equipdesign 的表示形式是 equipdesign(serial number, designer id)。关系 equipdesign 的属性 designer id 对应着实体集 designers 的键码 id，这样可以表示得更加清楚。关系 equipdesign 的一个实例见表 6.5。

表 6.5 联系集 equipdesign 对应的关系 equipdesign 的实例

serial number	designer id
07-01-0302	DS760915
07-01-0302	DS760921
06-07-0602	DS760915
07-02-0303	DS760985
07-05-0303	DS760990

从表中可以看到，关系 equipdesign 中没有包括实体集 equipments 和实体集 designers 中的非键码属性。如果联系集本身有属性，也应该在对应的关系模式中包含这些属性。例如，在如图 6.19 所示的 ER 图中，联系集 equipdesign 本身具有属性 design_date，这时转变后的关系模式为：

$$equipdesign（serial number, designer id, design\_date）$$

(3) 键码的转换

ER 图转换为关系模式时，还需要把实体集中的键码属性转换到关系模式中。ER 图中的实体集和联系集在向关系模式转变时，其键码的转换规则是不同的。

规则 1，如果关系来自一个实体集，那么实体集的键码就是该关系的键码。

例如，在图 6.15 所示的 ER 图中，实体集 equipments 的键码属性是 serial number，实体集 designers 的键码属性是 id，这两个键码属性也是转变后的关系的键码。其相应的关系模式如下，其中使用下划线标出的属性是关系的键码属性：

$$equipment（\underline{serial\ number}, name, type, usedate, timelimit, value）$$
$$designer（\underline{id}, name, birthplace）$$

规则 2，如果关系来自联系集，则该联系集的多重类型将会影响到该关系的键码。不同的联系类型有不同的转换形式：

① 多对多的联系集，与该联系集相连的实体集键码都是关系的键码属性；

② 如果是从实体集 Entities A 到实体集 Entities B 的多对一联系集，则实体集 Entities A 的键码属性是关系的键码属性，而实体集 Entities B 的键码属性不是关系的键码属性；

③ 一对一的联系集，联系集两端的任何一个实体集的键码属性都可以是关系的键码属性，且关系的键码不是唯一的。

例如，在图 6.15 中，实体集 equipments 和 designers 之间的联系集 equipdesign 是多对多的形式。这时，与该联系集 equipdesign 相对应的关系模式如下：

$$equipdesign（\underline{serial\ number}, \underline{id}）$$

在图 6.16 中，由于实体集 equipments 和 designers 之间的联系集 equipdesign 是多对一的形式，所以只有实体集 equipments 的键码是联系集对应的关系模式的键码，而实体集 designers 的键码不是该关系的键码。这时与该联系集 equipdesign 相对应的关系模式如下：

$$equipdesign（\underline{serial\ number}, id）$$

图 6.17 的情况与图 6.16 正好相反，只有实体集 designers 的键码是联系集相对应的关系模式的键码，而实体集 equipments 的键码不是该关系的键码。这时，与该联系集

equipdesign 相对应的关系模式如下：

$$\text{equipdesign (serial number,id)}$$

在图 6.18 中，由于实体集 equipments 和 designers 之间的联系集 equipdesign 是一对一的形式。实体集 equipments 或 designers 的键码都可以作为与该联系集 equipdesign 相对应的关系模式的键码，这时的关系模式如下：

$$\text{equipdesign (\underline{serial number},id) 或 equipdesign(serial number,\underline{id})}$$

6.4.2 从关系模型转换为数据库结构

数据库设计的最后任务就是由关系模式形成一个合理的数据库结构。

(1) 建立数据库

由关系模式转换为数据库结构的第一步工作就是建立一个数据库。在 ORACLE 数据库管理系统中数据库是一个由数据库管理系统分配的一个存储空间。而 MS SQL Server、Sybase ASA、Access 等数据库管理系统，数据库则是一个通过 Windows 资源管理器可以查询的文件，如 MS SQL Server 的数据库文件为 *.mdf，Sybase ASA 的数据库文件为 *.db，Access 的数据库文件为 *.mdb，Visual Foxpro 的数据库则实际为一个文件目录。以 MS SQL SERVER 7.0 为例，建立数据库取名为：EquiMana，则资源管理器中可查询两个文件：Equimana.mdf 和 Equimana.ldf。其中 Equimana.ldf 是数据库操作日志文件。

(2) 建立数据表

可以在关系模式基础上建立数据表，每一个关系模式对应于一个数据表，一般的：
- 关系模式名称为数据表名称；
- 关系模式属性为数据表字段；
- 关系模式域为数据表字段类型；
- 关系模式键码为数据表主键。

本章 6.3 节中关系模式所对应的数据表设计如表 6.5(a)~(e)所示。

表 6.5(a) Equipment(设备表)

字段名称	字段描述	字段类型	备注
serial number	设备号	Char(10)	主键
name	设备名称	Vchar(100)	
type	设备类型	Char(2)	
usedate	设备的启用日期	Datetime	
timelimit	设备使用期限	Integer(2)	
value	设备原值	Number(10,2)	

表 6.5(b) Designer(人员表)

字段名称	字段描述	字段类型	备注
id	工作号	Char(10)	主键
name	人员姓名	Char(20)	
birthplace	籍贯	Char(20)	

表 6.5(c)　Department(部门表)

字段名称	字段描述	字段类型	备注
dep_id	部门号	Char(4)	主键
dep_name	部门名称	Vchar(50)	
dep_duties	部门职责	Vchar(100)	
dep_phone	部门电话	Char(7)	

表 6.5(d)　Equipdesign(设备设计表)

字段名称	字段描述	字段类型	备注
designer id	设计人员工作号	Char(10)	主键
serial number	设备编号	Vchar(10)	主键
design_date	设计日期	datetime	

表 6.5(e)　Equipdepartment(设备使用表)

字段名称	字段描述	字段类型	备注
dep_id	部门号	Char(4)	主键
serial number	设备编号	Vchar(10)	主键

以上各表中，设备表(Equipment)、人员表(Designer)和部门表(Department)用于记录事实对象，反映企业有多少设备、多少人、多少部门，是企业的基本信息。而设备设计表(Equipdesign)、设备使用表(Equipdepartment)则反映企业的某种业务逻辑。

(3) 建立数据表间关系

数据库中的表间关系通过一个表的任意字段(外键)与另一个表的主键建立联系来实现。建立表间关系可以保证数据的一致性，同时能有效地降低数据冗余。在多数据采集渠道的情况下，要实现统一并高度共享的数据管理，数据表间关系是重要的影响因素。数据库 EquiMana 中各数据表的表间关系如图 6.25 所示。

还须注意，一个数据表的外键可以是表中的任意字段，或是构成该表主键的一部分，但不能是该表的主键。由图 6.25 可以看出数据表 Equipment 的主键 serial number 与 Equipdesign 的字段(外键)serial number 建立了关系，该关系是一个一对多的关系，表示一个设备可以有多个设计人员。

以上数据库中表间的关系是通过数据库结构设计解决的，当然也可在数据库的应用程序里，通过应用逻辑进行判断。如通过程序编码验证，并限定在数据表 Equipdesign 中 serial number 字段的所有取值都必须在数据表 Equipment 中存在，同时 Equipment 中 serial number 字段的内容可以在 Equipdesign 中不出现或出现多次。通过程序编码可以实现更为灵活的关系，但系统设计、分析以及编程人员必须十分小心。

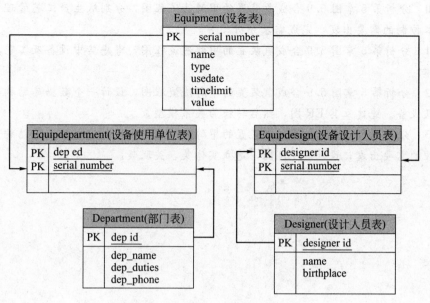

图 6.25 数据表的表间关系示意

本章具体要求

1. 掌握数据库技术的基本概念和数据库应用系统的架构。
2. 了解开发数据库应用系统的主要步骤。
3. 掌握数据库建模的基本方法——ER 图。
4. 掌握 ER 图如何转换为关系模型，继而转换为数据库结构的方法。

● 思考题

6-1 现在有哪些常用的数据库系统？数据库系统有什么作用？

6-2 数据的逻辑描述分为哪几个层次？什么是实体、实体集、属性、标志符？什么是数据项、记录、域、关系、键码？

6-3 数据库应用程序开发有哪几个步骤？数据库应用有哪几种架构，各有什么特点？

6-4 构成 ER 图的基本要素有哪些？ER 图中的属性分为哪几类？设计 ER 图的原则是什么？

6-5 ER 图中为什么要建立联系集，两个表之间的关系可以分为几类？在 ER 图中无箭头线段与带箭头线段各表示什么意义？

6-6 以课程、同学、教师为实体，分别建立其实体集、联系集及其属性，用 ER 图进行表示。

6-7 关系模型包含哪些基本元素？在关系模型中属性、记录、属性类型、键码的含义是什么？

6-8 NULL 值的含义是什么？什么情况下使用 NULL？关系模型中作为键码的属性是否可以使用 NULL 值？

6-9 将题 6-6 的 ER 图转换为关系模型，注意正确确定各个关系的键码。

6-10 分析第 5 章图 5.9 合成氨装置的甲醇洗流程图,分别从生产工艺管理、设备管理、成本控制的需要出发,完成需求分析。

6-11 分析第 5 章图 5.9 合成氨装置的甲醇洗流程图,考虑其中设备及工艺,可建立多少实体?

6-12 分析第 5 章图 5.9 合成氨装置的甲醇洗流程图,设计一个数据库结构管理其工艺流程及设备。先建立其 ER 图,然后转换为关系模型。

6-13 分析第 5 章图 5.9 合成氨装置的甲醇洗流程图中甲醇洗塔的工艺结构关系,从生产管理的需要出发,设计其 ER 图,建立实体集、关联集。

第 7 章

化工常用流程模拟及设计计算软件

> **本章内容提示**
>
> 常用的化工流程模拟软件及设计计算软件——Aspen Plus、PRO/Ⅱ、HYSYS、ChemCAD、PDMS、PDS、FLUENT、ORIGIN、AutoCAD

7.1 Aspen Plus

Aspen Plus 是目前应用最为广泛的大型通用稳态模拟软件系统之一。源于美国能源部 20 世纪 70 年代组织开发的第三代流程模拟软件,即"过程工程的先进系统"(Advanced System for Process Engineering, ASPEN), 1982 年为了将其商品化,成立了 Aspen Tech 公司。该软件经过多年来不断地改进、扩充和提高,先后推出了十多个版本,具有强大的质量能量衡算、设备尺寸设计、流程优化、灵敏度分析和经济评价等功能,已广泛应用于化工过程的开发、设计和生产过程的控制、优化及技术改造,成为举世公认的标准大型流程模拟软件,应用案例数以百万计。全球各大化工、石化、炼油等过程工业制造企业及著名的工程公司都是 Aspen Plus 的用户。

7.1.1 Aspen Plus 软件的主要功能和特点

Aspen Plus 为用户提供了一套完整的单元操作模型,用于模拟各种操作过程,可完成单个操作单元到整个工艺流程的模拟。Aspen Plus 主要由三部分组成。

表 7.1 Aspen Plus 的功能组成

模块名称	模块功能
物性数据库	Aspen Plus 具有工业上最适用且丰富的物性数据,包含 8500 多种组分物性数据,以及 4000 多种二元混合物、37000 组二元交互数据。计算时可自动从数据库中调用基础物性进行传递性质和热力学性质的计算。
单元操作模块	Aspen Plus 拥有 50 多种单元操作模块,通过这些操作模块和模型的组合,可模拟用户所需的流程。除此之外,Aspen Plus 还提供了多种模拟分析工具,如灵敏度分析和工况分析模块。
系统实现策略	系统要得到实现,还需经过数据输入、解算策略以及结果输出三个步骤。

Aspen Plus 的主要特点如下：
- 数据输入方便、直观，均以填表方式录入，且有帮助系统自动引导用户完成操作；
- 有最新的物性模型，有物性数据回归、自选物性和物性数据库管理等功能；
- 提供模拟分析工具，包括流程优化、灵敏度分析、技术经济估算、设计规定和工况研究。利用灵敏度分析模块，用户可以设置某一变量作为灵敏度分析变量，经过模拟研究其影响效果。技术经济估算系统可进行设备投资费用、操作费用及工程利润估算。工况分析模块帮助用户对工艺流程的操作工况进行分析。

7.1.2 Aspen Plus 模拟求解步骤

Flowsheet 是 Aspen Plus 最常用的运行类型，可以使用基本的工程关系式，如质量和能量平衡、相态和化学平衡以及反应动力学预测一个工艺过程。运用 Aspen Plus 模拟工艺流程分为七大步。

(1) 定义流程

Aspen Plus 用单元操作模块来表示实际工艺的各种设备，单元操作模块包括混合器、分离器、换热器、蒸馏塔和反应器等，正确选择模块构建完整的工艺流程是整个模拟工作的第一步。

(2) 设定计算信息

包括模拟的说明、运行类别、平衡要求、全局温度、压力限制、物流、度量单位选择以及最终报告形式等。

(3) 规定组分

定义流程中所包含的全部物料，包括常规组分、常规惰性固体和非常规固体等。

(4) 选择物性方法

所有单元操作模型都需要进行物性计算，包括热力学性质、传递性质或非常规组分的焓值等，需要选择正确的计算方法提高模拟精确度。

(5) 设定物流

设定已知状态的模块间的物流数据，如温度、压力和流量等。

(6) 单元操作模型的参数设置

设置单元操作模块(设备)的物理环境，包括连接物流的相态、温度、压力及传热等。

(7) 运行模拟程序，生成报告

7.1.3 软件实例应用举例

下面以苯和丙烯反应生成异丙苯为例，介绍流程模拟的建立步骤。

含苯(C_6H_6)和丙烯(C_3H_6)的原料物流(FEED)进入反应器(REACTOR)，经反应生成异丙苯(C_9H_{12})，反应后的混合物经冷凝器(COOLER)冷凝，再进入分离器(SEP)，分离器(SEP)顶部物流循环(RECYCLE)回反应器(REACTOR)，分离器(SEP)底部物流作为产品(PRODUCT)流出，流程如图 7.1 所示，求产品(PRODUCT)中异丙苯的摩尔分率。

原料物流(FEED)温度为 105℃，压力为 0.25MPa，苯和丙烯的摩尔流率均为

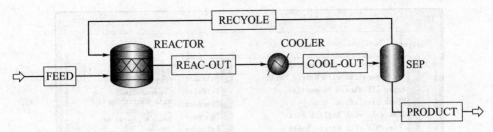

图 7.1 流程示意

18kmol/h。反应器(REACTOR)绝热操作，压力为 0.1MPa，反应方程式为：

$$C_6H_6 + C_3H_6 \longrightarrow C_9H_{12}$$

其中丙烯的转化率为 90%，冷凝器(COOLER)的出口温度为 54℃，压降为 0.7kPa，分离器(SEP)绝热操作，压降为 0。

计算步骤：

(1) 启动 Aspen Plus

点击 Aspen Plus User Interface，系统提示用户选择建立空白模拟(Blank Simulation)、使用系统模板(System Simulation)或打开已有文件(Open an Existing Simulation)，如图 7.2 所示。本例选择使用系统模板，出现图 7.3 所示对话框，模板设定了工程计算通常使用的缺省项。

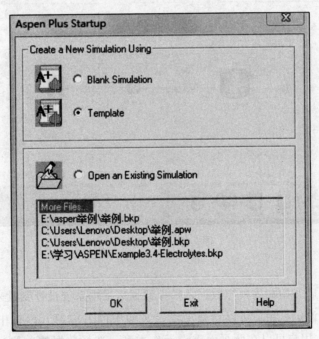

图 7.2 启动选项对话框

(2) 建立流程图

首先放置模块，从界面主窗口下端的模拟库 Model Library 选择本例相关的反应器、冷凝器和分离器。再点击模块库左侧 Material STREAMS 的下拉箭头，选择物流 Material，如图 7.4 所示，将每个模块按题目要求连接，构成完整的流程图。

第 7 章 化工常用流程模拟及设计计算软件 | 177

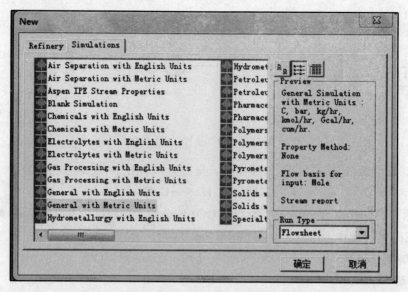

图 7.3 模板选择对话框

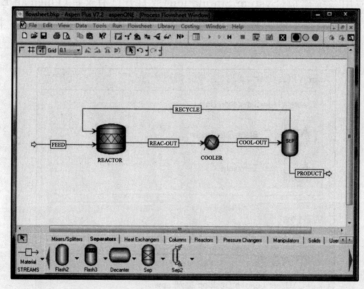

图 7.4 完整流程图

(3) 输入数据

建立完流程图后开始输入模拟数据，模拟数据需根据系统设计变量来确定。

首先进行全局设定。用户可以在全局设定页面中的名称(Title)框中为模拟命名，本例输入 flowsheet。用户可以在此页面重设运作类型，选择数据的单位制等。本例采用默认设置不做修改，如图 7.5 所示。

完成全局设定后进入 Components 界面输入组分，如图 7.6 所示，在物料数据库中调入所需组分。

组分定义完成后，进入 Properties 页面，进行物性方法的选择。如图 7.7 所示，在本例中 Process type 选择 ALL，Base method 选择 RK-SOAVE。

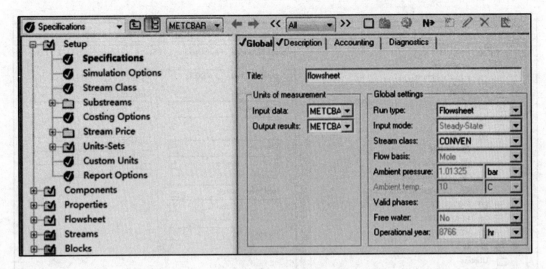

图 7.5　Aspen Plus 全局参数设定

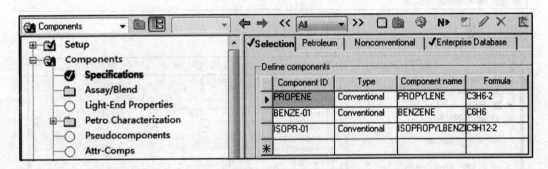

图 7.6　输入组分

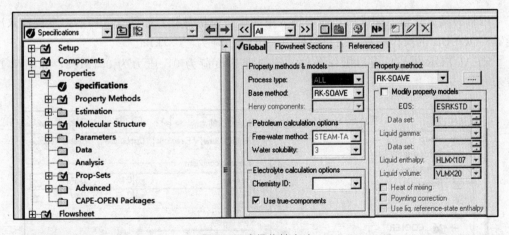

图 7.7　选择物性方法

确定物性方法之后，进入 Streams 页面，需要输入物流的温度、压力或气相分率三者中的两个以及物流的流率或组成。如图 7.8 所示，输入进料（FEED）温度 105℃，压力 0.25MPa，丙烯和苯的流率均为 18kmol/h。

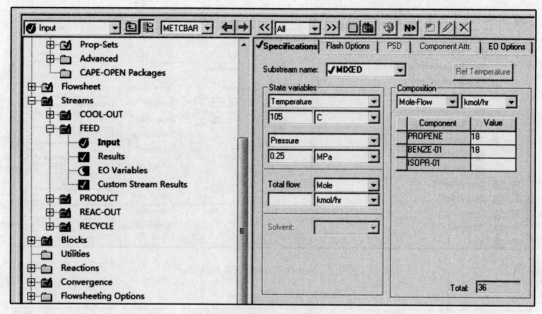

图7.8 输入物料条件

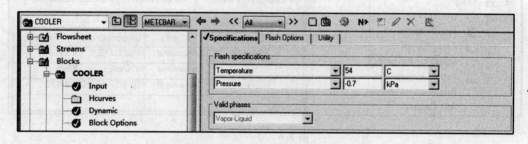

图7.9 输入模块(COOLER)参数

进料物流参数输入完成后,需要输入单元操作模块参数。如图7.9所示,本例输入冷凝器COOLER的操作参数,出口温度为54℃,压降为-0.7kPa。

REACTOR模块反应器操作条件,绝热即热负荷为0,压力为0.1MPa,如图7.10所示。

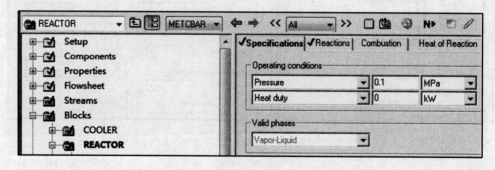

图7.10 输入模块(REACTOR)参数

点击 N> 按钮,输入反应方程式,点击左下角的New,出现Edit Stoichiometry对话框,输入反应物、产物以及化学计量系数,指定丙烯的转化率为0.9,如图7.11所示。

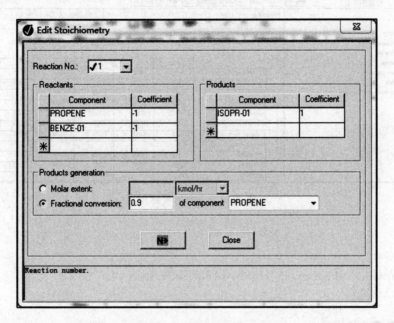

图 7.11　定义化学反应

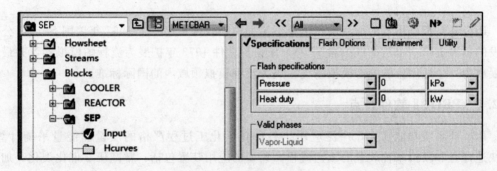

图 7.12　输入模块(SEP)参数

最后定义 SEP 模块,输入分离器操作参数,压降和热负荷均为 0,如图 7.12 所示。右下角的状态栏显示 Required Input Complete,表示模拟所需数据输入完成,可以运行模拟。

(4)运行模拟、查看结果

点击确定,即可运行。运行中出现的警告和错误均会在控制面板中显示。点击查看结果图标,由左侧数据浏览窗口选择对应选项,即查看结果。如图 7.13 所示,PRODUCT 中异丙苯的摩尔流率为 17.118kmol/h。

7.1.4　推荐书目及网站

书目

《化学流程模拟实训——Aspen Plus 教程》,孙兰义主编,化学工业出版社,2012 年出版.
《Aspen Plus 实例教程》,熊杰明、杨索和主编,化学工业出版社,2013 年出版.

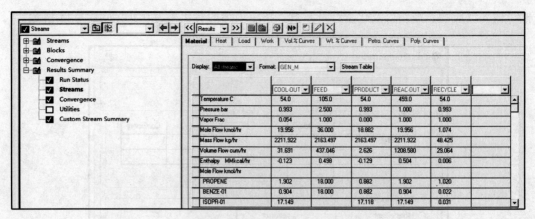

图 7.13 查看物流结果

网站

http://www.aspentech.com

http://wiki.cnki.com.cn/HotWord/4856472.htm

7.2 PRO/Ⅱ

Pro/Ⅱ是最早出现的通用性化工稳态流程模拟软件,起源于 1967 年美国 SimSci 公司开发的世界上第一个蒸馏模拟器 SP05,该模拟软件 1973 年扩展为流程图模拟器,并最终发展成为一个通用性的稳态模拟系统,成为流程模拟领域内的国际标准。

7.2.1 PRO/Ⅱ软件特点

Pro/Ⅱ系统功能强大,广泛应用于各种化学化工过程严格的质量和能量平衡计算,能快速建立和模拟多种装置的工艺流程。典型的应用装置包括:常减压、催化裂化、加氢裂化、烷基化、异构化、重整、加氢精制、焦化、聚合物生产、乙烯裂解、烯烃生产、天然气处理、气体脱硫、润滑油加工、中间体生产、合成氨、无机化合物等。

Pro/Ⅱ拥有强大的物性数据库、强大的热力学物性计算系统,以及 40 多种单元操作模块。它可以用于流程的稳态模拟、物性计算、设备设计、费用估算/经济评价、环保评测以及其他计算。现已可以模拟整个生产厂,从包括管道、阀门到复杂的反应与分离过程在内的几乎所有装置和流程,并在油气加工、炼油、化学、化工、聚合物、精细化工和制药等行业得到了广泛应用。Pro/Ⅱ主要用于模拟设计新工艺、改进现有装置、依据环境规则进行评估和论证、消除装置工艺瓶颈、优化和改进装置产量和效益等。

Pro/Ⅱ软件也是大学化工类专业比较常见的教学用软件系统,如表 7.2 所示。

表 7.2 PRO/Ⅱ软件在化工类各主干课程的应用

课程名称	应用对象	具体内容举例
化工原理	泵、压缩机	求解泵的容量、压头、泵出口液体温度、泵所需实际功率。
化学反应工程	反应器设计	已知化学反应式、动力学方程和平衡关系,计算所需的反应器体积和反应时间,以及反应器热负荷。

续表

课程名称	应用对象	具体内容举例
化学分离工程	精馏塔的设计与操作	根据分离要求,确定精馏塔的塔板数(填料高度),最小回流比等。
化工热力学	状态方程回归	根据实验的相平衡数据,回归状态方程或活度系数方程中的二元相互作用参数。
化工系统工程	工艺过程经济	效益评价,为流程的筛选、优化、决策提供依据。

7.2.2 PRO/Ⅱ软件工作模块

PRO/Ⅱ有系统的化工计算软件模块,工作模块主要包括以下几大方面:反应器模块、热力学模型选择模块、化工分离模块、换热器模块与压力改变模块,具体功能见表 7.3。

表 7.3 PRO/Ⅱ的主要功能模块

模块名称	模块分类	主要功能
反应器模块	生产能力类反应器(如转化反应器)	按照化学反应方程式中的计量关系进行反应,预测每一反应的转化率或产量。
	热力学平衡类反应器	根据化学反应方程式进行反应,不考虑动力学可行性,计算同时达到化学平衡和相平衡的结果。
	化学动力学类反应器	根据化学动力学的相关数据,确定反应器结构和大小的设计。
热力学模型选择模块	理想体系法	①溶液系统的液相是理想混合物; ②气相组分是理想气体。
	通用关联式法	主要用于:非极性的烃类体系、低压重烃体系(减压或常压精馏塔)。
	状态方程法	主要用于:轻烃体系、富氢体系(重整器、加氢、脱氢反应器)。
	活度系数法	主要用于:非理想化学体系、芳烃萃取等。
	电解质体系	当体系中存在电解质时使用 E-NRTL 方程。
化工分离模块	闪蒸(模拟闪蒸器、蒸发器、气液分离器等)	执行给定热力学条件下的汽-液平衡或汽-液-液平衡计算,输出一股汽相和一股(或两股)液相产物。
	精馏	当体系中的化学组分沸点相差较小或不具有其他易于分离的性质时,须采用精馏的方法。
	吸收	根据混合物各组分在某种溶剂中溶解度的不同而达到分离的目的。
	萃取	液-液萃取是分离液体混合物的一种方法。它是利用液体混合物中各组分在某种溶剂中溶解度的差异,把一种或几种组分从混合物中分离出来的单元操作。
换热器模块与压力改变模块	传热单元模型	适用于简单换热器、严格热交换器、LNG 换热器、加热炉、空气冷却器。
	压力改变单元模型	适用于压缩机、膨胀机、泵、阀门、管道。

7.2.3 PRO/Ⅱ使用步骤

运用PRO/Ⅱ求解主要分为7大步骤：
① 规定操作单元，连接物流线；
② 规定组分；
③ 选择热力学模型和传递性质模型；
④ 输入物流的规定；
⑤ 输入操作单元的规定；
⑥ 运行；
⑦ 查看并分析模拟结果。

7.2.4 推荐书目及网站

▽ 网络资料

《Pro/Ⅱ中文经典实例集》（上、下）

▽ 网站

http：//www.sim4me.com.cn/index.jsp

http：//wiki.cnki.com.cn/HotWord/3051852.htm

http：//www.sim4me.com.cn/bbs/index.asp

7.3 HYSYS

Hysys是由加拿大Hyprotech公司开发的，目前使用最为广泛的流程模拟软件系统之一。2002年Hyprotech公司被AspenTech公司收购，Hysys因此成为Aspen旗下的一款重要产品。另外Honeywell公司于2004年收购了用于稳态和动态模拟优化的Hysys产品，并在Hysys和UOP技术基础上推出了流程模拟软件系统UniSim，该系统将设计、在线优化及操作员培训系统（OTS）集成一体，同时增强了换热网络优化和流程过程合成等功能。

7.3.1 Hysys的功能特点

① Hysys操作简单、方便，易学、易懂。设计中工程师能随心所欲地更改设计变量，也可在任何时刻暂停系统运行以观察数据变化。Hysys是世界上第一个完全交互式的化工模拟软件。

② Hysys是一个先进的集成工程环境，系统中的流程和单元操作是互相独立的，流程是一定工艺目标下各种单元操作的集合，单元操作之间则靠流程中的物流相互联系。在设计时，进行稳态设计和动态模拟设计人员都使用同一个目标、共享相同的数据，这极大地提高设计效率和用户效益。

③ Hysys利用面向目标的事件驱动技术使设计交互方式达到一个更高的层次。当设计人员在研究方案时，可以将几乎所有的工艺参数放在一张"表"中，当变化一种或几种变

量时，其他关联变量也会随之而变，算出的结果也会在设计表中自动刷新。这种技术将 Hysys 打造成为一个高效的并行工作平台。例如设计人员可以任意组合塔板、重沸器、泵、回流罐等相互独立的操作单元，构成符合流程要求的任意塔，实现快速的设计计算及操作优化。

④ Hysys 有强大的动态模拟功能。当流程稳态模拟收敛后，设计人员可定义单元操作的动态数据（如液位高度、分离器设计尺寸等），安装控制仪表，然后直接进入动态模拟。在动态模拟过程中，可以随时调整温度、压力等各种工艺变量，观察它们对过程的影响，设计人员也可随时停止动态模拟回到静态。由于处于集成工程环境内，可很好地实现系统设计优化及控制优化。

⑤ Hysys 内置人工智能系统，当输入的数据能满足系统计算要求时，人工智能系统会驱动系统自动计算。当数据输入不符合要求时系统会告诉用户哪里出了问题。

⑥ Hysys 可通过其动态链接库 DLL 与 DCS 控制系统链接，装置运行的 DCS 数据可以进入 Hysys，而 Hysys 的工艺参数也可以传回装置。通过这种技术可以实现：在线优化控制、生产指导、生产培训以及仪表设计系统的离线调试。

⑦ Hysys 有良好的功能拓展性。Hysys 是目前唯一用 C++ 编写的大型流程模拟软件，具有良好的功能拓展性，用户可以通过 Windows 的 OLE 对 Hysys 进行个性化开发。例如建立用户自己的物性包，增加用户自己的反应方程，开发自己的专用单元操作，开发用户自己的专用模型等。

7.3.2 Hysys 软件功能

Hysys 软件作为著名的流程模拟软件系统，有动态和稳态两大部分。其动态和稳态可满足石油、化工工程建设设计和过程工艺设计计算的要求，动态部分还可用于指挥和优化生产和储运系统的运行。Hysys 的动态和稳态功能均在同一个集成平台之下，有如下功能。

① 严格的物性计算包与物性预测系统。Hysys 提供了一组功能强大的物性计算包，其基础数据包括 20000 个交互作用参数和 4500 多个纯物质数据。对于 Hysys 标准库中没有的组分，设计人员可通过定义假组分，然后选择计算包自动计算其数据。

② 数据回归工具包。用实验数据或数据库中的标准数据，通过该工具，用户可自选方程形式，得到焓、气液平衡常数 K 的数学回归方程。

③ 工艺参数优化器。有五种算法供选择，可解决无约束、有约束、等式约束及不等式约束的问题。其中序列二次型是比较先进的一种方法，可进行多变量的线性、非线性优化，配合使用变量计算表，还可将更加复杂的经济计算模型加入优化器中，以得到最大经济效益的操作条件。

④ 夹点分析工具。Hysys 的夹点分析技术可对流程中的热网进行分析计算，合理设计热网，使能量的损失最小。

⑤ 方案分析工具。某些变量按一定趋势变化时，其他变量的变化趋势如何呢？了解这些对方案分析非常重要。例如，当研究塔的回流比和产品质量的变化对热负荷、产量、温度的影响时，在 Hysys 的方案分析中选回流比和产品质量作为自变量，给出它们的变

化范围和步长，Hysys 就开始计算，最后会给出一个汇总表。

⑥ 各种塔板的流体动力学计算。Hysys 支持浮阀、填料、筛板等各种塔板的计算，使塔的热力学和流体动力学问题同时解决。

⑦ 干板开车功能。任何容积式设备都可以在没有物料的条件下开车启动，分馏塔的干板开车（尤其是分凝器塔）是动态模拟技术中的一大难题，Hysys 的此项功能，对研究装置开工方案有着重要的意义。

表 7.4 中所列出的附加功能模块使 Hysys 具备了更强大的功能。

表 7.4 Hysys 的附加功能模块

模块名称	模块功能
ACM Model Export	ACM 导出模块使 Aspen 系列设计软件创建模型时，可以利用 Hysys 的稳态或动态模拟数据。
Aspen OnLine	Hysys 模块连接实际的工厂数据，它可以使用户对过程模拟中获得的结果数据和工厂实际操作环境进行比较。
Aspen Web Models	通过 Web 发布安全、预设好的模块。允许工厂管理人员、操作工程师和经济分析人员使用更严格的模块去优化操作参数和做出更好的商业决策。
Hysys Amines	胺处理模块模拟和优化气相和液相胺处理过程，包括单相、混合相或活性胺。模拟了硫化氢和二氧化碳被工业溶剂高精度吸收反应的过程。
Hysys Crude Module	模拟原油组分。由组分石油的虚拟组分表现烃物流的性能，并预测它们的热力学和传输性质。
Hysys Data Rec	利用 Hysys 在线性能监控器和优化程序协调实际装置的数据。
Hysys Dynamics	提供一个完全基于 Hysys 环境的动态模拟器，稳态模块和动态模块比较后可以得出更严格、精确的有关装置性能资料的结果。
Hysys Optimizer	优化模块采用最优化的运算法则，基于 SQP（有序二次方程式）技术，为工厂的设计优化、在线性能监控器和优化程序提供了优化工具。
Hysys OLI Interface	基于 OLI 系统的先进技术，使 Hysys 能够对复杂的电解液系统进行分析，扩展了 OLI 数据库和热力学性质，包括了超过 3000 的电解种类。
Hysys Neural Net	使用装置实际数据模拟那些难以模拟的过程和操作。利用 Hysys 流程图模型的数据形成一个数据网络以便处理类似的情况，这显著的提高计算速度。
Hysys OLGAS	综合了多相流管线的工业标准计算压力变化、流体停顿和流动规则。
Hysys Pipesys	Pipesys 模块使 Hysys 能够精确地进行单相和多相流体的设计、排除故障和优化管线。它可以分析管子的垂直分布、入口装置、管子材料的成分和流体的性质。
Hysys Upstream	提供了处理石油流体的方法和技术的工业标准。可以在一个方便的界面中输入产品现场数据来建立所需的资本模型。

7.3.3 Hysys 软件的应用

由于 Hysys 具备的强大稳态和动态模拟功能，目前广泛应用于石油开采、储运、天然气加工、石油化工、精细化工、制药、炼制等过程，特别在油田设计、石油化工流程模拟及其仿真技术领域占有主导地位。

① Hysys 在工程建设设计中，特别是油田设计中可应用于：
- 各种集输流程的设计、评估及方案优化
- 站内管网、长输管线及泵站
- 管道停输的温降
- 收发清管球及段塞流的预测
- 油气分离
- 油、气、水三相分离
- 油气分离器的设计计算
- 天然气水化物的预测
- 油气的相图绘制及预测油气的反析点
- 原油脱水
- 原油稳定装置设计、优化
- 天然气脱水（甘醇或分子筛）、脱硫装置设计、优化
- 天然气轻烃回收装置设计、优化
- 泵、压缩机的选型和计算

② Hysys 在石油石化炼油工艺设计中可应用于：
- 常减压系统设计
- FCC 主分馏塔设计
- 气体装置设计
- 汽油稳定、石脑油分离和气提、反应精馏、变换和甲烷化反应器、酸水分离器、硫和 HF 酸烷基化、脱异丁烷塔等设计
- 在气体处理方面：可完成胺脱硫、多级冷冻、压缩机组、脱乙烷塔和脱甲烷塔、膨胀装置、气体脱氢、水合物生成/抑制、多级、冷冻回路、透平膨胀机等过程的工艺设计

③ Hysys 动态模拟可用于装置运行的优化
- 研究装置运行特点和规律，掌握装置运行特点和操作规律对装置的安全分析和预测起着关键性的作用。
- 分析装置操作、生产过程中的瓶颈问题，化工反应装置，由于物流大幅波动、计量误差或流程设计不合理，生产过程可能会造成系统崩溃，这种过程用稳态模拟软件是无法描述的，Hysys 可以分析过程的关键环节，模拟这种崩溃的全过程。
- 确定开停车方案：装置安全、平稳地开、停车是化工生产的关键技术之一。用 Hysys 可以模拟开、停车过程，直观模拟开、停车过程中各种工艺参数，尤其是关键设备负荷变化，压缩机和机泵的压力及液体和气体的携带量等，从而保证开、停车安全。
- 装置安全性分析和预测：装置的整体动态流程模拟是单体设备安全分析和安全预测的基础，Hysys 通过动态模拟使装置运行在操作极限状态，以此分析和预测装置运行的安

全性状态。同时由于 Hysys 采用严格的热力学模型和装置运行的实际数据，因此可以准确地反映装置运行状态，这对安全生产指导及调优有重要意义。

• 生产培训：装置建成投产之前，可以将所有 DCS 控制系统通过 Hysys 的 DCS 接口与之对接，以 Hysys 代替实际装置进行两方面的工作，一是 DCS 系统的安全调整和运行，二是工人的操作训练。工程师还可以人为设置生产故障，让工人研究和学习解决方案。

7.3.4 推荐书目及网站

▽ 网络资料

《Hysys 中文操作手册》、《Hysys 培训教程》

▽ 网站

http：//www.aspentech.com/products/aspen-hysys.aspx

http：//wiki.cnki.com.cn/HotWord/505916.htm

7.4 ChemCAD

ChemCAD 是由美国 Chemstations 公司推出的一款用于石油化学工业领域进行工艺过程计算机模拟的应用软件，它可以在计算机上建立一套与现场装置一致的数学模型，帮助技术人员对操作单元进行物料平衡和能量平衡计算，实现模拟装置的稳态或动态运行，为工艺开发、工程设计以及优化操作提供理论指导。

7.4.1 ChemCAD 的主要特点

ChemCAD 的主要特点如下。

① ChemCAD 提供了大量的操作单元供用户选择，这些操作单元基本能够满足一般化工厂的需要。ChemCAD 可将单个单元操作组合起来形成车间或全厂的工艺流程图。

② ChemCAD 的热力学和传递性质包为化工系统提供了计算 K 值、焓、熵、密度、黏度、导热系数和表面张力的多种选择。

③ ChemCAD 提供了热平衡和相平衡计算方法，可应用于天然气加工厂、炼油厂以及石油、化工企业。ChemCAD 热力学数据库收录有 8000 多对二元交互作用参数供 NRTL、UNIQUAC、MARGULES、WILSON 和 VAN LAAR 活度系数方法来使用，也可以采用 ChemCAD 提供的回归功能回归二元交互作用参数。

④ ChemCAD 内置了功能强大的标准物性数据库，共有 2000 多种纯物质，并允许用户添加多达 2000 个组分到数据库中，也可以通过其他文件导入物性数据。

⑤ ChemCAD 可以对板式塔(包含筛板、泡罩、浮阀)、填料塔、管线、换热器、压力容器、孔板、调节阀和安全阀(DIERS)进行设计和核算。这些模块共享流程模拟中的数据，使得用户完成工艺计算后，可以方便地进行各种主要设备的核算和设计。

⑥ ChemCAD 支持各种输出设备，用以生成流程、单元操作图表、符号、工艺流程图和绘图的硬拷贝，支持 Adobe Postscript 语言的任何设备以及绘图机，可以将输出转换

为 AutoCAD 的 DXF 格式。

⑦ 作业和工况管理功能使用户可以方便地恢复、拷贝或删除流程，对每个项目，可以输入账号和一些描述性语言，使得用户在开始项目时可以明确选择所需要的流程。

⑧ ChemCAD 的自动计算功能具备先进的交互特性，允许用户不定义物流的流率来确定物流的组成。ChemCAD 还具有先进的优化和分析功能，灵敏度分析模块可以定义 2 个自变量和多至 12 个因变量，优化模块可以求解有 10 个自变量的函数的最大、最小值。ChemCAD 可以求解几乎所有的单元操作，对复杂的循环回路也可以轻松处理。

⑨ ChemCAD 为用户形成工艺流程图（PFD）提供了集成工具。使用它可以迅速有效地建立 PFD。在 PFD 中可以方便地加入数据框（热量和物料平衡数据）、单元数据框（单元操作规定和结果）、标题、文字注释、公司代号等。

7.4.2 ChemCAD 主要模块

ChemCAD 可用于建立新厂或老厂改造方案选择，也可用于研究系统在非设计工况下的操作灵活性。ChemCAD 工艺设计模拟不仅可以避免工厂交付前的费用估算错误，还可用来优化工艺设计，同时通过一系列的工况研究确保工厂有较好的操作弹性。

ChemCAD 可以在做工艺计算的同时进行经济评价，用户能够估算基建费用和操作费用，并进行过程的技术经济评价。ChemCAD 的技术经济评价方法与工业界应用的方法一致。经济评价可以使用于工作的任何阶段，从工艺过程的研究开发、设计、工厂建设以至工厂操作等过程。

另外 Chemstations 公司还开发了大量的动态操作单元，包括动态蒸馏模拟 CC-DCOLUMN、动态反应器模拟 CC-ReACS、间歇蒸馏模拟 CC-Batch、聚合反应器动态模拟 CC-Polymer，这些模块都集成到 ChemCAD 中，共享 ChemCAD 的数据库、热力学模型、公用工程和设备核算模块。在动态模拟过程中，用户可以随时调整温度、压力等各种工艺变量，观察它们对产品的影响和变化规律，还可以随时停下来，转回静态。ChemCAD 提供了 PID 控制器、传递函数发生器、数控开关、变量计算表等进行动态模拟的控制单元，利用它们可以完成对流程中任何指定变量的控制。

ChemCAD 的主要功能模块如表 7.5 所示。

表 7.5 ChemCAD 的主要功能模块

模　　块	功　　能
CC-STEADY STATE	稳态流程模拟模块
CC-DYNAMICS	动态流程模拟模块
CC-THERM	换热器设计与分析模块
CC-BATCH	间歇精馏设计模拟模块
CC-SAFETY NET	紧急排放及管网设计分析模块
CC-ONLINE	在线模拟与优化分析模块

7.4.3 ChemCAD 应用实例

以分离甲醇-乙醇混合物的精馏塔设计为例。已知塔的进料条件和操作要求如图7.14所示,求塔板数。

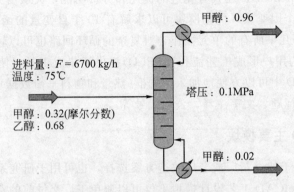

图 7.14 进料条件和操作要求

模拟步骤如下。
① 建新文件名为"精馏"。
② 建立如图 7.15 所示的流程图,选择 ShortCut 精馏单元。

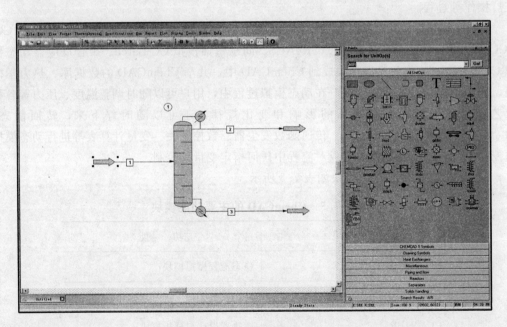

图 7.15 ShortCut 精馏单元流程

③ 设置数据单位:进入菜单"Format"⇒"Engineering Unit Selection",选择符合题意要求的单位(kg,℃,MPa),可以转换为(mole,K,MPa)进行设置,如图 7.16 所示。ChemCAD 默认单位为英制,系统中可方便地转换为国际标准单位或米制。
④ 点击菜单按钮"Select Components",按组分名称或分子式依次搜索并选择组分甲

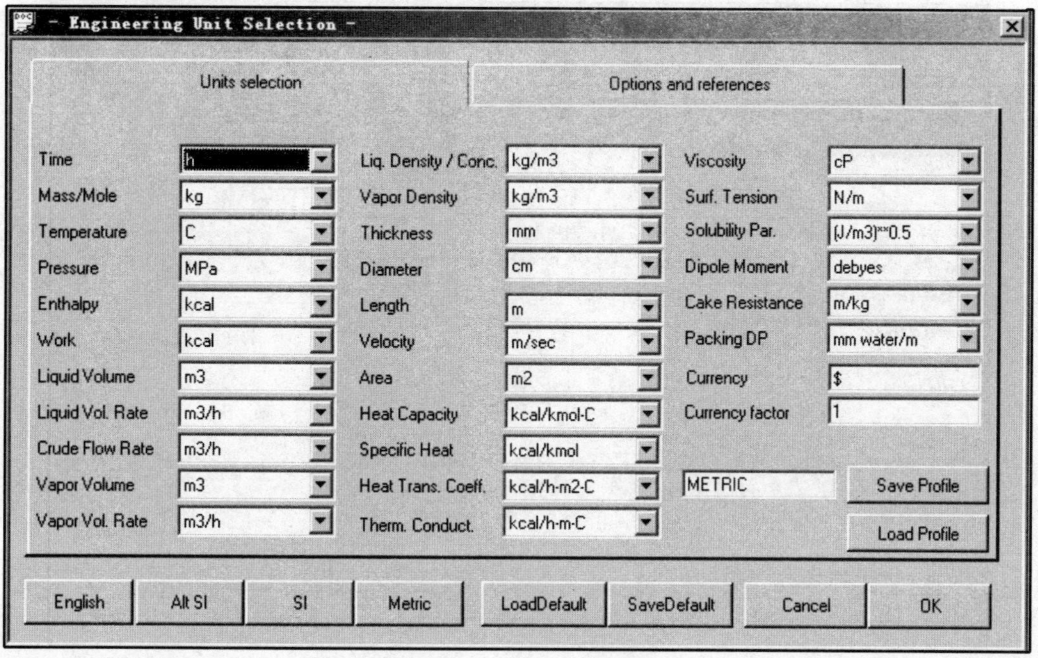

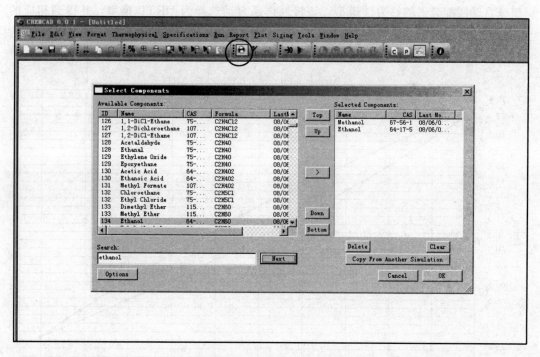

图 7.16 工程单位设置

图 7.17 精馏体系组分设置

醇(Methanol 或 CH_3OH)和乙醇(Ethanol 或 C_2H_5OH),如图 7.17 所示。

⑤ 进入菜单"Plot"⇒"TPYX"设置精馏塔相关操作参数(见图 7.18)。ChemCAD 可根

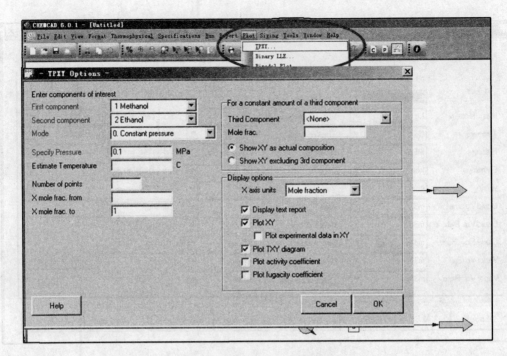

图 7.18　精馏塔操作参数设置

据组分自动匹配合适的热力学模型，该极性体系自动选择为 NRTL 模型，并得到相应的二元体系相图，如图 7.19 所示。

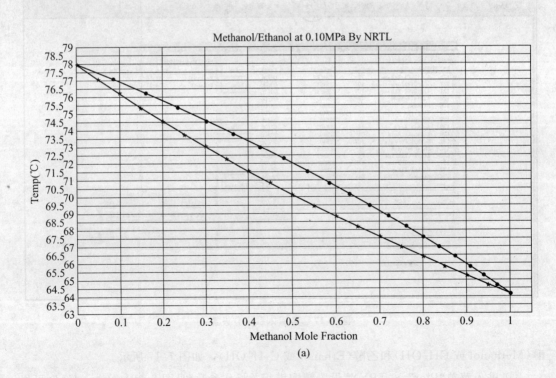

(a)

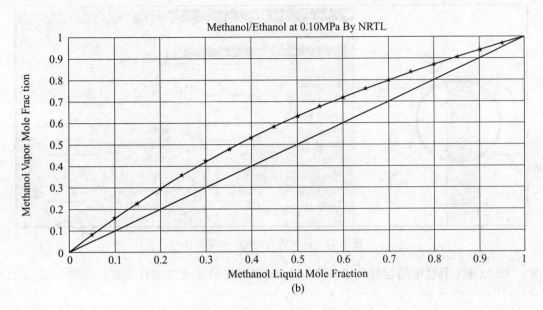

图 7.19 甲醇-乙醇二元组分相图

⑥ 如图 7.20 所示，双击"1"，弹出"Edit Stream"窗口，按题意输入总流量、各组分摩尔分率即可，点击该窗口左上方的按钮"Flash"，点击"OK"。

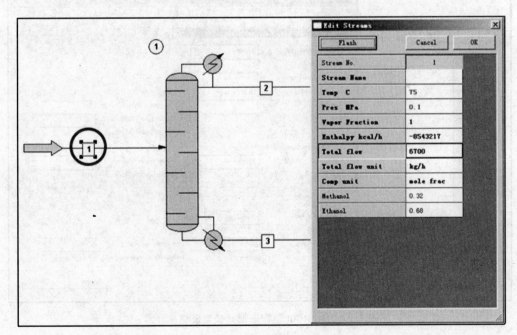

图 7.20 进料信息编辑窗口

⑦ 点击精馏塔塔身，弹出输入窗口，设置 ShortCut 计算条件，如图 7.21 所示。选择设计算法：Fenske 方程，Underwood 公式，Gilliland 图。选择轻/重组分，输入其馏出率。设置 $R/R_{min}=5$，并将 R/R_{min} 计算区间设置为 1.05~8，共 20 个点。

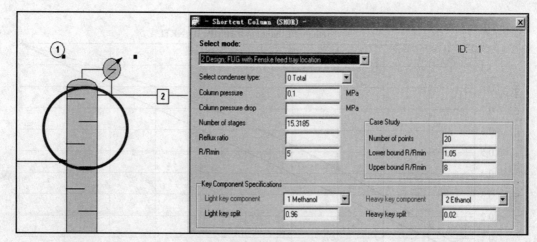

图 7.21　精馏塔 ShortCut 计算条件

⑧ 点击工具栏中的运行按钮"R"，ChemCAD 按设置条件进行计算，结果如图 7.22 所示。

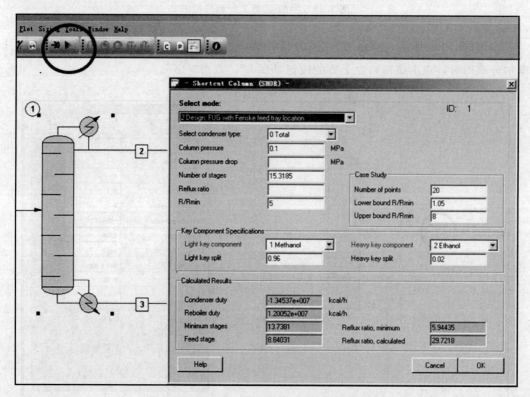

图 7.22　ShortCut 精馏塔设计模型及结果显示

⑨ ChemCAD 可以产生详细结果文件。进入"Report"⇒"Consolidated Report"菜单，弹出命令按钮窗口，如图 7.23 所示。点击按钮"Calculate and Give Results"，ChemCAD 给出结果文件，文件中包含了所有物料和设备的详细信息，如图 7.24 所示。

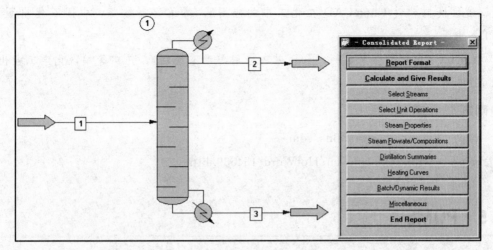

图 7.23 ChemCAD 详细结果计算

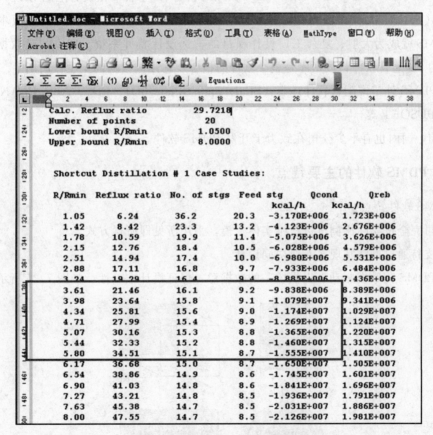

图 7.24 ChemCAD 详细结果显示

7.4.4 推荐书目及网站

书目

《化工过程数值模拟及软件》(第 2 版),屈一新主编,化学工业出版社,2011 年出版.

《流程模拟软件 ChemCAD 在化工中的应用》，傅承碧等编著，中国石化出版社，2011年出版。

《ChemCAD 典型应用实例（上）：基础应用与动态控制》，汪申等编，化学工业出版社，2006年出版。

网站

http：//www.chemstations.com

http：//wiki.cnki.com.cn/HotWord/154539.htm

7.5 PDMS

PDMS(Plant Design Management System)即工厂三维布置设计管理系统，是英国 AVEVA(原 CADCentre)公司的旗舰产品，自从 1977 年第一个 PDMS 商业版本发布以来，PDMS 就成为大型、复杂工厂设计项目的首选设计软件系统。PDMS 是数据驱动实现建模的 3D 配管软件，数据库是整个软件的核心，它强调数据的全生命周期。

除 PDMS 外三维配管软件还有：SP3D(Smart Plant 3D)、PDS、Auto PLANT、PDMAX、PDSOFT 等。

目前，国内也有不少公司在致力于开发 PDMS 软件。

7.5.1 PDMS 软件的主要特点

PDMS 软件特点如下。

① 可完全按实际比例进行三维实体建模，采用所见即所得方式。

② 支持通过网络实现多专业协同设计。

③ PDMS 为数据驱动，提供统一的数据源，保证设计准确性，如图 7.25 所示。

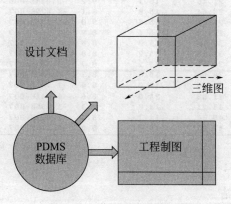

图 7.25 塔板上的液相分布

④ 与 AutoCAD 有接口，可方便地由三维图自动生成平面图，自动标注、自动更新。

⑤ IsoDraw 快速生成轴测图，辅助说明设备结构及安装条件。

⑥ 设计过程中，可随时进行三维碰撞检验，保证设计的准确性与一致性。

⑦ 快速实现准确的材料统计。

⑧ PDMS 有独立的数据库结构，不依赖第三方数据库，数据库结构关系见图 7.26。

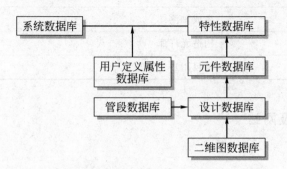

图 7.26　PDMS 数据库结构关系

PDMS 设计模块中其设备、管道及结构数据存储结构为树状。如图 7.27 所示，树状的管理结构有利于用户对数据结构的进一步理解。PDMS 设计模块的数据库层次如下：

- WORLD　　　数据库的最高层次
- SITE　　　　一个分区或一个系统、一个项目中会有多个 SITE
- ZONE　　　 专业，而不是一个物理分区

-EQUIPMENT　设备

-STRUCTURE　结构

-PIPE　　　　管系

-BRANCH　　 一段管道

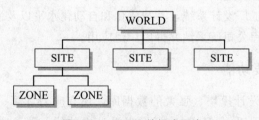

图 7.27　PDMS 数据库层次

⑨ 有开放的开发环境，支持用户进行功能延伸开发。

- Programmable Macro Language 可编程宏语言
- PML2 基于面向对象（Object Types）
- 丰富的内置函数、方法及对象
- 简单的对话框，菜单编写语言

PDMS 软件主要模块及功能见表 7.6。

表 7.6　PDMS 的主要功能模块

模　　块	功　　能
DESIGN	三维模型设计

续表

模　块	功　能
DRAFT	自动或手动产生设备布置图、平竖面图
ISODRAFT	生成轴测图
PARAGON	构造元件库
ADMINISTRATION	项目用户管理

7.5.2　推荐书目及网站

▽ 网络资料

《PDMS入门到精通》、《PDMS中文教程》

▽ 网站

http://www.aveva.com/?sc_lang=zh-cn

http://wiki.cnki.com.cn/HotWord/46811.htm

7.6　PDS

PDS(Plant Design System)是由美国INTERGRAPH公司研制开发的大型工厂设计应用软件，是一个融合了计算机辅助设计和计算机辅助工程分析(CAD/CAE)的智能系统，它可以有效地降低项目造价，使风险最小化并保留有价值的设计数据，PDS是目前国际上较流行的集成化工厂设计系统，其智能化和自动化水平以及满足工程设计要求的适应性为国际上大多数工程公司所采纳并得以广泛应用。

7.6.1　PDS软件主要功能

PDS不仅有多专业设计模块、强大的数据库，还有应力计算、结构分析等许多功能软件接口，而且用SmartPlant Review可发现设计中的错、漏、碰、缺，以保证设计质量。PDS可在计算机上动态直观地展示出工厂或单元装置建成后的实际情景，有利于业主更客观地做出决策，进行施工控制及生产维护。PDS的主要功能包括：

① 可按照设计者的要求构造出装置三维模型；
② 可结合标准数据库进行装置设计，无需设计者频繁查阅标准手册；
③ 具有较高的智能，在模型结构过程中可自动对管件装配相应的法兰、垫片、螺栓；
④ 具有一定的设计检查功能，可检查管件的安装空间是否充足、端面类型是否匹配等；
⑤ 可对整个装置进行安装碰撞检查，并可报告出所有碰撞点的具体位置；
⑥ 可对构造出的三维模型进行任意剖切，生成设计人员指定的剖视图；
⑦ 可对模型中的管线(部分或全部)进行单线图抽取，自动生成单线图及管线的材料表，还可生成综合材料表。

PDS 软件主要模块及功能见表 7.7。

表 7.7 PDS 的主要功能模块

模 块	功 能
Schematic Environment	用于设计绘制 P&ID 图和仪表数据管理
Equipment Modeling	用于三维设备模型设计,主要建造设备外形和管口信息
Frameworks Environment	用于三维结构框架设计
Piping Designer	用于三维配管设计
Electric Raceway Environment	用于三维电缆托盘的设计
Piping Design Data Manager	主要用于三维设计数据检查及二维与三维间的数据校验
Pipe Stress Analysis	管道应力分析接口
Piping Model Builder	设计者可按照一定语法规则编写文本文件,PDS 能将其自动转换为三维实体模型
Pipe Support Designer	用于管道支吊架设计
Interference Manager	用于三维工厂碰撞检查
Isometric Drawing Manager	用于提取单管轴测图
Drawing Manager	用于生成平、剖面配置图
Design Review Integrator	智能工厂浏览器(SmartPlant Review)接口
Report Manager	用于提取各种材料报告
Project Administrator	项目控制和管理
Reference Data Manager	参考数据库管理
PE-HVAC	用于三维暖通管道设计

7.6.2 PDS 软件在配管设计中的应用

(1)PDS 数据库的建立

PDS 是以建立整个装置(工厂)三维模型为目标,完成各种工程图纸和材料报告,数据库是 PDS 设计的基础。在用 PDS 进行配管设计以前,必须建立一个符合项目要求的用户数据库。PDS 的数据库主要包括项目数据库、设计数据库和参考数据库。其中参考数据库包含有关配管的工业标准、图例符号、计量单位。

(2)设备模型的建立

设备模型(Equipment Modeling)主要用于建立工厂模型中的设备实体,表现其外形尺寸及坐标位置、操作空间,并为配管模型提供精确的管口方向、坐标及连接数据。建立设备模型前,需要准备必要的工程资料,包括设备布置图、设备装配图、管口方位图、土建基础图、设备附件图。

(3)管道模型的建立

Piping Designer 是 PDS 中建立三维配管模型的软件。可用 Sketch 或 Place 命令进行配管设计。设计时首先选取管线的起点(一般为设备的管口),把所设计管线的管径、管线号、流体代号、流向、保温形式及厚度、设计温度、设计压力等属性定义后,在各转弯点直接输入管线的走向及所到的位置,系统将会自动地在已有的管线中心线上放置管线和适当的管件(如三通、弯头、法兰等),如出现管件碰撞等情况系统将会自动提示。

(4)设计出图

PDS可自动生成平面图、单线图,自动汇总生成材料报告。

在切取平面图时,可截取任意空间的设备、结构和管线,系统可自动进行标注。抽取单线图时,可任意选取所要抽取的管线形成单线图,如果管线相对复杂,系统还会自动将该管线分成多张单线图。

7.6.3 PDS使用的简要步骤

以PDS_EQP建立设备模型为例。

应用PDS系统首先需建立好设备分区、定义设备模型文件、定义模型坐标系统并提交;定义项目样板文件参数,包括模型单位、层定义、颜色定义、线型粗细等的定义;定义工程项目其他参数。在完成上述各种定义后,设计人员按以下过程建立设备模型:

① 进入图形环境;
② 建立设备模型;
③ 添加设备管口;
④ 建立辅助部件,包括平台栏杆等;
⑤ 参照设备模型;
⑥ 设备模型、管口及辅助部件的修改;
⑦ 生成设备模型相关报告。

7.6.4 推荐书目及网站

网络资料

《PDS+使用培训教材》

网站

http://www.intergraph.com/global/cn

http://wiki.cnki.com.cn/HotWord/1264516.htm

7.7 FLUENT

Fluent是美国Ansys公司开发的最常用的商用自动化计算流体力学(CFD)软件包之一。Fluent的软件设计基于CFD软件群思想,针对各种复杂流动的物理现象,采用不同的离散格式和数值方法,在特定的领域内使计算速度、稳定性和精确度达到最佳组合,从而高效解决复杂流动计算问题。Fluent可用来模拟从不可压缩到可压缩范围内的复杂流动。由于采用了多种求解方法和多重网格加速收敛技术,因而Fluent能达到最佳的收敛速度和求解精度。Fluent灵活的非结构化网络、基于解的自适应网格技术以及成熟和完备的物理模型,使其在传热与相变、化学反应与燃烧、多相变、旋转机械等方面有广泛应用。目前 Fluent 是航空航天、汽车、石油化工和热机设计等领域应用最广的 CFD 软件。

7.7.1 FLUENT 软件的主要特点

Fluent 是用于模拟具有复杂外形的流体流动以及热传导的流动模拟软件，特点如下。

(1) 高效网格划分能力

在使用 CFD 软件工作中，网格划分能力的高低是决定工作效率的主要因素之一。Fluent 采用非结构网格和适宜性网格相结合的方式进行网格划分，与结构性网格和分块网格相比，对复杂外形和大梯度流动有更强的处理能力。目前与 Fluent 配合最好的标准网格软件是 ICEM 以及 GAMBIT。

(2) 开放性软件编写平台

Fluent 的内核部分是用 C 语言写成的，软件界面则是用 LISP 语言的一个分支 Scheme 语言写成的。用户在使用中可以根据自己的需求拓展功能包，或定制界面。

(3) 系统的化工计算软件模块

Fluent 提供了前置处理器、CFD 求解器、后处理器，具体功能见表 7.8。

表 7.8 FLUENT 功能模块

模块名称	模块功能
CCEM CFD	通过构造几何体、划网格、设置边界条件，为 Fluent 提供计算网格的基本条件。
Fluent13	Fluent 软件的核心部分，所有计算在此完成。其中，Fluent 提供三种计算方式，即分离方式、耦合隐式和耦合显式。分离计算和耦合计算的区别在于求解连续、动量、能量和组元方程的方法有所不同。而显式和隐式的区别在于对方程的表达方式有所不同。
TECPLOT	数据分析和可视化后期处理软件，其软件模块提供了丰富的绘图格式，包括 x-y 曲线图，多种格式的 2D 和 3D 面 tecplot 绘图，以及 3D 体绘图格式。

7.7.2 FLUENT 软件的求解步骤

运用 Fluent 求解分为三大步骤，即问题定义、前处理和求解过程以及后处理过程。其中在问题定义部分主要考虑流场的划定、物理模型的选择以及确定合理的计算流程。

① 问题定义。确定模拟的目的和确定计算域。

② 前处理和求解过程。创建计算对象的几何实体，设计并划分网格，设置物理条件。

③ 后处理过程。查看计算结果和修订模型。

7.7.3 FLUENT 软件实例应用举例

如图 7.28 所示，在一个菱形的二维空腔中充满等密度的空气，菱形每边长为 0.1m，顶角为 60°，其顶板以 0.1m/s 的速度向右移动，同时带动空腔内流体的流动。流场的雷诺数大约为 500，为层流流动。试确定空腔内流体的流动参数分布。

（其中 $\rho=1.0 \text{kg/m}^3$，$\mu=2.0\text{e}^{-5}\text{kg/(m·s)}$，$D=0.1\text{m}$）

计算步骤如下。

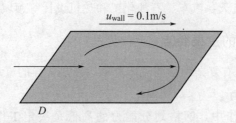

图 7.28　顶板移动孔穴中的流动

(1) 划分网格并进行检查

根据条件，用 ICEM CFD 软件进行网格划分。绘制网格文件如图 7.29。

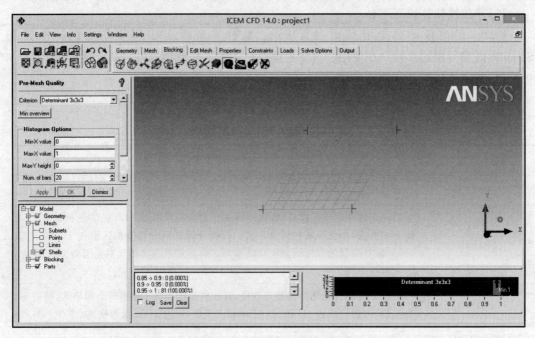

图 7.29　检查后的网格文件

(2) 启动求解器，读入网格文件

如图 7.30，启动 Fluent 的二维求解器。进行下列菜单操作 File->Read->Case，读入网格如图 7.31 所示。

由于本算例中使用的网格文件已经保存为 Fluent 格式，因此可以直接将它读入。

(3) 选择分离计算方式

Fluent 提供三种计算方式，即分离方式、耦合隐式和耦合显式。此算例中，因为流动速度很低，可认为是不可压缩流动，可使用 Fluent 缺省的分离求解器进行计算，不必改变任何设置。

(4) 定义物理模型

由于此问题是简单的二维流动计算问题，流动是层流、无热传导，物理模型不需改变任何设置。

如果需要改变设置，使用其他模型，可执行下列菜单操作：

Define->Model->Viscous，打开 Viscous(黏性模型)面板并进行修改。

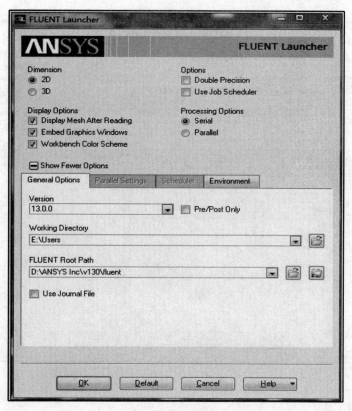

图 7.30　求解器启动面板

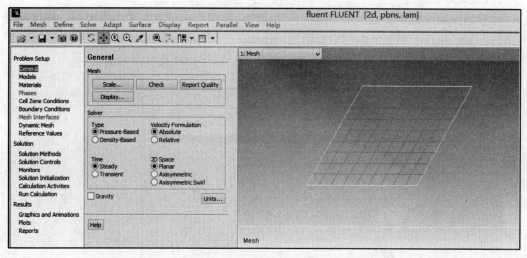

图 7.31　网格读入面板

(5) 定义材料物理性质

执行下列菜单操作启动 Materials(材料)面板，如图 7.32 所示：

Define->Materials

在本算例中，选择 air，再对空气性质进行一些调整，具体操作如下：

将 Density(密度，单位为 kg/m³)值改为 1.0，Viscosity(黏度，单位为 kg/(m·s))值改为 $2e^{-5}$。再点击 Change/Create(改变/创建)按钮保存新的数值，然后关闭面板，结

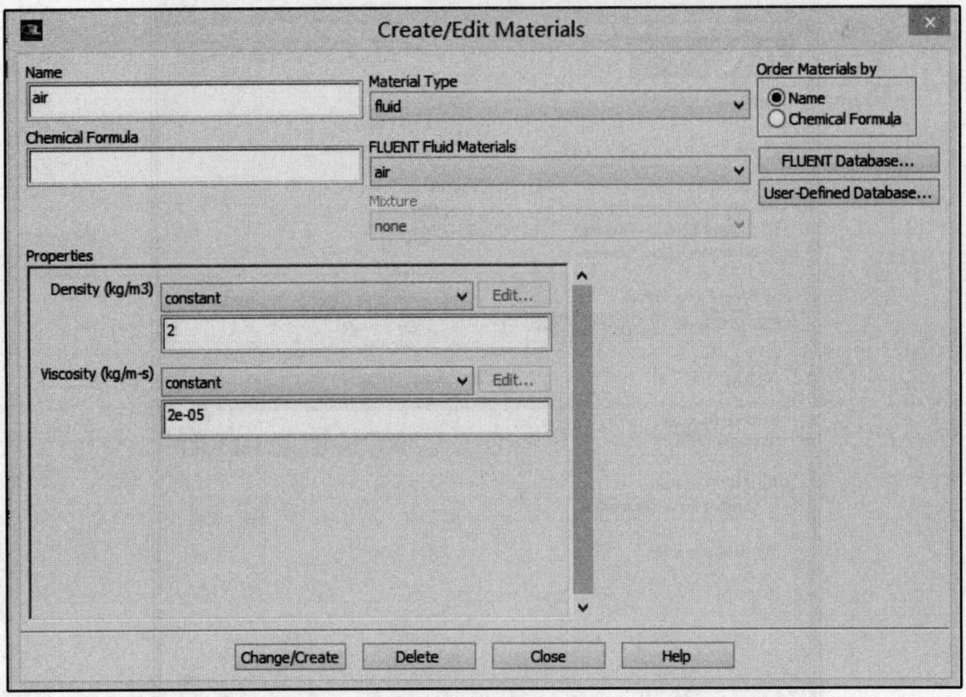

图 7.32 材料面板

束物质属性设置工作。

(6)定义边界条件

边界条件的设定是在边界条件面板中完成的，此面板上可以改变边界类型，并设定边界条件参数。执行下列菜单操作启动面板：Define->Boundary Conditions。

如图 7.33 所示设置边界条件，并点击 Edit(编辑)按钮设置具体数值。

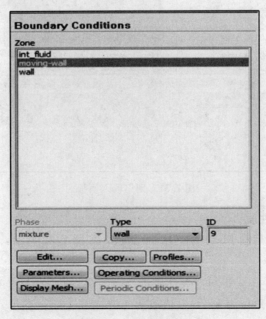

图 7.33 边界条件面板

在本算例中，需将顶板速度设置为 0.1m/s 来模拟空腔上方移动的盖板。设置移动壁面条件，选择 Moving Wall(移动壁面)选项，操作的结果如图 7.34 所示。在缺省情况下，系统假定壁面是平动的，运动方向与 X 轴方向相同，因此在本算例中将速度设为 0.1m/s。

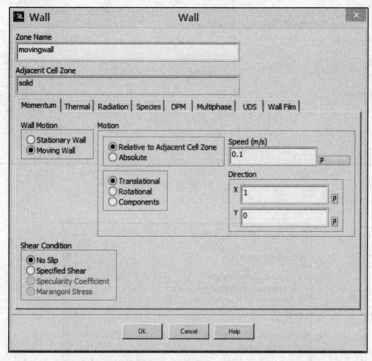

图 7.34 移动壁面面板设置

在输入完速度值后，点击 OK 按钮保存结果并关闭壁面设置面板。本算例中其他三个壁面都是静止壁面，这与系统的缺省设置相同，直接关闭边界条件设置面板即可。

(7)调整计算控制参数，绘制残差曲线

执行下列菜单操作可改变亚松弛因子、多重网格参数和其他计算控制参数：Solve->Controls，在本算例中不用改变这些设置。

设置完毕，打开一个图形窗口显示计算的残差曲线，监视计算过程。执行下列菜单操作打开 Residual Moniters(残差监视器)面板，Solve->Monitors->Residual。

如图 7.35 所示，在 Options(选项)下选择 Plot(绘制)，则在计算进行过程中会打开残差监视窗口。

(8)初始化

在开始迭代前，先初始化流场。所谓初始化，其实就是给各流场参数赋初始值，以便迭代计算可以有一个起点。执行下列菜单操作，打开 Solution Initialization(求解初始化)面板：Solve->Initialize->Initialize。如图 7.36 所示，在本算例中，空腔流动必然发展成为旋转流动，因此可将速度值设为 0，即保留缺省设置，然后点击 Init(初始化)按钮开始初始化计算，最后点击 Close(关闭)按钮。

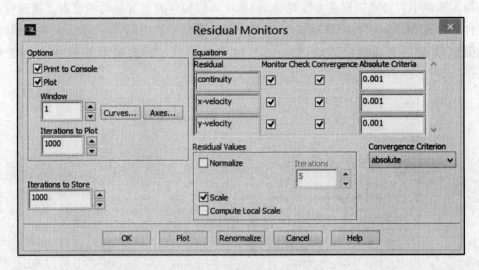

图 7.35 残差监测面板

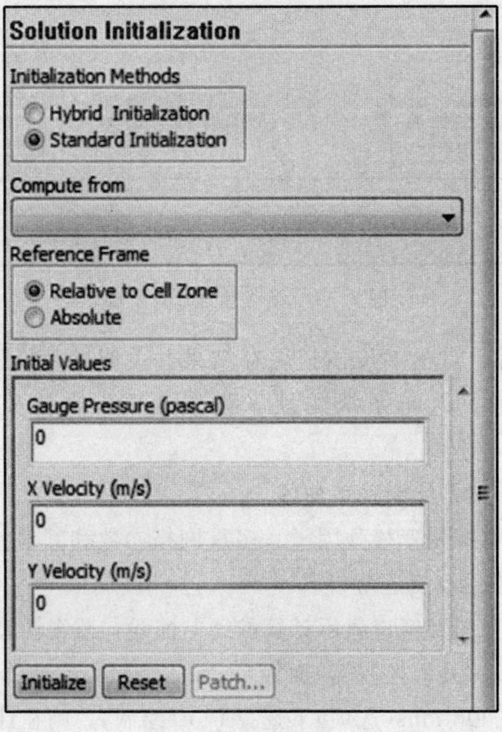

图 7.36 初始化面板

(9) 迭代计算

执行下列菜单操作打开迭代面板,如图 7.37 所示:Solve->Iterate。

在 Number of Iterations(迭代次数)中填入 10,然后点击 Iterate(迭代)按钮开始计算。在 10 次迭代后,从图形窗口中可以看到图 7.38 所示的残差曲线图,残差曲线下降表明计算在收敛。

若在计算过程中要观察流场的变化过程,可执行下列菜单操作打开一个速度矢量面

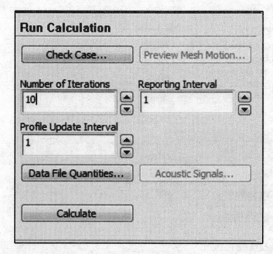

图 7.37 迭代面板

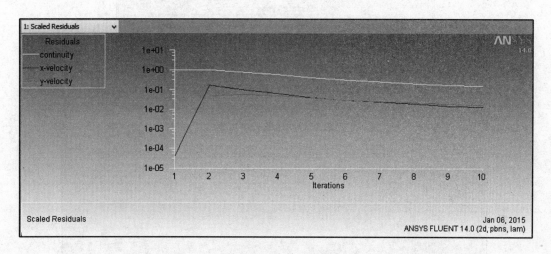

图 7.38 残差曲线图

板,如图 7.39 所示:Display->Velocity Vectors。

这个面板中的缺省设置将绘制一个速度矢量图,其色彩将随速度大小发生变化。点击 Display(显示)按钮,可以看到一个如图 7.40 所示的速度矢量图。

从图中可见,虽然只计算了 10 步,空腔内流体已经明显开始旋转。这表明计算在按照预想的进程发展,因此可以在迭代面板中将迭代次数重新设为 100,然后开始计算。事实上在计算到 50 步时,就基本达到了系统缺省的收敛条件。此时残差曲线将如图 7.41 所示。

现在可以检查收敛后的计算结果,并将结果保存起来。

(10)保存计算结果

选择同时保存算例文件和数据文件的方式,并将文件命名为 cavity,则输入数据和计算结果被分别保存在算例文件 cavity.cas 和数据文件 cavity.dat 中。在将来可以打开这两个文件继续进行计算或进行后处理操作。

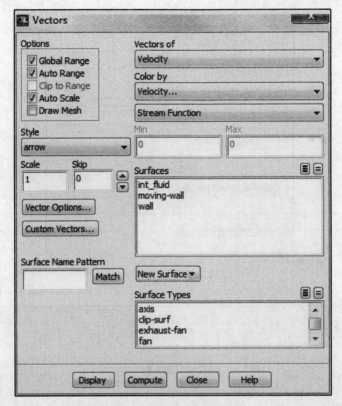

图 7.39 速度矢量面板

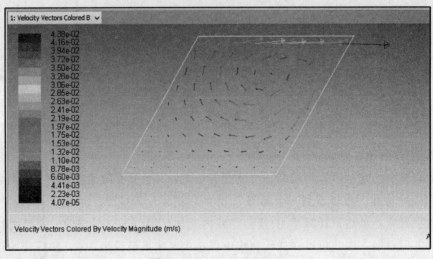

图 7.40 速度矢量图

(11) 退出 FLUENT

在菜单上进行下列操作退出：File->Exit。

7.7.4 推荐书目及网站

📖 书目

《精通 FLUENT6.3 流场分析》，李进良等编著，化学工业出版社，2009 年出版．

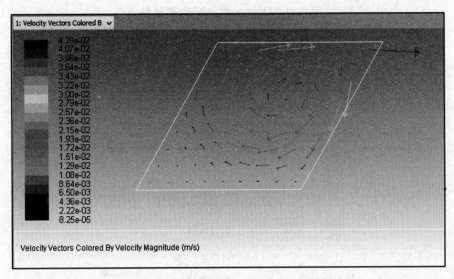

图 7.41　迭代 50 步后的速度矢量图

《Fluent 技术基础与应用实例》，王瑞金等编著，清华大学出版社，2007 年出版．

《计算流体动力学分析－CFD 软件原理与应用》，王福军编著，清华大学出版社，2004 年出版．

网站

http：//www.ansys.com/zh_cn/Products/Simulation+Technology/Fluid+Dynamics/ANSYS+FLUENT

http：//wiki.cnki.com.cn/HotWord/34427.htm

7.8　ORIGIN

Origin 是一款美国 Originlab 公司开发的图表制作和数据分析应用型软件，类似的软件还有 Excel、SigrnaPlot 等。Origin 因其简单易学、操作灵活且兼容性较好等特点成为数据绘图及分析的首选工具软件。

7.8.1　Origin 软件的主要功能和特点

Origin 主要有两大功能：图表绘制和数据分析。Origin 绘图功能提供了二维和三维绘图模板。Origin 数据分析包括数据排序、计算、统计、频谱变换、函数拟合等多种数学分析功能。Origin 也可导入其他应用程序生成的记录数据，利用内置图形模板进行可视化作图，还可利用内置插值、拟合函数以及 Origin C 等编程语言进行数学运算和分析处理。Origin 的主要功能模块如表 7.9 所示。

Origin 软件使用简单，采用图形化窗口菜单和工具栏操作，主要特点如下：

① 动态的用户界面操作，用计算管理器组织计划，可对选择的窗口进行批量处理；

② 多功能绘图；

③ 高效数据分析能力；

表 7.9　Origin 的主要功能模块

模块名称	具体功能
数据表	电子表操作
	数据导入
	数据换算
科技作图	作图类型
	图形属性设置
	多曲线多坐标轴设置
	多层图形
数据分析	曲线拟合
	数理统计
	光谱处理
	信号处理
	图像处理

④ 全面系统的工作模块。

7.8.2　Origin 典型的数据分析过程

回归分析是 Origin 最典型的数据处理手段，其处理步骤如下。
① 确定变量。
② 确定数学模型，即自变量和因变量之间的关系。确定数学模型应注意两点：一是通过数据变换，建立的模型越简单越好；二是确定模型中的计算参数具有确定的物理意义。
③ 软件计算。
④ 根据运算结果，进行相关系数的检验。
⑤ 若检验结果准确度不高，重新修改模型参数，再次运算。
⑥ 按模型绘制二维或三维图形。

7.8.3　软件实例应用举例(Origin 8.0)

本例为初始浓度法测定金属配合物，模拟水解酶催化对硝基苯酚醋酸酯水解的速率常数，来说明其用法。

初始浓度法测定金属配合物实验得到的时间和吸光度值见表 7.10。表中，t 为实验测定时序；A 为溶液吸光度值。

表 7.10　初始浓度法测定金属配合物实验结果

t/s^{-1}	120	150	180	210	240	270	300	330	360	390	420
A	0.289	0.337	0.387	0.436	0.485	0.535	0.583	0.631	0.679	0.728	0.776

续表

t/s^{-1}	450	480	510	540	570	600	630	660	690	720	750
A	0.824	0.871	0.918	0.964	1.011	1.057	1.102	1.147	1.191	1.235	1.279
t/s^{-1}	780	810	840								
A	1.322	1.366	1.409								

以 Origin 拟合测量时序与吸光度的关系模型，操作步骤如下。

(1) 启动

单击 Origin 程序图标启动 Origin。启动后，如图 7.42 所示，自动生成名称为 Book1 的工作表格。

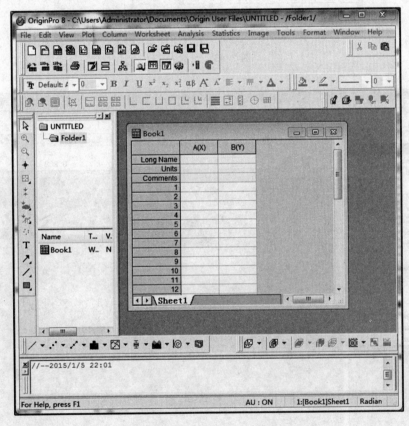

图 7.42　Origin 工作界面

(2) 在 Worksheet 中输入数据

在 Worksheet 中的 A(X) 和 B(Y) 栏分别输入时间和吸光度值，如图 7.43 所示。

(3) 使用数据绘图

输入相应数据后，使用菜单 Plot 中 Scatter 命令，绘制分散点图，如图 7.44 所示，在 Scatter 命令窗口调整该图形点的形状和大小、坐标轴的形式和数据范围。绘制出的分散点图如图 7.45 所示。

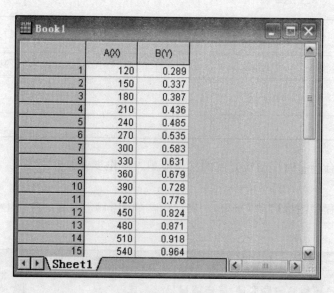

图 7.43 数据表

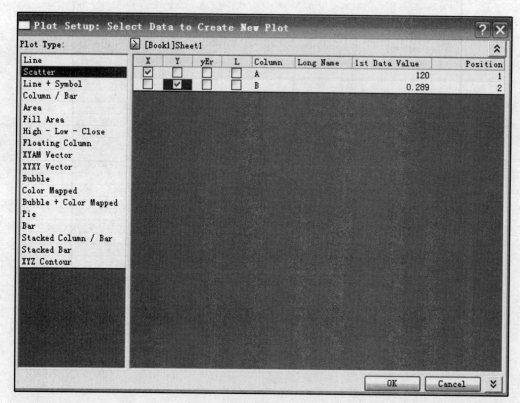

图 7.44 Scatter 命令窗口

(4) 回归分析

基于绘制出的 Scatter 图,选择 Analysis 菜单中 Fit Linear 命令,出现 "Linear Fit" 对话框,如图 7.46 所示,其中包括参与拟合的数据选择、拟合控制、残差分析、结果报告和绘图等选项。

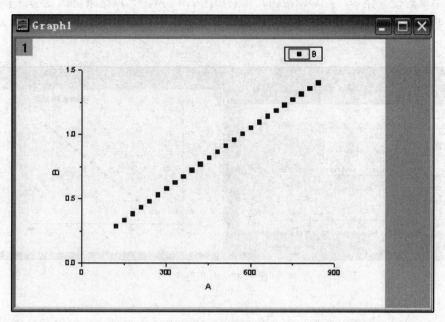

图 7.45 分散点图

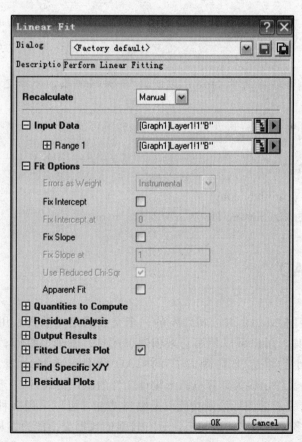

图 7.46 Linear Fit 对话框

相关参数设置完毕，按 OK 按钮，得到如图 7.47 所示，该结果窗口显示斜率、截距、相关系数等数据。其斜率为吸光度值随时间的变化率 dA/dt 的值，进而可求得 NA 的初始水解速率。

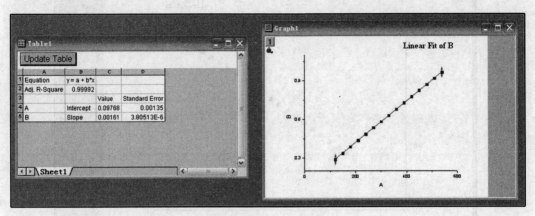

图 7.47　分析结果

(5) 文件保存

Origin 可以将图形及数据保存为扩展名"opj"的文件，随时进行编辑和处理。所绘制的图形可直接打印或拷贝粘贴到其他编辑软件中。

7.8.4　推荐书目及网站

▼ 书目

《数据分析与科学绘图软件 Origin 详解》，王秀峰等编，化学工业出版社，2008 年出版．

《图解 Origin 8.0 科技绘图及数据分析》，李润明编著，人民邮电出版社，2009 年出版．

▼ 网站

http：//www.originlab.com

http：//wiki.cnki.com.cn/HotWord/21846.htm

7.9　AutoCAD

AutoCAD 是美国 Autodesk 公司开发的一个交互式绘图软件，用于二维、三维设计以及绘图的系统工具，用户可以使用它来创建、浏览、管理、打印、输出、共享设计图形。AutoCAD 是目前世界上应用最广的 CAD 软件，市场占有率位居世界第一，AutoCAD 的 DWG 文件已成为计算机图纸设计文件的默认格式。

AutoCAD 具有完善的图形绘制功能以及编辑功能，可以采用多种方式进行二次开发或用户定制，支持多种图形格式的转换，具有较强的数据交换能力。从 AutoCAD 2000 开始，还增添了更多强大的功能，如 AutoCAD 设计中心（ADC）、多文档设计环境（MDE）、Internet 驱动、新的对象捕捉功能、增强的标注功能以及局部打开和局部加载功能等，使

AutoCAD 系统更加完善。

虽然 AutoCAD 本身的功能集已经足以协助用户完成各种设计工作，但用户还可以通过 Autodesk 以及数千家软件开发商开发的 5000 多种应用软件把 AutoCAD 改造成为满足各专业领域(如建筑、机械、化工、电子以及航空航天等)的专用设计工具。

目前国内较为流行的 CAD 软件包括：浩辰 iCAD、中望 CAD、北航 CAXA、新洲 Solid3000、清软英泰 TiGEMS、金银花 MDA2000V2、浙江大天 GS-CAD 等。

7.9.1 AutoCAD 基本功能

① 平面绘图。能以多种方式创建直线、圆、椭圆、多边形、曲线等基本图形对象。

② 绘图辅助工具。AutoCAD 提供了正交、对象捕捉、极轴追踪、捕捉追踪等绘图辅助工具。正交功能使用户可以很方便地绘制水平、竖直直线，对象捕捉可帮助拾取几何对象上的特殊点，而追踪功能使画斜线及沿不同方向定位点变得容易。

③ 编辑图形。AutoCAD 具有强大的编辑功能，可以移动、复制、旋转、阵列、拉伸、延长、修剪、缩放对象等。

④ 标注尺寸。可以创建多种类型尺寸，标注外观可以自行设定。

⑤ 文字说明。能轻易在图形的任何位置、沿任何方向书写文字说明，可设定文字字体、倾斜角度及宽度缩放比例等属性。

⑥ 图层管理功能。可设定每一个图层的颜色、线型、线宽等属性。

⑦ 三维绘图。可创建三维实体及表面模型，能对实体本身进行编辑。

⑧ 网络功能。可将图形在网络上发布，或是通过网络访问 AutoCAD 资源。

⑨ 数据交换。AutoCAD 提供了多种图形图像数据交换格式及相应命令。

⑩ 二次开发。AutoCAD 允许用户定制菜单和工具栏，并能利用内嵌语言 Autolisp、Visual Lisp、VBA、ADS、ARX 等进行二次开发。

7.9.2 AutoCAD 三维模型实例

绘制如图 7.48 所示的零件。

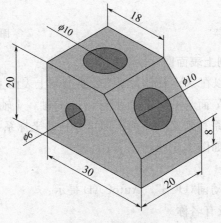

图 7.48 实体零件

(1)绘制长方体

调用长方体命令：

> 实体工具栏：
> 下拉菜单：[绘图][实体][长方体]
> 命令窗口：BOX✓

AutoCAD 提示：

指定长方体的角点或[中心点(CE)]<0,0,0>：在屏幕上任意点单击

指定角点或[立方体(C)/长度(L)]：L✓

指定长度：30✓

指定宽度：20✓

指定高度：20✓

绘制出长30、宽20、高20的长方体，如图7.49所示。

(2) 倒角

单击"编辑"工具栏上的倒角按钮，或调用倒角命令：_ chamfer

("修剪"模式)当前倒角：距离1＝12.0000，距离2＝10.0000

选择第一条直线：在AB直线上单击

基面选择：输入曲面选择选项[下一个(N)/当前(OK)]<当前>：✓ （选择默认值）

指定基面的倒角距离：12.0000✓

指定其他曲面的倒角距离<10.0000>：✓

选择边或[环(L)]：在AB直线上单击

结果如图7.50所示。

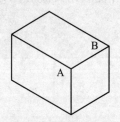

图 7.49 绘制长方体

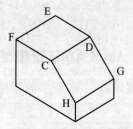

图 7.50 长方体倒角

(3) 移动坐标系，绘制上表面圆

因为AutoCAD只可以在XY平面上画图，要绘制上表面上的图形，则需要建立用户坐标系。由于坐标系的XY面与CDEF面平行，且 x 轴、y 轴又分别与四边形CDEF的边平行，因此只要把坐标系移到CDEF面上即可。移动坐标系，只改变坐标原点的位置，不改变X、Y轴的方向，如图7.51所示。

1) 移动坐标系

在命令窗口输入命令动词"UCS"，AutoCAD提示：

当前UCS名称：＊没有名称＊

输入选项：M✓ （M代表移动坐标）

指定新原点或[Z向深度(Z)]<0,0,0>： <对象捕捉>选择F点单击

也可直接调用"移动坐标系"命令：

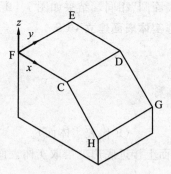

图 7.51 改变坐标系

UCS 工具栏：

下拉菜单：[工具][移动 UCS(V)]

2)绘制表面圆

打开"对象追踪"、"对象捕捉"，调用圆命令，捕捉上表面的中心点，以 5 为半径绘制上表面的圆，结果如图 7.52 所示。

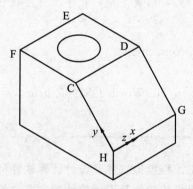

图 7.52 绘制上表面圆

(4)绘制斜面上的圆，三点法建立坐标系

1)三点法建立用户坐标系

命令窗口输入命令动词"UCS"

当前 UCS 名称：*没有名称*

输入选项：N✓　　　　（N 代表新建坐标系）

指定新 UCS 的原点：3✓　　　（3 代表选择三点方式）

指定新原点<0,0,0>：在 H 点上单击

在正 X 轴范围上指定点<50.9844，−27.3562，12.7279>：在 G 点单击

在 UCSXY 平面的正Y轴范围上指定点<49.9844，−26.3562，12.7279>：在 C 点单击也可用下面两种方法直接调用"三点法"建立用户坐标系。

UCS 工具栏：

下拉菜单：[工具][新建 UCS(W)][三点(3)]

2)绘制圆

方法与前面所述绘制"上表面圆"相同，结果如图 7.52 所示。

(5)在侧面上画圆，以所选实体表面建立 UCS

1)选择实体表面建立 UCS

在命令窗口输入 UCS

当前 UCS 名称：*没有名称*

输入选项：N✓

指定 UCS 的原点：F✓　　　　（F 代表实体面）

选择实体对象的面：在侧面上接近底边处拾取实体表面：✓　（接受图示结果）

2)绘制圆

方法同上步，完成所要求图形。

7.9.3　推荐书目及网站

❤ 书目

《Auto CAD 2008（中文版）工程制图实用教程》，杨老记编著，机械工业出版社，2011年出版．

《AutoCAD 2008 应用基础》，陆英主编，化学工业出版社，2011 年出版．

❤ 网站

http：//www.autodesk.com.cn

http：//www.cad8.net

http：//wiki.cnki.com.cn/HotWord/2953983.htm

本章具体要求

1. 了解目前常用的化工流程模拟软件及设计计算软件种类。
2. 了解常用的化工流程模拟软件及设计软件的主要功能和适用范围。
3. 对常用软件，如 Aspen、Fluent 等，能够进行入门级操作。
4. 结合全书内容，了解流程模拟在行业信息化中的作用。

附录

英文缩略词中英文对照表

ACS：Advanced Control System/先进控制系统
ADSL：Asymmetric Digital Subscriber Line/非对称数字用户线路
AI：Artificial Intelligence/人工智能
AM：Agile Manufacturing/敏捷制造
APC：Advanced Process Control/先进过程控制
API：Application Programming Interface/应用程序接口
ATP：Able To Promise/承诺能力
B/S：Brows/Server/浏览器/服务器应用架构
B2B：Business to Business/商家对商家（的电子商务模式）
B2C：Business to Customer/商家对客户（的电子商务模式）
BI：Business Intelligence/商业智能
BOM：Bill of Material/生产配方
BPR：Business Processing Reengineering/业务流程重组
C/S：Client/Server/客户机/服务器应用架构
C2C：Customer to Customer/客户对客户（的电子商务模式）
C2M：Customer to Manufactory/客户对制造（的制造模式）
CAD：Computer Aided Design/计算机辅助设计
CAE：Computer Aided Engineering/计算机辅助工程
CAM：Computer Aided Manufacturing/计算机辅助制造
CAPO：Computer Aided Process Operating/计算机辅助过程运行系统
CAPP：Computer Aided Process Planning/计算机辅助工艺设计
CC：Cloud Computation/云计算
CDC：Cloud Data Center/云数据中心
CE：Concurrent Engineering/并行工程
CIMS：Computer Integrated Manufacturing System/计算机集成制造系统
CIPS：Computer Integrated Process System/计算机集成过程系统
CIQS：Computer Integrated Quality system/计算机集成质量系统
COA：Certificates of Analysis/产品（化学品）分析证明
CPE：Chemical Product Engineering/化学产品工程
CRM：Customer Relationship Management/客户关系管理

CRP: Capacity Requirements Planning/能力需求计划
DBMS: Desktop DataBase Management System/数据库管理系统
DCS: Distributed Control System/分散式控制系统
DDE: Dynamic Data Exchange/动态数据交换
DLL: Dynamic Link Library/动态链接库
DMC: Dynamic Matrix Control/多变量预估控制
DML: Data Manipulation Language/数据操纵语言
DRP: Distribute Requirement Planning/发运需求计划
DSS: Decision Supporting System/决策支持系统
EC: Electronic Commerce/电子商务
EDI: Electronic Data Interchange/电子数据交换
ER: Entity Relationship/实体联系
ERP: Enterprise Resource Planning/企业资源计划
ES: Expert System/专家系统
EVOP: Evolutionary Operation/统计调优法
FCS: Field Bus Control System/现场总线系统
FMS: Flexible Manufacturing System/柔性制造
FS: Flowsheeting simulation/流程模拟
FSS: Full Scale Simulation/全厂模拟
GPC: Generalized Predictive Control/广义预测控制
GT: Group Technology/成组技术
HAZOP: Hazard and Operability Analysis/危险源及可操作性分析
HR: Human Resources/人力资源
HSE: Health, Safety, Environment/健康、安全、环境
HTML: HyperText Markup Language/超文本标记语言
HTTP: HyperText Transfer Protocol/超文本传输协议
IaaS: Infrastructure as a Service/基础设施服务
IC: Inventory Control/库存控制
IDC: Internet Data Center/互联网数据中心
IDSS: Intelligence Decision Supporting System/智能决策支持系统
IT: Information Technology/信息技术
JIT: Just In Time/准时制生产
KM: Knowledge Management/知识管理
KPI: Key Performance Indicator/关键绩效指标体系
LAN: Local Area Network/局域网
LIMS: Laboratory Information Management System/实验室信息管理系统
LM: Lean Manufacturing/精益生产
MES: Manufacturing Execution System/制造执行系统
MIS: Management Information System/管理信息系统
MPC: Model Predictive Control/预测控制

MPS：Master Production Schedule/主生产计划
MRP：Material Requirements Planning/物料需求计划
MRPⅡ：Manufacturing Resources PlanningⅡ/制造资源计划
MSDS：Material Safety Data Sheet/化学品安全技术说明书
O2O：Online 2 Offline/线上对线下（的电子商务）
OA：Office Automation/办公自动化
OCS：Open Control System/开放式控制系统
OIS：Operation Information System/运行信息管理
OLAP：OnLine Analysis Processing/在线分析处理
OLE：Object Linking and Embedding/对象链接和嵌入
OPC：OLE for Process Control/用于过程控制的 OLE
OPC：Open Process Control/开放式过程控制
OS：Operation Schedule/生产进度计划
OSA：Operation Simulation Analysis/操作模拟分析法
PaaS：Platform as a Service/平台服务
PAC：Production Activity Control/生产作业控制
PDCA：Plan Do Check Action/戴明循环
PDM：Product Data Management/产品数据管理
PFD：Process Flow Diagram/过程流程图
PID：Piping and Instruments /管路及仪表布置图
PID：Proportion Integration Differentiation/比例积分微分
PLC：Programmable Logic Controller/可编程序逻辑控制器
PR：Pattern Recognition /模式识别法
PS：Process Simulation/过程模拟技术
RHPC：Receding Horizon Predictive Control/滚动时域预测控制
ROM：Rigorous Online Modeling/严格在线模拟
RRP：Resource Requirement Planning/资源需求计划
SaaS：Software as a Service/软件服务
SCM：Supply Chain Management/供应链管理
SE：Simultaneous Engineering/同步工程
SPC：Statistical Process Control/ 统计过程控制
SQC：Statistical Quality Control/ 统计质量控制
TCP/IP：Transmission Control Protocol/Internet Protocol
/网络通讯协议/因特网互联协议
TQC：Total Quality Control/全面质量控制
TQM：Total Quality Management/全面质量管理
VC：Virtual Cooperation/虚拟企业
VPN：Virtual Private Network/虚拟专用网络
WAN：Wide Area Network/广域网

参 考 文 献

[1] Williams T J. Architectures for integrating manufacturing activities and enterprises[J]. *Computers in Industry*, 1994, 24: 111-139.

[2] Eernard J W. CIM in the process industries [M]. North Carolina USA: Instrument Society of America, 1989.

[3] Basset M H, Dave P, Doyle F J, et al. Perspectives on model based integration of process operations[J]. *Computers & chemical Engineering*, 1996, 20(6/7): 823-834.

[4] Lee Z, lee JY. An ERP implementation case study from a knowledge transfer perspective[J]. *Information Technology*, 2000, 15(4): 281-288.

[5] Sorensen R, Cutler CR. LP integrates economics into dynamic matrix Control. *Hydrocarbon Processing*, 1998, (9): 81-89.

[6] Gibson W D. Getting a grip on the supply chain. *Chem Eng*, 1998, 11, 35-39.

[7] Astrom K J. Process control-past, present and future. *IEEE Control Magazine*, 1985(8): 3-10.

[8] Fisher G D, Mehta C D, Sun F Y. ON-line process simulation and optimization. AICHE Spring National Meeting. Oriando, 1990.

[9] Kennedy J. P. Integrate real time data with decision support[J]. *Hydrocarbon Processing*, 1992, 71(5): 69-73.

[10] Makin A M, Winder C A new conceptual framework to improve the application of occupational health and safety management systems [J]. *Safety Science*, 2007, 46(6): 935-948.

[11] Robson L S, Clarke J A, et al. The effectiveness of occupational health and safety management system interventions: A systematic review [J]. Safety Science, 2007, 45: 329-353.

[12] Isadore R, Patrick J. M, et al. The role of the community in the Implementation of the EPA's rule on risk management programs for chemical accidental release prevention[J]. *Risk Analysis*, 1998, 18(2): 171-179.

[13] Flowers D L, Aceves S M, Martinez-Frias J, et al. Prediction of carbon monoxide and hydrocarbon emissions in iso-octane HCCI engine combustion using multizone simulations [J]. *Proceedings of the Combustion Institute*, 2002, 29(1): 687-694.

[14] Wang H, Frenklach M. A detailed kinetic modeling study of aromatics formation in laminar premixed acetylene and ethylene Flames [J]. *Combustion and Flame*, 1997, 110(1): 173-221.

[15] Li J, Fok W, Fok L, Hartman S. The impact of QM maturity upon the extent and effectiveness of customer relationship management systems [J]. *Supply Chain Management: An International Journal*, 2002, 7(4): 212-224.

[16] Kaynak H. The relationship between total quality management practices and their effects on firm performance [J]. *Journal of Operations Management*, 2003, 21(4): 405-435.

[17] Sousa R, Voss C A. Quality management re-visited: a reflective review and agenda for future research [J]. *Journal of Operations Management*, 2002, 20(1): 91-109.

[18] Perdomo-Ortiz J, González-Benito J, Galende J. Total quality management as a forerunner of business innovation capability [J]. *Technovation*, 2006, 26(10): 1170-1185.

[19] Liao S H. Expert system methodologies and applications: A decade review from 1995 to 2004 [J]. *Expert Systems with Applications*, 2005, 28(1): 93-103.

[20] Mjolsness E, Sharp D H, Alpert B K. Scaling, machine learning, and genetic neural nets [J]. *Advances in Applied Mathematics*, 1989, 10(2): 137-163.

[21] 杨友麟. 从 Cims 走向供应链的动态优化[J]. 计算机与应用化学, 2001, 18(1): 1-11.

[22] 成思危, 杨友麟. 过程系统工程的昨天、今天和明天. 2006 年全国过程系统工程学术年会论文集, 2006, 1-19.

[23] 曾敏钢, 华贲等. ERP 技术在过程工业的应用研究[J]. 化工自动化及仪表, 2002, 29(1): 8-12.

[24] 黄渝祥. 企业管理概论[M]. 北京: 高等教育出版社, 1998.

[25] 宋航. 化工技术经济(第 3 版)[M]. 北京: 化学工业出版社, 2012.

[26] 赵令家, 唐孜绚. 企业信息化经典[M]. 北京: 清华大学出版社, 2001.

[27] 何克忠, 李伟. 计算机控制系统[M]. 北京: 清华大学出版社, 1998.

[28] 黄启明, 钱宇等. 化工过程故障诊断研究进展[J]. 化工自动化及仪表, 2000, 2(3): 1-5.

[29] 吉旭等.面向工艺流程的设备管理系统的模型分析[J].计算机应用,2002,22(10)188-190.
[30] 倪进方.化工过程设计[M].北京:化学工业出版社,1999.
[31] 朱学峰.过程控制技术的发展、现状与展望[J].测控技术,1999,18(7):1-3.
[32] 吉旭等.面向知识管理的过程企业知识模型体系研究[J].计算机集成制造系统-CIMS,2006,12(3):382-389.
[33] 吉旭等.基于知识管理的精馏塔职能化控制模型研究[J].高校化学工程学报,2006,20(4):628-633.
[34] 赵丰等.水泥企业基于知识管理的计算机集成过程系统模型研究[J].中国水泥,2007,11:54-57.
[35] 刘诗飞,詹974忠.重大危险源辨识及危害后果分析[M].北京:化学工业出版社,2004.
[36] 王珊,陈红,文继荣等.数据库与数据库管理系统[M].北京:电子工业出版社,1995.
[37] 曾文,宋崇林.异辛烷HCCI燃烧下多环芳烃形成的多维数值研究[J].石油化工高等学校学报,2009,22(04):53-57.
[38] 杨巨生等.煤等离子热解制乙炔反应器结构优化模拟[J].煤炭学报,2007,32(1):69-72.
[39] 张立明.人工神经网络的模型及其应用[M].上海:复旦大学出版社,1993.
[40] 何桢等.我国制造业质量管理现状分析与对策研究[J].天津大学学报:社会科学版,2001,3(4):347-349.
[41] 李志涛.关于兰州石化HSE项目实施的研究[D].电子科技大学,2005:11-12.
[42] 王毓芳.统计过程控制的策划与实施[M].北京:中国经济出版社,2005.
[43] 陈文伟.决策支持系统[M].北京:清华大学出版社,2004.
[44] 褚健,荣冈.流程工业综合自动化技术[M].北京:机械工业出版社,2004.
[45] 陈孟建等.企业资源计划(ERP)原理及应用[M].北京:电子工业出版社 2006.
[46] 于洋等.混凝土企业基于知识管理的质量管控模型分析[J].混凝土,2011,3:90-93.
[47] Quantrille T E, Liu Y A.人工智能在化学工程中的应用[M].北京:中国石化出版社,1994.
[48] 闪四清.数据库系统原理与应用[M].北京:清华大学出版社,2001.
[49] 伊清华等.过程工业企业再生产投资的决策策略与决策支持系统[J].化工进展,2001,10,53-57.
[50] 龚人伟.化工工艺及系统专业CAD软件包的设想[J].化工设计,2002,12(4):33-35.
[51] 杨忠明,黄道等.连续化工生产过程CIPS的理论与实践[J].信息与控制,1999,28(1):69-74.
[52] 杨友麒.化工过程系统模拟新进展[J].化学工程,1992,20(2):73-77.
[53] 陈志奎等.合成氨(油头)甲醇洗流程模拟——AspenPlus应用范例[J].化学工程,1999,27(3):52-55.
[54] 熊杰明.Aspen Plus实例教程[M].北京:化学工业出版社,2013.
[55] 王秀峰.数据分析与科学绘图软件Origin详解[M].北京:化学工业出版社,2008.
[56] 汪申.ChemCAD典型应用实例(上):基础应用与动态控制[M].北京:化学工业出版社,2006.
[57] 王瑞金.Fluent技术基础与应用实例[M].北京:清华大学出版社,2010.
[58] 庄芹仙.流程模拟技术在石油化工中的应用[J].化学工程,1997,25(1):59-62.
[59] 盛若瑜.苯乙烯装置流程模拟[J].化学工程,1993,21(4):50-53.
[60] 邹志云等.精细化工领域过程系统过程技术研究发展趋势探讨[J].计算机与应用化学,2010,27(10):1456-1460.
[61] 吴重光.系统建模与仿真[M].北京:清华大学出版社,2008.
[62] 陆英.AutoCAD 2008应用基础[M].北京:化学工业出版社,2011.
[63] 夏迎春等.现代化工仿真训练工厂[J].系统仿真学报,2010,22(2):370-375.